Volker Noll

Das amerikanische Spanisch

Romanistische Arbeitshefte

Herausgegeben von
Volker Noll und Georgia Veldre-Gerner

Band 46

Volker Noll

Das amerikanische Spanisch

Ein regionaler und historischer Überblick

4., aktualisierte und erweiterte Auflage

DE GRUYTER

ISBN 978-3-11-059842-1
e-ISBN (PDF) 978-3-11-059844-5
e-ISBN (EPUB) 978-3-11-059886-5
ISSN 0344-676X

Library of Congress Control Number: 2018966618

Bibliografische Information der Deutschen Nationalbibliothek
Die Deutsche Nationalbibliothek verzeichnet diese Publikation in der Deutschen Nationalbibliografie; detaillierte bibliografische Daten sind im Internet über http://dnb.dnb.de abrufbar.

Druck und Bindung: CPI books GmbH, Leck

www.degruyter.com

Ich widme dieses Arbeitsheft in Dankbarkeit meinen Lehrern
Maria Neuberger, die mir den spanischen Kulturraum erschloss,
und Reinhart Kemper, der mir den ersten Weg in die Romania wies.

Vorwort der ersten Auflage

Seit den achtziger Jahren nimmt das Studium des Spanischen in Deutschland steten Aufschwung. Dies liegt sowohl an den engen Verbindungen zu Spanien als auch an der wirtschaftlichen Bedeutung und kulturellen Präsenz Lateinamerikas.

Da das Studium der Hispanistik auch heute aufgrund der Struktur des gymnasialen Fremdsprachenunterrichts oft ohne oder mit geringen Sprachkenntnissen aufgenommen wird, ergeben sich in der ersten Studienphase bei der Einbeziehung spanischer Fachliteratur Erschwernisse. Dies betrifft auch den Bereich der Sprachwissenschaft. Unter diesem Gesichtspunkt möchte das vorliegende Arbeitsheft vor allem Studierende im Grundstudium mit einer deutschsprachigen Publikation unterstützen und gleichzeitig mit einem Beitrag zum amerikanischen Spanisch an ein wichtiges Teilgebiet des Faches heranführen, das sich innerhalb der Hispanistik im Ausbau befindet.

An deutschsprachigen Monographien standen bisher zu diesem Thema Pauflers *Lateinamerikanisches Spanisch* (1977) und Kubarths Arbeit *Das lateinamerikanische Spanisch* (1987) zur Verfügung. Da mittlerweile wieder über ein Jahrzehnt vergangen ist, erscheint ein neuer Beitrag auch aus Gründen der Aktualisierung (von Literaturangaben, Sprecherzahlen) sinnvoll. Der außerordentliche Umfang der amerikanischen Thematik führt grundsätzlich zu einer subjektiven Auswahl von Kriterien und Schwerpunkten. Dabei erweist sich die Zusammenstellung des Materials auch bei statistischen Daten und geschichtlichen Bezügen nicht immer als einfach. Unter Berücksichtigung der Zielsetzung können in dem vorgegebenen Rahmen regionale Charakteristika und Sonderentwicklungen des amerikanischen Spanisch nicht in extenso behandelt werden. Dies betrifft insbesondere soziolinguistische Verhältnisse, Morphosyntax und Wortschatz. Auf einen eingehenden Faktennachweis wird in dieser Reihe üblicherweise verzichtet. Gewisse Überschneidungen in der Darstellung sind beabsichtigt.

Im Gegensatz zum Aufbau der Arbeit Kubarths orientieren wir uns an einer länderübergreifenden Präsentation. Damit soll eine engere Parallelität vermieden werden, wobei wir uns grundsätzlich um komplementäre Darstellung bemühen. Sprachwissenschaftliche Grundkenntnisse, die man sich mit der ausgezeichneten *Einführung in die spanische Sprachwissenschaft* (Dietrich/Geckeler 2000) aneignen kann, werden bei der Lektüre vorausgesetzt.

Das Manuskript wurde vom Autor nach den Layoutvorgaben des Verlages erstellt und in PDF konvertiert. Vektorisierte Basiskarten wurden angepasst und beschriftet. Ein Teil der Sonderzeichen wurde mit einem Font-Editor entworfen.

In der Konzeption der *Romanistischen Arbeitshefte* möchte der vorliegende Beitrag eine studienbezogene, erschwingliche Arbeitsgrundlage zum amerikanischen

https://doi.org/10.1515/9783110598445-202

Spanisch bieten. Gustav Ineichen danke ich an dieser Stelle für zehnjährige Freundschaft.

Göttingen, im Frühjahr 2001

Vorwort der dritten Auflage

Fünf Jahre nach Erscheinen der zweiten Auflage des Arbeitsheftes liegt nunmehr die dritte Auflage vor. Die statistischen Angaben (Sprecherzahlen etc.) sowie die Fachliteratur wurden auf den aktuellen Stand gebracht. Darüber hinaus erfolgte aus praktischen Erwägungen eine Anpassung der ursprünglichen Kapitelabfolge. Dies betrifft den Anschluss des Spanischen in den USA an die Besonderheiten des amerikanischen Spanisch (Kap. 2) und die Zusammenführung der Thesen zur Herausbildung der amerikanischen Varietäten mit den Aspekten der sprachlichen Differenzierung (Kap. 7). Insgesamt wurde das Arbeitsheft unter Einbringung einer ganzen Reihe von Ergänzungen (Kapitel 2, 4, 5, 6, 7) erweitert.

Münster, im Frühjahr 2014

Vorwort der vierten Auflage

Das Arbeitsheft wurde in der vorliegenden Auflage vom Autor in das neue Layout der Reihe überführt, zudem inhaltlich überarbeitet, stärker untergliedert, tabellarisch angepasst, erweitert und aktualisiert (statistische und bibliographische Angaben). Hinzugekommen sind u.a. Zitate aus der Kolonialliteratur, um die Bedeutung von Primärtexten zu unterstreichen, sowie diverse Abschnitte, so zu diastratisch markiertem Wortschatz, historischen Zeugnissen sprachlicher Differenzierung und Periodisierungen des amerikanischen Spanisch.

Münster, im Herbst 2018

Inhalt

Vorwort — VII

Abkürzungen — XIII

Länderkarten — XVI

1 Das amerikanische Spanisch — 1
1.1 Der Sprachraum — **1**
1.2 Kleine Länder- und Namenkunde — **3**
1.3 Europäisches und amerikanisches Spanisch — **11**
1.3.1 Amerikanismen — **13**
1.3.2 Sprachbewusstsein in Hispanoamerika — **14**
1.4 Ausgewählte Hilfsmittel zum amerikanischen Spanisch — **16**
Aufgaben — **26**

2 Besonderheiten des amerikanischen Spanisch — 27
2.1 Phonetik und Phonologie — **28**
2.1.1 Vokalismus — **29**
2.1.1.1 Vokalschwächung — **29**
2.1.1.2 Vokalalternanz — **30**
2.1.1.3 Vokalöffnung — **30**
2.1.1.4 Vokallängung — **30**
2.1.1.5 Nasalierung — **31**
2.1.1.6 Hiate — **31**
2.1.2 Konsonantismus — **31**
2.1.2.1 Der *seseo* — **31**
2.1.2.2 Prädorsales und apikoalveolares /s/ — **32**
2.1.2.3 Kombinatorische Allophone von /s/ — **33**
2.1.2.4 *Yeísmo* und *žeísmo* (*šeísmo*) — **34**
2.1.2.5 Die Allophone [h] und [x] — **36**
2.1.2.6 Die Neutralisierung von implosivem /r/, /l/ — **37**
2.1.2.7 Die Realisierung von /r̄/, /r/ — **37**
2.1.2.8 Die Realisierung der Lenisplosive /b/, /d/, /g/ — **38**
2.1.2.9 Diverse konsonantische Entwicklungen — **39**
2.1.3 Vokal- und Konsonantenübersicht — **39**
2.2 Morphosyntax — **41**
2.2.1 Anrede — **41**
2.2.1.1 Der *voseo* — **41**
2.2.2 Weitere morphosyntaktische Besonderheiten — **44**

2.2.2.1 Substantiv — 45
2.2.2.2 Diminutivbildung — 45
2.2.2.3 Pronomina — 45
2.2.2.4 Zeitenbildung und Verb — 46
2.2.2.5 Präpositionen — 47
2.3 Lexik — 47
2.3.1 Diatopische Variation — 47
2.3.2 Erbwortschatz — 50
2.3.3 Neologismen — 51
2.3.4 Diastratisch markierter Wortschatz — 52
2.3.5 Entlehnungen — 53
2.3.5.1 Indigenismen — 53
2.3.5.2 Afronegrismen — 53
2.3.6 Neuere Entlehnungen — 54
Aufgaben — 55

3 Das Spanische in den USA — 56
3.1 Geschichtlicher Hintergrund — 56
3.2 Sprecherzahlen und regionale Verteilung — 57
3.3 Diglossie und Kontaktvarietäten — 58
3.4 Sprachliche Charakteristika — 60
3.4.1 Schwerpunkt Lexik — 60
3.4.1.1 Lexikalische Entlehnungen — 60
3.4.1.2 Lehnprägungen — 60
3.4.2 Phonetik — 61
3.4.3 Morphosyntax — 62
3.4.4 *Code-switching*, *code-mixing* — 62
Aufgaben — 63

4 Die diatopische Gliederung des amerikanischen Spanisch — 64
4.1 Armas y Céspedes (1882) — 65
4.2 Henríquez Ureña (1921) — 65
4.3 Canfield (1962) — 66
4.4 Rona (1964) — 67
4.5 Resnick (1975) — 69
4.6 Zamora Munné (1979–80) — 70
4.7 Cahuzac (1980) — 71
4.8 Montes Giraldo (1982) — 71
4.9 Ausblick — 72
Aufgaben — 74

5 Die koloniale Expansion — 75
5.1 Allgemeine Voraussetzungen — **75**
5.2 Die Eroberung Mittel- und Südamerikas — **77**
5.3 Die koloniale Verwaltung — **79**
5.4 Handel — **81**
5.5 Die Verbreitung indianischer Völker und Sprachen — **82**
5.5.1 *Lenguas generales* — **83**
5.5.2 Die Aufnahme indigenen Wortschatzes — **83**
5.5.3 Charakteristik einzelner Indianersprachen — **85**
5.5.3.1 Arawak (Taíno) und Caribe — **85**
5.5.3.2 Nahuatl — **88**
5.5.3.3 Maya — **90**
5.5.3.4 Chibcha — **91**
5.5.3.5 Quechua — **92**
5.5.3.6 Aimara — **94**
5.5.3.7 Mapuche — **94**
5.5.3.8 Guaraní — **95**
5.5.4 Kleine chronologische Auswahl kolonialen Schrifttums — **97**
5.6 Die Hispanisierung Amerikas — **98**
5.6.1 Katechese und Sprache — **98**
5.6.2 *Bozales, ladinos, criollos* — **101**
5.7 Hispanisierung heute — **102**
Aufgaben — **105**

6 Die Ausbildung struktureller hispanoamerikanischer Merkmale — 106
6.1 Phonetik und Phonologie — **106**
6.1.1 Vokalismus — **107**
6.1.1.1 Vokalschwächung — **107**
6.1.1.2 Vokalalternanz — **107**
6.1.1.3 Vokalöffnung — **107**
6.1.1.4 Vokallängung — **107**
6.1.1.5 Nasalierung — **108**
6.1.1.6 Hiate — **108**
6.1.2 Konsonantismus — **108**
6.1.2.1 Der *seseo* — **108**
6.1.2.2 Prädorsales und apikoalveolares /s/ — **111**
6.1.2.3 Kombinatorische Allophone von /s/ — **112**
6.1.2.4 *Yeísmo* und *žeísmo* (*šeísmo*) — **113**
6.1.2.5 Die Allophone [h] und [x] — **114**
6.1.2.6 Die Neutralisierung von implosivem /r/, /l/ — **115**
6.1.2.7 Die Realisierung von /r̄/, /r/ — **116**
6.1.2.8 Die Realisierung der Lenisplosive /b/, /d/, /g/ — **117**

6.1.2.9 Diverse konsonantische Entwicklungen — **117**
6.2 Morphosyntax — **118**
6.2.1 Anrede — **118**
6.2.1.1 Der *voseo* — **118**
6.2.2 Weitere morphosyntaktische Besonderheiten — **120**
6.2.2.1 Substantiv — **120**
6.2.2.2 Diminutivbildung — **121**
6.2.2.3 Pronomina — **121**
6.2.2.4 Zeitenbildung und Verb — **122**
6.2.2.5 Präpositionen — **123**
6.3 Historische Zeugnisse sprachlicher Differenzierung — **123**
Aufgaben — **126**

7 Die Herausbildung des amerikanischen Spanisch — 127
7.1 Allgemeine Betrachtungen — **127**
7.2 Periodisierungen des amerikanischen Spanisch — **128**
7.2.1 Guitarte — **129**
7.2.2 Frago Gracia und de Granda — **130**
7.3 Sprachliche Nivellierung — **130**
7.3.1 Der Weg in die Neue Welt — **131**
7.3.2 Die Stellung der Kanaren — **131**
7.4 Thesen zur Herausbildung des amerikanischen Spanisch — **132**
7.4.1 Die Indigenismo-These — **133**
7.4.2 Die Andalucismo-These — **134**
7.4.3 Der sogenannte Antiandalucismo — **135**
7.4.4 Pro und Contra: Chronologie und Statistik — **137**
7.4.5 Widersprüche des Andalucismo — **139**
7.5 Die Frage struktureller indigener und afrikanischer Einflüsse — **143**
7.5.1 Indigene Einflüsse — **144**
7.5.2 Afrikanische Einflüsse — **147**
7.5.2.1 Kreolsprachen — **147**
7.5.2.2 Semikreolische Merkmale — **148**
7.5.2.3 *Habla bozal* — **149**
7.6 Anbindung und Verkehr — **150**
7.7 Wege der Forschung — **152**
Aufgaben — **153**

Literaturverzeichnis — 154

Abkürzungen

AdeL[1]	Anuario de Letras. México
aim.	aimara
ALEC	Atlas lingüístico-etnográfico de Colombia
ALESUCH	Atlas lingüístico-etnográfico del Sur de Chile
ALFAL	Asociación de Lingüística y Filología de América Latina
ALH	Anuario de Lingüística Hispánica. Valladolid
ALM	Atlas lingüístico de México
am.	amerikanisch(es Spanisch)
Amérindia	Amérindia. Paris
Arg.	Argentinien
ASALE	Asociación de Academias de la Lengua Española
Bd.	Band
BDH	Biblioteca Dialectal Hispanoamericana. 7 vol. Buenos Aires 1930–49
Bev.	Bevölkerung
BFUCh	Boletín de Filología de la Universidad de Chile. Santiago de Chile
BHi	Bulletin Hispanique. Bordeaux
BICC	Boletín del Instituto Caro y Cuervo. Bogotá
bpg.	brasilianisch(es Portugiesisch)
BRAE	Boletín de la Real Academia Española. Madrid
car.	caribe
cf.	confer (vergleiche)
CORDE	Real Academia Española: Banco de datos (CORDE) [en línea]. Corpus diacrónico del español <www.rae.es>
CSIC	Consejo Superior de Investigación Científica. Madrid
dir.	director(es)
DRAE	Diccionario de la lengua española. Madrid, Real Academia Española
DUE	M. Moliner, Diccionario de uso del español
EBO	Encyclopaedia Britannica Online <www.britannica.com>
ed.	edidit, ediderunt (hat, haben herausgegeben)
ehem.	ehemals
Einw.	Einwohner
ELH	Enciclopedia Lingüística Hispánica. 2 vol. Madrid 1962–67
ELH 2016	Enciclopedia de Lingüística Hispánica. 2 vol. London, New York 2016
engl.	englisch
Fn.	Fußnote

1 Die Buchpublikationen erscheinen hinten im Literaturverzeichnis mit allen Angaben. Ein nützliches Nachschlagewerk ist O. Leistner, *ITA. Internationale Titelabkürzungen*. München – Osnabrück, Saur, [12]2009, auch in den Universitätsnetzen verfügbar.

https://doi.org/10.1515/9783110598445-204

fr.	französisch
Fut.	Futur
gegr.	gegründet
geogr.	geographisch
guar.	guaraní
Hispania	Hispania. A Journal Devoted to the Teaching of Spanish and Portuguese. Greeley
HLAS	Handbook of Latin American Studies. Austin
HPEA	Hernández Alonso, C. (ed.), Historia y presente del español de América. Valladolid 1992
HR	Hispanic Review. Philadelphia
ib.	ibidem (ebenda)
IbRom	Iberoromania. Revista dedicada a las lenguas, literaturas y culturas de la Península Ibérica y de América Latina. Berlin - Boston
ICC	Instituto Caro y Cuervo. Bogotá
Id.	Idem (derselbe)
IJSL	International Journal of the Sociology of Language. New York
it.	italienisch
lat.	lateinisch
Kap.	Kapitel
kast.	kastilisch
LEA	Lingüística Española Actual. Madrid
LRL	Holtus, G./Metzeltin, M./Schmitt, Ch. (ed.), Lexikon der Romanistischen Linguistik (LRL). 8 vol. Tübingen 1988–2005
map.	mapuche
MDH-A	Alvar, M. (ed.), Manual de dialectología hispánica. El español de América. Barcelona 1996
MDH-E	Alvar, M. (ed.), Manual de dialectología hispánica. El español de España. Barcelona 1996
mex.	mexikanisch
Mio.	Millionen
MLA	MLA. International Bibliography of Books and Articles of the Modern Languages and Literatures
nah.	nahuatl
Ndr.	Nachdruck
NGLE	RAE/ASALE, Nueva gramática de la lengua española. 3 vol. Madrid 2009–11
NRFE	Nueva Revista de Filología Española. México
Pers.	Person
PFLE	Presente y Futuro de la Lengua Española. 2 vol. Madrid 1964
pg.	portugiesisch
Pl.	Plural
PMLA	Publications of the Modern Language Association of America. Baltimore

quech.	quechua
RAE	Real Academia Española
RB	Romanische Bibliographie. Berlin, Boston
RFE	Revista de Filología Española. Madrid
RHiM	Revista Hispánica Moderna. New York
RILI	Revista Internacional de Lingüística Iberoamericana. Frankfurt/M. - Madrid
RJb	Romanistisches Jahrbuch. Berlin - Boston
RSEL	Revista Española de Lingüística. Madrid
Sg.	Singular
s.o.	siehe oben
sp.	spanisch
ss.	sequentes (und folgende Seiten)
südl.	südlich
Thesaurus	Boletín del Instituto Caro y Cuervo. Bogotá [1.1945 – 6.1950: BICC]
TWF	The World Factbook <www.cia.gov/library/publications/the-world-factbook>
unabh.	unabhängig
UNAM	Universidad Nacional Autónoma de México
Venez.	Venezuela
vs.	versus (gegen)
ZRPh	Zeitschrift für romanische Philologie. Berlin, Boston

Länderkarten

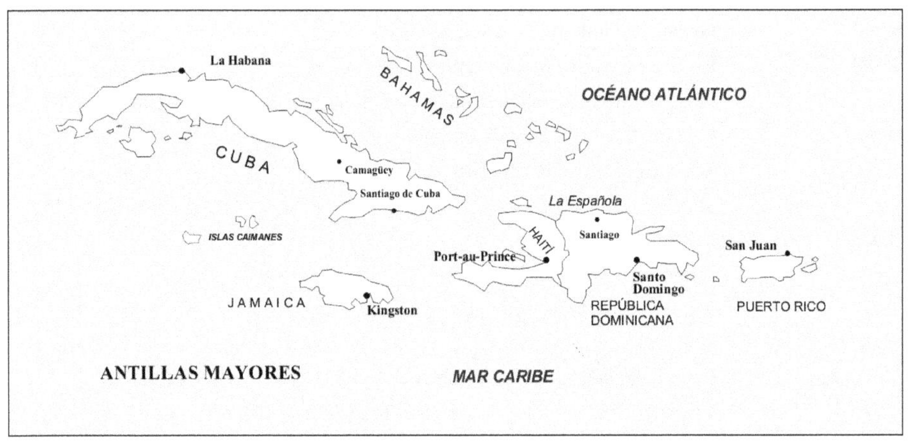

Karte 1: Große Antillen

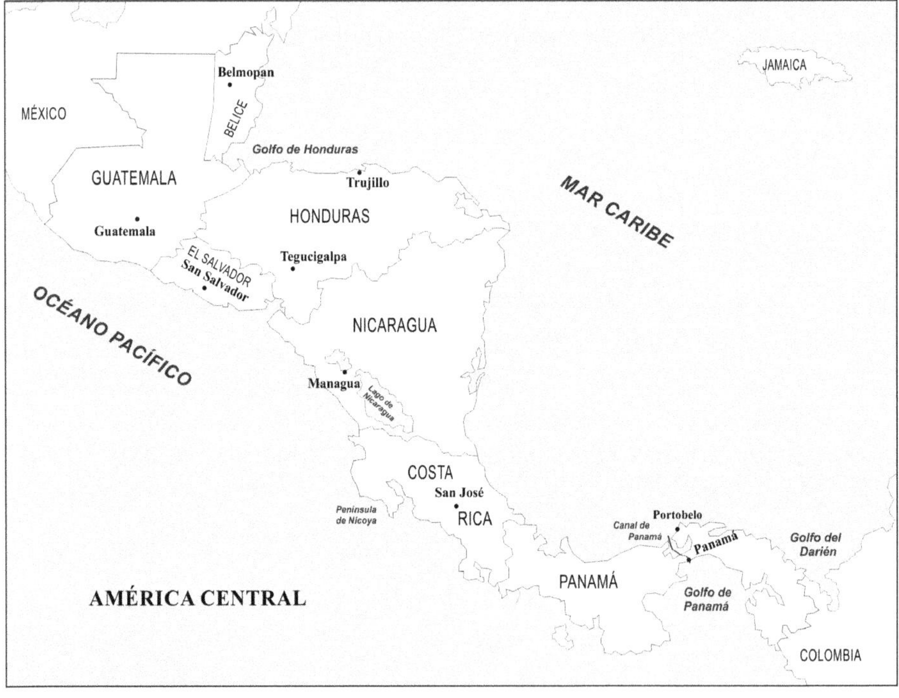

Karte 2: Mittelamerika

https://doi.org/10.1515/9783110598445-205

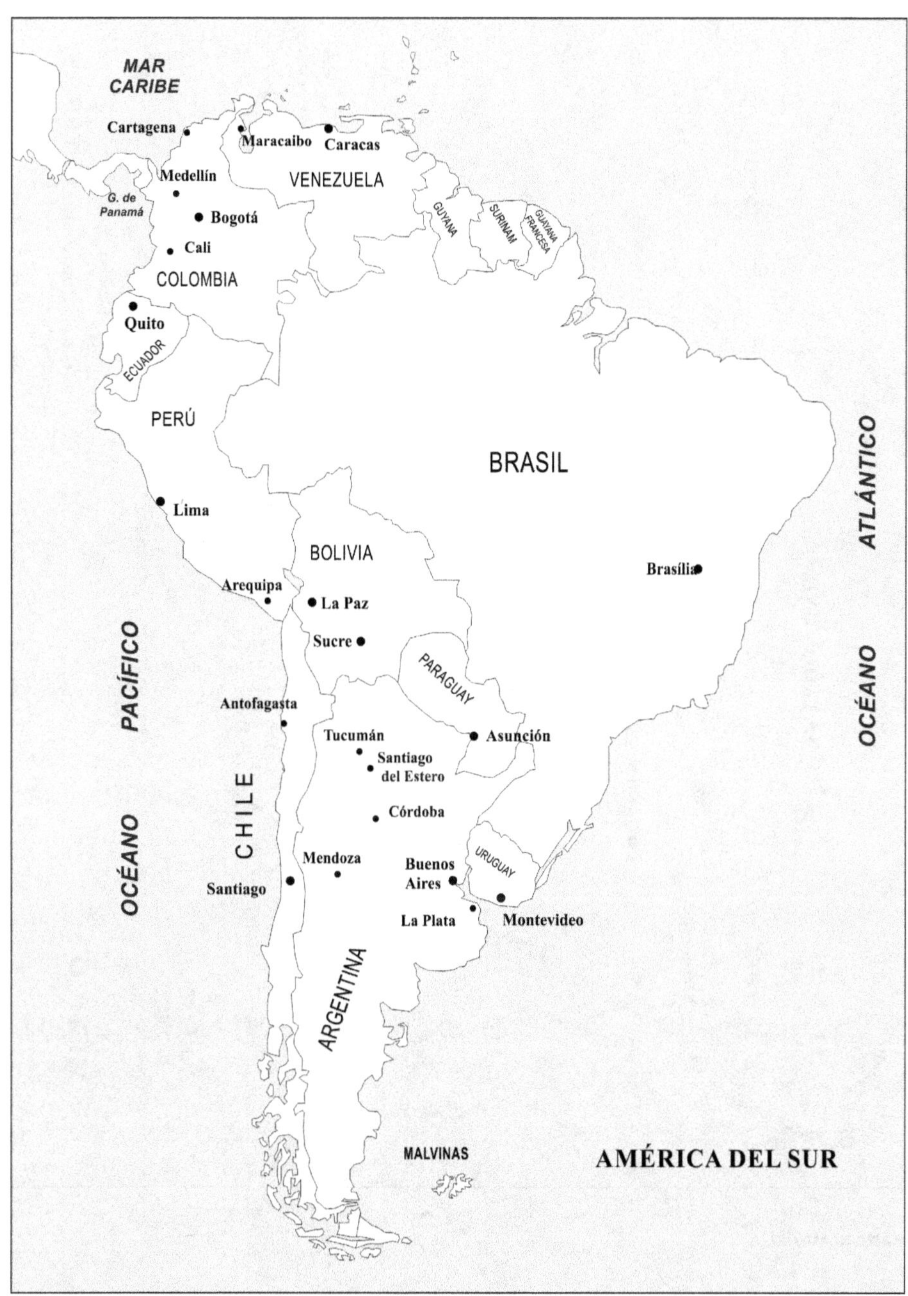

Karte 3: Südamerika

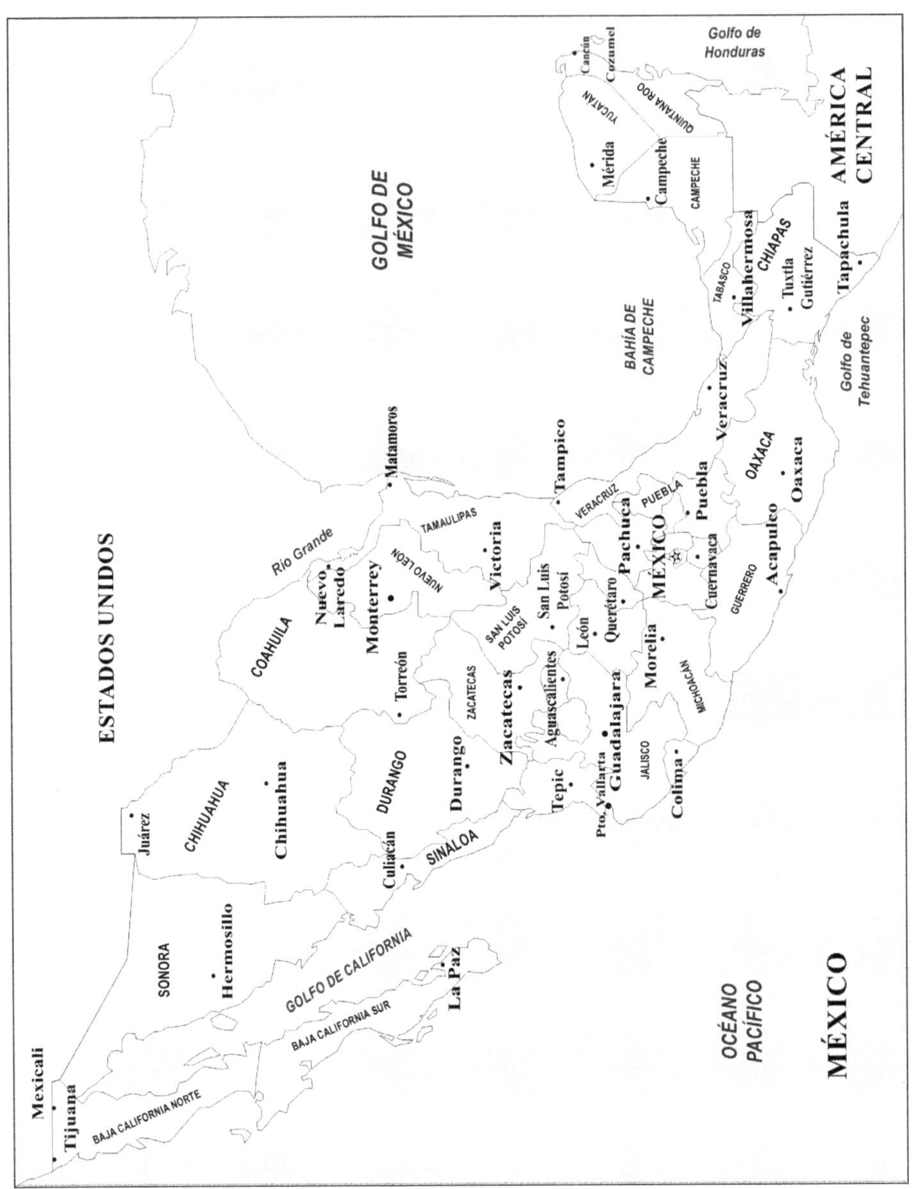

Karte 4: Mexiko

1 Das amerikanische Spanisch

1.1 Der Sprachraum

Als Spanien in der zweiten Hälfte des 16. Jhs. die Philippinen in Besitz nahm, konnte man von Philipp II. wahrhaft behaupten, er regiere ein Reich, in dem die Sonne niemals untergeht. Heute ist Spanisch mit über 500 Mio. Muttersprachlern vor Portugiesisch (ca. 212 Mio.) und Französisch (ca. 75 Mio.) die größte der romanischen Sprachen.[1] Diese Entwicklung nahm Ende des 15. Jhs. ihren Ausgang und ist maßgeblich auf die Verbreitung des Spanischen in Amerika zurückzuführen, wo der Grundstein für eine Neue Romania gelegt wurde. Diese Neue Romania iberischer Prägung ist heute sowohl in Bezug auf das amerikanische Spanisch als auch hinsichtlich des brasilianischen Portugiesisch (cf. Noll 2008) bedeutend größer als im jeweiligen Mutterland.

Das hispanophone Amerika erstreckt sich von Kalifornien bis Feuerland und umfasst gegenwärtig 18 Staaten, die sich nach einer drei Jahrhunderte währenden Kolonialzeit in unterschiedlicher regionaler Gliederung ab 1810 politisch von Spanien trennten. Dazu zählen die Dominikanische Republik, Kuba, Mexiko, Guatemala, El Salvador, Honduras, Nicaragua, Costa Rica, Panama, Kolumbien, Venezuela, Ecuador, Peru, Bolivien sowie die La Plata-Staaten Argentinien, Uruguay und Paraguay, die zusammen mit Chile den Cono Sur bilden. Zum Sprachraum gehören auch das US-Commonwealth Territorium Puerto Rico und der hispanophone Bevölkerungsanteil in den USA. In Belize (ehem. Britisch-Honduras) und Trinidad leben spanischsprachige Minderheiten.

Insgesamt ergibt sich für Hispanoamerika einschließlich der Hispanics in den USA eine Bevölkerungszahl von mehr als 450 Mio. Menschen. Das größte hispanophone Land ist Mexiko mit über 124 Mio. Sprechern (2017). Es folgen Spanien (ca. 48,9 Mio.), Kolumbien, Argentinien und die USA.[2] Außer dem portugiesischsprachigen Brasilien liegen in Mittel- und Südamerika nur Jamaika, die Kleinen Antillen, Belize und die Guayanas außerhalb des offiziell spanischsprachigen Bereichs. Die kleinsten hispanophonen Gemeinschaften beheimaten Panama und Puerto Rico.

---

1 Es geht hier um Orientierungswerte. Diese ergeben sich z.T. aus den Länderschätzungen (cf. Kap. 1.2, Fn. 3). Im Prinzip wäre es notwendig, die Statistiken auf ein Bezugsjahr zu vereinheitlichen, die Sprecherzahlen nach allgemeinem Usus ab dem fünften Lebensjahr zu ermitteln, einsprachige Gruppen (z.B. indigene Gruppen in Guatemala etc.) prozentual genauer zu erfassen und die muttersprachliche Kompetenz von Zweitsprachlern aufzurechnen.

2 Die Bevölkerung Hispanoamerikas (ohne USA) umfasst nach Schätzungen (2017) 405,6 Mio. Menschen, die Hispanics in den USA liegen numerisch zwischen 42,5 Mio. und maximal 57,5 Mio. (cf. Kap. 3.2).

https://doi.org/10.1515/9783110598445-001

Im Gegensatz zu den Verhältnissen in den USA bilden die Nachkommen der amerindischen Urbevölkerung einen integralen Bestandteil der gesellschaftlichen und sprachlichen Realität Hispanoamerikas. In Mexiko, Guatemala, dem Andengebiet und Paraguay fällt den Indianersprachen besondere Bedeutung zu. Regional wie z.B. im Hochland von Guatemala oder in Paraguay werden sie sogar mehrheitlich gesprochen. In den Festlandgebieten zwischen Mexiko und Chile bilden Mestizen in Verbindung mit Indios die größte Gruppe der Bevölkerung. Davon ausgenommen sind nur Costa Rica, Argentinien und Uruguay.

Demgegenüber zeichnen sich Argentinien und Uruguay durch eine europäische Immigration starker italienischer Prägung aus, die zwischen 1880 und 1930 ihren Höhepunkt verzeichnete. Zu jener Zeit entwickelte sich unter dem Einfluss des Italienischen eine interimäre Sprachform, die als *cocoliche* bekannt wurde (cf. Cancellier 1996). Während das *cocoliche* heute nicht mehr existiert, hat sich italienischer Einfluss im *lunfardo*, der ursprünglichen Gaunersprache (*argot*, *jerga*) von Buenos Aires, erhalten (cf. Conde 2011). Das Vokabular wurde über den Tango verbreitet und ist heute als lexikalisch geprägter Substandard in Buenos Aires und darüber hinaus geläufig. Im Grenzgebiet zwischen Uruguay und Brasilien besteht eine Form der Sprachmischung auf der Basis des Portugiesischen. Das als *fronterizo* bezeichnete Idiom (cf. Hensey 1982) entstand aus der Zweisprachigkeit und der wechselvollen Geschichte der Region. Es verliert die portugiesischen Merkmale, je weiter man in das Gebiet Uruguays vordringt.

In Kuba und der Dominikanischen Republik zeugt der Anteil an Mulatten und Schwarzen an der Bevölkerung von der kolonialen Vergangenheit des Sklavenhandels. Dieser Anteil liegt in Puerto Rico, Panama, Kolumbien, Venezuela und Ecuador noch über 10%, in den restlichen Ländern darunter.

In Verbindung mit dem Sklavenhandel steht auch die Herausbildung von Kreolsprachen. Im Einzugsbereich des amerikanischen Spanisch befinden sich mit iberoromanischer Basis das Papiamentu und das Palenquero. Das Papiamentu wird auf den niederländischen Antillen (ABC-Inseln: Aruba, Bonaire, Curaçao) vor der venezolanischen Küste von ca. 300.000 Menschen gesprochen (cf. Kramer 2004, 7). In der Nähe von Cartagena (Kolumbien) hat in San Basilio de Palenque das Palenquero in einer kleinen Gemeinschaft von ca. 2.500 Menschen überlebt (cf. Montes 1996).

Das amerikanische Spanisch zeichnet sich einerseits durch eine mehr oder weniger ausgeprägte diatopische Variation aus. Diese wird z.B. phonetisch im grundsätzlichen Gegensatz zwischen Hoch- und Tiefländern (cf. Kap. 2.1) oder auch in regionalen Besonderheiten wie dem argentinischen *šeísmo* (*calle* [ˈkaʃe]; cf. Kap. 2.1.2.4) offenbar. Morphosyntaktisch fällt vornehmlich in zwei Großräumen die Anrede der 2. Pers. Sg. mit *vos* auf (cf. Kap. 2.2.1.1). In der Lexik schließlich ergeben sich im Gebrauchswortschatz regional zahlreiche Unterschiede und Bedeutungsnuancen (cf. Kap. 2.3). Andererseits ist das amerikanische Spanisch zumindest im Schriftgebrauch relativ homogen.

1.2 Kleine Länder- und Namenkunde

Die nachfolgende Aufstellung zu den spanischsprachigen Ländern Amerikas, die sich an der geographischen Nord-Süd-Verbreitung orientiert, bietet einige statistische, geographische, historische und namenkundliche Informationen.[3] Dabei ist zu beachten, dass die Statistiken in Bezug auf Bevölkerungszusammensetzung und indigene Sprachen, aber auch hinsichtlich der Fläche der Länder zum Teil unterschiedliche Angaben liefern.

Amerika

Die Bezeichnung *America* geht auf den in spanischen Diensten stehenden florentinischen Seefahrer Amerigo Vespucci zurück. Unter dem Eindruck der Reisen und Berichte Vespuccis verzeichnete Martin Waldseemüller den Namen in latinisierter Form erstmals 1507 auf seiner Weltkarte auf den Breiten Brasiliens. Auf Johannes Schöners Globus von 1520 findet man die Aufschrift *America vel Brasilia vel Papagalli Terra*. Die Ausweitung des Namens auf die Gesamtheit des amerikanischen Kontinents erfolgte auf der Karte Gerhard Mercators 1538 (cf. Kretschmer 1991).

Dominikanische Republik

Karibik, 48.671 km^2; 11,7 Mio. Einw. (2017): 73% Mulatten, 16% Weiße, 11% Schwarze (2003).

- Sprachen: Spanisch (98%); frz. Kreol im Grenzgebiet zu Haiti; engl. Kreol auf der Halbinsel Samaná.
- Hauptstadt: Santo Domingo (gegr. 1496).
- Geogr. Gliederung: Küstengebiete und Gebirgsregionen, die im Norden, im Zentrum und im Süden in nordwestlich-südöstlicher Richtung verlaufen.
- Geschichte: Von Kolumbus am 5. Dezember 1492 entdeckt. 1697 Teilung der Insel Hispaniola in das westliche Drittel Haiti (1804 unabh.) und das Gebiet der heutigen Dominikanischen Republik. Unabh. 1844/1863.
- Die Landesbezeichnung *República Dominicana* (*dominicano*) geht auf den Namen der Hauptstadt *Santo Domingo* zurück, die als erste Kolonialstadt Amerikas von Bartolomé Colón gegründet wurde. Dieser Name übertrug sich in der Folge auf die Insel, die die Eingeborenen *Haití* und Kolumbus *La Española* genannt hatten.

3 Demographische Angaben: cf. *Encyclopaedia Britannica Online* (EBO) (*www.britannica.com*), *The World Factbook* (TWF) (*www.cia.gov/library/publications/the-world-factbook*), meist auf der Basis von Schätzungen. Anteil der Spanischsprecher pro Land (gerundet): cf. Moreno Fernández/Otero Roth (2007), die Zensusangaben von 2000–2005 zugrunde legen, Quilis (2002, 108) sowie Otero (1999), Moreno Fernández/Otero (1998). Namenkunde: cf. Egli (1893), Nascentes (1952), Cock Hincapié (1998, 33–34). Von den amerindischen Sprachen werden nur die wichtigsten genannt.

Kuba

Karibik, 109.884 km²; 11,1 Mio. Einw. (2017): 64% Weiße, 27% Mulatten, 9% Schwarze (2012); 1,6 Mio. Emigranten in den USA (2006).

- Sprache: Spanisch (100%).
- Hauptstadt: La Habana (San Cristóbal de la Habana, gegr. 1514).
- Geogr. Gliederung: Tiefebenen und niedriges Hügelland, Gebirgszüge im Westen, Zentrum, Süden und Südosten.
- Geschichte: Am 28. Oktober 1492 von Kolumbus betreten und zunächst nach der sp. Infantin *Juana*, später nach dem König auch *Fernanda/Fernandina* genannt. Von Diego Velázquez Cuéllar 1511 erobert und von Santo Domingo aus verwaltet. 1777 Generalkapitanat. Unabh. 1898/1902.
- Der schon Kolumbus bekannte indianische Name *Cuba* (*cubano*) soll sich von einer Ansiedlung im Norden der Insel (bei Nuevitas) ableiten.

Puerto Rico

Karibik, 8.868 km²; 3,3 Mio. Einw. (2017): 76% Weiße, 12% Mulatten und Schwarze, 12% diverse Gruppen (2010); 3,7 Mio. Emigranten in den USA (2006).

- Amtssprachen: Spanisch (99%); Englisch; 40% der Bevölkerung in städtischen Zentren zweisprachig.
- Hauptstadt: San Juan (gegr. 1508/1521).
- Geogr. Gliederung: Von Westen nach Osten verlaufende Zentralkordillere, im Norden und Süden Bergländer und Küstenebenen.
- Geschichte: Von Kolumbus auf seiner zweiten Reise 1493 entdeckt; von Santo Domingo aus verwaltet. 1898 von Spanien an die USA abgetreten, bis 1917 Kolonie, seit 1952 US-Commonwealth Territorium.
- Der Name der Insel *Puerto Rico* (*puertorriqueño*), von den Eingeborenen Borinquén genannt, geht auf den Hafen in der Bucht von San Juan zurück. Er wurde dem Land vom ersten Gouverneur der Insel, Juan Ponce de León (1508), aufgrund früherer Goldfunde gegeben.

Mexiko

Nord- und Mittelamerika, 1.964.975 km²; 124,6 Mio. Einw. (2017): 64% Mestizen, 18% Indios, 15% Weiße, 3% andere (2010); 28,3 Mio. Emigranten in den USA (2006). Größtes hispanophones Land.

- Sprachen: Spanisch (99%). Offiziell 56 amerindische Sprachen (7,1% der Bevölkerung zweisprachig, 1,2% einsprachig amerindisch): Nahuatl (Aztekisch) (24%), Maya (13%), Zapotekisch (7%), Mixtekisch (7%), Otomí, Totonakisch.
- Hauptstadt: Ciudad de México (gegr. 1521, zuvor Tenochtitlán).
- Geogr. Gliederung: Halbinsel Baja California, pazifische Küstenebene, zentrales Hochland mit Randgebirgen (Sierra Madre Occidental, Sierra Madre Oriental), Río-Balsas-Senke im Südwesten (Gran Valle del Sur), Isthmus von Tehuantepec,

Küstenebene am Golf von Mexiko, Gebirgsland von Chiapas im Süden, Halbinsel Yucatán.

- Geschichte: Von Hernán Cortés 1519–1521 erobert, 1519 Gründung der Stadt Veracruz. 1535 Schaffung des Vizekönigreichs Neu-Spanien (Nueva España: bis 1570 mit Guatemala, Honduras, El Salvador, Nicaragua, Costa Rica; bis 1542 mit Panama; Aufnahme der Philippinen 1583). Unabh. 1810/1821. 1848 Abtretung aller Gebiete nördlich des Río Grande (Río Bravo) an die USA.
- Der Name *México* (*mexicano*) leitet sich vom aztekischen Stamm der *Méxica* bzw. dem Beinamen *Mexitli* ihres Kriegsgottes Huitzilopochtli ab, der in Tenochtitlán ein bedeutendes Heiligtum besaß. Im sp. Sprachgebrauch übertrug er sich auf die neue Hauptstadt und das Land. Die Graphie mit <x> erklärt sich aus der genuinen und im 16. Jh. auch im Sp. geläufigen Aussprache [ʃ].

Guatemala

Mittelamerika, 108.889 km^2, 15,5 Mio. Einw. (2017): 60% Mestizen, 39% Maya, 1% andere (2002).

- Sprachen: Spanisch (65–86%). Offiziell 21 amerindische Sprachen: Quiché-Maya; 15% einsprachig.
- Hauptstadt: Ciudad de Guatemala (Nueva Guatemala de la Asunción, gegr. 1776).
- Geogr. Gliederung: Tiefland des Petén im Norden, schmaler Zugang zum karibischen Meer, Gebirgsketten im Zentrum, pazifische Küstenebene im Süden.
- Geschichte: Von Pedro de Alvarado 1523–1524 von Mexiko aus erobert. Zentrum der Maya-Hochkultur. 1542 Generalkapitanat (mit Honduras, El Salvador, Nicaragua, Costa Rica), bis 1570 Teil des Vizekönigreichs Neu-Spanien (Mexiko). Unabh. 1821, Teil der Zentralamerikanischen Konföderation (mit El Salvador, Honduras, Nicaragua, Costa Rica), 1839 Republik.
- Der Name *Guatemala* (*guatemalteco*) soll sich von dem indianischen Ortsnamen *Quauhtematlan* 'Ort der Holzhaufen' (*quauhtemalli* 'Holzstoß') ableiten. Auch die Rückführung auf *U-hate-z-mal-ha* 'Berg, der Wasser speit' (Vulkan) aus der Mayasprache Tzeltal wurde erwogen.

El Salvador

Mittelamerika, 21.040 km^2; 6,1 Mio. Einw. (2017): 86% Mestizen, 13% Weiße, 0,2% Indios (2007).

- Sprachen: Spanisch (100%). Amerindische Sprachen: Pipil/Nawat.
- Hauptstadt: San Salvador (gegr. 1525).
- Geogr. Gliederung: Von Nordwesten nach Südosten verlaufende Bergketten mit zentraler Hochebene, pazifischer Küstenstreifen im Süden.
- Geschichte: 1524 von Pedro de Alvarado erobert, Teil des Generalkapitanats Guatemala, zunächst dem Vizekönigreich Neu-Spanien (Mexiko) zugeordnet. Unabh. 1821, Teil der Zentralamerikanischen Konföderation, 1839 Republik.

- In der von Alvarado gewählten Landesbezeichnung *El Salvador* (*salvadoreño*) kommt die Tendenz zur christlichen Namengebung in der Neuen Welt zum Ausdruck. Kolumbus hatte die erste von ihm erreichte Insel Guanahaní (Bahamas) gleichermaßen San Salvador genannt.

Honduras

Mittelamerika, 112.492 km²; 9 Mio. Einw. (2017): 90% Mestizen, 7% Indios, 2% Schwarze, 1% Weiße (2001).

- Sprachen: Spanisch (99%). Amerindische Sprachen: Garífuna/Arawak, Miskito. Engl. Kreol an der Karibikküste; Englisch (Islas de la Bahía).
- Hauptstadt: Tegucigalpa (gegr. 1578).
- Geogr. Gliederung: Karibischer Küstenstreifen im Norden, Gebirgszüge mit Hochebenen im Zentrum, pazifische Küstengebiete im Süden.
- Geschichte: 1502 von Kolumbus entdeckt, 1524 von Spanien in Besitz genommen, 1525 Gründung der Stadt Trujillo. Teil des Generalkapitanats Guatemala, zunächst dem Vizekönigreich Neu-Spanien (Mexiko) zugeordnet. Unabh. 1821, Teil der Zentralamerikanischen Konföderation, 1838 Republik. Im karibischen Nordosten im 17. Jh. von Engländern besiedelt, 1862 britische Kolonie (Britisch-Honduras), unabh. 1981 (Belize).
- Der Name des in der Kolonialzeit auch Higueras genannten *Honduras* (*hondureño*) soll sich auf die Tiefen der karibischen Küstengewässer (cf. sp. *honduras*) beziehen, die den Schiffen das Ankern erschwerten.

Nicaragua

Mittelamerika, 130.373 km²; 6 Mio. Einw. (2017), vorwiegend an der Pazifikküste besiedelt: 70% Mestizen, 17% Weiße, 9% Schwarze, 4% Indios (2005).

- Sprachen: Spanisch (87–97%). Amerindische Sprachen: Miskito (TWF 2018 für 2005) 2,2%, Sumo. Engl. Kreol an der Karibikküste.
- Hauptstadt: Managua (gegr. 1858).
- Geogr. Gliederung: Karibisches Küstentiefland im Osten (Mosquitoküste), Gebirgsketten mit Hochlandgebieten im Nordwesten, Becken des Nicaragua- und des Managuasees im Südwesten sowie vorgelagerter pazifischer Küstenstreifen.
- Geschichte: 1502 von Kolumbus entdeckt. Erste Ansiedlungen wurden 1522 von Gil González Dávila gegründet. Teil des Generalkapitanats Guatemala, zunächst dem Vizekönigreich Neu-Spanien (Mexiko) zugeordnet. Unabh. 1821, Teil der Zentralamerikanischen Konföderation, 1838 Republik.
- Der Name *Nicaragua* (*nicaragüense*) geht möglicherweise auf den Häuptling Nicorao bzw. den gleichnamigen Stamm zurück.

Costa Rica

Mittelamerika, 51.100 km^2; 4,9 Mio. Einw. (2017): 87% Weiße, 7% Mestizen, 3% Schwarze und Mulatten, 2% Asiaten, 1% Indios (2011).

- Sprachen: Spanisch (99%). Amerindische Sprachen: Bribri/Chibcha. Engl. Kreol an der Karibikküste (Limón).
- Hauptstadt: San José (Villa Nueva, gegr. 1755).
- Geogr. Gliederung: Karibische Küstenebene im Nordosten, von Nordwesten nach Südosten verlaufende Gebirgsketten mit zentraler Hochebene (Valle Central), pazifische Küstenebene im Südwesten.
- Geschichte: 1502 von Kolumbus entdeckt und Costa del Oro genannt. Teil des Generalkapitanats Guatemala, zunächst dem Vizekönigreich Neu-Spanien (Mexiko) zugeordnet. Beginn der Besiedlung erst Mitte des 16. Jhs. Unabh. 1821, Teil der Zentralamerikanischen Konföderation, 1838 Republik.
- Der Name *Costa Rica* (*costarricense*) steht in Verbindung mit den Bodenschätzen, die die Konquistadoren zu finden hofften.

Panama

Mittelamerika, 74.177 km^2; 3,7 Mio. Einw. (2017): 65% Mestizen, 12% Indios, 9% Schwarze, 7% Mulatten, 7% Weiße (2010).

- Sprachen: Spanisch (77–93%). Amerindische Sprachen: Guaymí/Chibcha, Chocó. Engl. Kreol (nordwestliche Karibikküste, karibische Kanalzone).
- Hauptstadt: Ciudad de Panamá (gegr. 1519).
- Geogr. Gliederung: Karibische Küstenzone im Norden, von Westen nach Osten verlaufende Gebirgsketten, Kanalzone, pazifischer Küstenbereich.
- Geschichte: 1501 von Rodrigo de Bastidas entdeckt. Nach Gründung der Kolonie Darién (heute südöstliche Provinz) erreichte Vasco Núñez de Balboa 1513 auf der Suche nach dem Südmeer (Mar del Sur) den Pazifik. Vorübergehend dem Generalkapitanat Guatemala angegliedert, Zentrum von Castilla del Oro, ab 1567 zum Vizekönigreich Peru gehörig, schließlich Teil des Vizekönigreichs Neu-Granada (Kolumbien, 1717). Unabh. 1821, bis 1903 Teil Großkolumbiens.
- Der Name *Panamá* (*panameño*) soll auf einen einheimischen Ortsnamen zurückgehen, der 'fischreich' bedeutet.

Kolumbien

Südamerika, 1.141.748 km^2; 47,7 Mio. Einw. (2017): 58% Mestizen, 20% Weiße, 14% Mulatten, 4% Schwarze, 3% Zambos (Nachkommen aus der Verbindung von Schwarzen und Indianern), 1% Indios (2006).

- Sprachen: Spanisch (99%). Offiziell 72 amerindische Sprachen: Chibcha, Guajiro/Arawak, Caribe, Chocó. Sp. Kreol (San Basilio); engl. Kreol (Inseln San Andrés und Providencia).
- Hauptstadt: Bogotá (Santa Fe de Bogotá, gegr. 1538).

- Geogr. Gliederung: Pazifische Küstenebene, West-, Zentral- und Ostkordillere der Anden, karibische Küstenebene mit dem Gebirgsmassiv der Sierra Nevada de Santa Marta, Tiefländer im Osten, Amazonasbecken im Südosten.
- Geschichte: 1499 von Alonso de Ojeda auf seiner Fahrt nach Venezuela im Osten sowie 1501 von Rodrigo de Bastidas im Küstenbereich berührt. 1525 Gründung der Stadt Santa Marta. Von Gonzalo Jiménez de Quesada 1536–1538 erobert. Generalkapitanat Neu-Granada (1547), zentraler Bestandteil des Vizekönigreichs Neu-Granada (Nueva Granada, 1717) mit Panama, Venezuela und Ecuador. Unabh. 1810, ab 1819 Großkolumbien (Gran Colombia) mit Venezuela und Ecuador (bis 1830) sowie Panama (bis 1903).
- Der Name *Colombia* (*colombiano*) leitet sich von Kolumbus ab und wurde dem Land bei der Unabhängigkeit gegeben.

Venezuela

Südamerika, 916.445 km²; 31,3 Mio. Einw. (2017): 64% Mestizen, 23% Weiße, 10% Schwarze, 1% Indios, 2% andere (2000).

- Sprachen: Spanisch (99%). Amerindische Sprachen: Guajiro (Wayúu)/Arawak, Warao/Chibcha, Pemón/Karibisch.
- Hauptstadt: Caracas (gegr. 1567).
- Geogr. Gliederung: Karibische Küstenzone, Maracaibo-Senke und Ausläufer der Anden im Nordwesten, Orinocotiefland (*llanos*) im Zentrum, Hochland von Guayana im Süden.
- Geschichte: 1498 von Kolumbus sowie 1499 von Alonso de Ojeda (mit Juan de la Cosa und Amerigo Vespucci) im Küstenbereich berührt. 1510 Besiedlung der vorgelagerten Inseln. Inbesitznahme des Festlandes mit Gründung der Stadt Coro (1527). Von Karl V. 1528–1546 an die Augsburger Welser verpfändet. Von Santo Domingo aus verwaltet, 1717 Teil des Vizekönigreichs Neu-Granada (Kolumbien), 1742 Generalkapitanat. Unabh. 1811, 1821 Teil Großkolumbiens, 1830 Republik.
- Der Name *Venezuela* (*venezolano*) geht auf die indianischen Pfahlbauten am Golf von Maracaibo zurück, die den Entdeckern, unter denen sich der Italiener Vespucci befand, den Eindruck eines "Klein-Venedig" vermittelt haben sollen.

Ecuador

Südamerika, 256.370 km²; 16,3 Mio. Einw. (2017): 72% Mestizen, 14% Indios, 7% Schwarze, 7% Weiße, Mulatten und Zambos (2010).

- Sprachen: Spanisch (2010: 93%). Offiziell 11 Indianersprachen: Quechua (2010: 4%), Chibcha, Shuar.
- Hauptstadt: Quito (gegr. 1534).
- Geogr. Gliederung: Pazifisches Küstentiefland mit dem Golf von Guayaquil, Andenkordillere mit zentralem Hochplateau, Amazonastiefland im Osten.

- Geschichte: Von Francisco Pizarro auf seiner zweiten Expedition 1526 erreicht. Von Sebastián de Benalcázar bis 1534 von Peru aus erobert. Teil des Vizekönigreichs Peru (1563), ab 1717 Teil des Vizekönigreichs Neu-Granada (Kolumbien). Unabh. 1809, 1821 Teil Großkolumbiens, 1830 Republik.
- Der Name *Ecuador* (*ecuatoriano*) ergibt sich aus der geographischen Lage. Ab dem 18. Jh. erscheint er auf Karten (*tierras del Ecuador*) und wurde bei der Unabhängigkeit übernommen.

Peru

Südamerika, 1.285.216 km²; 31 Mio. Einw. (2017): 45% Indios, 37% Mestizen, 15% Weiße, 3% Schwarze und Mulatten, Asiaten (2005).

- Sprachen (TWF 2018 für 2007): Spanisch (84%); Quechua (13%) und Aimara (1,7%) sind kooffizielle Sprachen.
- Hauptstadt: Lima (Ciudad de los Reyes, gegr. 1535; zuvor Rímac).
- Geogr. Gliederung: Pazifische Küstenebene, West-, Zentral- und Ostkordillere der Anden mit Hochgebirgstälern und südlichem Hochplateau (Altiplano), Amazonastiefland im Osten.
- Geschichte: 1524 von dem in sp. Diensten stehenden Portugiesen Aleixo Garcia, einem Überlebenden der Expedition des Juan Díaz de Solís zum Río de la Plata (cf. Argentinien), von Südbrasilien aus auf dem Landweg erstmals erreicht. Von Francisco Pizarro 1531–1533 erobert. Zentrum der Inka-Hochkultur. Zentraler Bestandteil des Vizekönigreichs Peru (1542), das bis 1717 alle sp. Territorien Südamerikas (mit Panama; ohne Venezuela) umfasste. Unabh. 1821.
- Der Name *Perú* (*peruano*) wird auf eine Region oder einen Fluss *Pirú*, *Birú*, *Pelú* zurückgeführt, den die Indianer Vasco Núñez de Balboa, dem Entdecker des Pazifiks, in Panama auf die Frage nannten, wo sich das El Dorado befinde. Auch ein Häuptlingsname wird in Erwägung gezogen.

Bolivien

Südamerika, 1.098.581 km²; 11 Mio. Einw. (2017): 70% Mestizen, 20% Indios, 5% Weiße, 1% Schwarze, 4% andere (2010).

- Sprachen: Spanisch (88%). Amerindische Sprachen (36 kooffizielle): Quechua (25–30%), Aimara (17–25%), Guaraní 0,7%).
- Hauptstadt: Sucre (Chuquisaca, gegr. 1538), Regierungssitz La Paz (gegr. 1548).
- Geogr. Gliederung: West- und Ostkordillere der Anden mit zentralem Hochplateau (Altiplano) und Titicaca-See, im Osten Tiefland (*llanos*), das sich von Norden nach Süden in Amazonasgebiet, Pampas und Chaco unterteilt.
- Geschichte: Ab 1538 von Peru aus erobert. Teil des Vizekönigreichs Peru, 1559 Audiencia de Charcas (Sucre). 1776 Teil des Vizekönigreichs Río de la Plata. Unabh. 1809/1825. 1879 Verlust des pazifischen Zugangs in der Provinz Antofagasta an Chile. Weitere Gebiete fielen an Peru, Brasilien und Paraguay.

- Die Namengebung Bolivia (*boliviano*) erfolgte zu Ehren des Freiheitskämpfers Simón Bolívar (1784–1830), der die Unabhängigkeit von Panama, Kolumbien, Venezuela, Ecuador, Peru und Bolivien erstritt.

Chile

Südamerika, 756.096 km²; 17,8 Mio. Einw. (2017): 72% Mestizen, 22% Weiße, 4% Indios (Mapuche), 2% andere (2002).

- Sprachen: Spanisch (90–99%). Amerindische Sprachen: Mapuche (4,2%), Aimara, Rapanui.
- Hauptstadt: Santiago de Chile (Santiago de la Nueva Extremadura, gegr. 1541).
- Geogr. Gliederung: Pazifische Küstenzone, Küstenkordillere der Anden, Großes Längstal in Mittelchile, Hochkordillere im Osten.
- Geschichte: 1520 von dem in sp. Diensten stehenden pg. Seefahrer Fernão de Magalhães (sp. Magallanes) auf seiner Weltumsegelung (1519–1521) zum ersten Mal betreten. 1540 Beginn der Eroberung durch Pedro de Valdivia. Teil des Vizekönigreichs Peru (1542), 1778 Generalkapitanat. Unabh. 1810/18.
- Der Name *Chile* (*chileno*) kann vielleicht auf map. *chülle* für einen Vogelruf bzw. die betreffende Möve (*gaviota andina*) zurückgeführt werden. Auch quech. *chili* ‘kalt’ (klimatisch im Vergleich zu Peru) und aim. *chilli* ‘das Ende der Welt’ wurden als Ursprung genannt.

Argentinien

Südamerika, 2.780.400 km²; 44,3 Mio. Einw. (2017): 86% Weiße, 7% Mestizen, 3% Indios, 3% Araber, 1% andere (2000).

- Sprachen: Spanisch (99%). Amerindische Sprachen: Quechua, Guaraní.
- Hauptstadt: Buenos Aires (Santa María del Buen Aire, gegr. 1536/1580).
- Geogr. Gliederung: Andenkordilleren im Westen, Flachland des Gran Chaco im nördlichen Zentrum, zentralargentinische Ebene (Pampa), patagonisches Stufenland im Süden, atlantische Küstenzone im Osten.
- Geschichte: 1516 von Juan Díaz de Solís über den Río de la Plata erreicht, 1580 zweite Gründung von Buenos Aires. Teil des Vizekönigreichs Peru (1542), zentraler Bestandteil des Vizekönigreichs Río de la Plata (1776, mit Uruguay, Paraguay und Bolivien). Unabh. 1810.
- Der Name *Argentina* (*argentino*) leitet sich von lat. ARGENTUM ‘Silber’ ab (Río de la Plata ‘Land am Silberstrom’). Der in sp. Diensten stehende it. Seefahrer Sebastiano Caboto gab den Mündungsgewässern 1526 diesen Namen, als er bei den Indianern Silber fand. Das Metall stammte allerdings aus einem Überfall auf die aus Peru zurückkehrende Expedition des Aleixo Garcia (cf. Peru).

Uruguay

Südamerika, 177.879 km^2; 3,4 Mio. Einw. (2017): 88% Weiße, 8% Mestizen, 4% Mulatten und Schwarze (1996).

- Sprache: Spanisch (96–98%).
- Hauptstadt: Montevideo (gegr. 1726).
- Geogr. Gliederung: Ebenen und niedriges Hügelland, atlantische Küstenzone im Süden und Südosten.
- Geschichte: 1516 von Juan Díaz de Solís entlang des Río de la Plata erkundet. 1680 Gründung der *Colônia do Sacramento* durch die Portugiesen (Verzicht 1777). 1776 Teil des Vizekönigreichs Río de la Plata, 1821–1827 Teil Brasiliens (*Província Cisplatina*). Unabh. 1828.
- Der Name *Uruguay* (*uruguayo*) stammt aus dem Guaraní und bezeichnet den Grenzfluss zu Argentinien. Die Bedeutung wird mit guar. *y* 'Wasser, Fluss' in Verbindung gebracht ('Fluss der Schnecken', guar. *uruguá* 'Wasserschnecke'; auch 'Wasser der bunten Vögel').

Paraguay

Südamerika, 406.752 km^2; 6,9 Mio. Einw. (2017): 86% Mestizen, 9% Weiße, 2% Indios, 3% andere (2000).

- Amtssprachen: Spanisch (55–70%), Guaraní (90%; Diglossie).
- Hauptstadt: Asunción (gegr. 1537).
- Geogr. Gliederung: Flachland des Gran Chaco im Westen, Ausläufer des Paraná-Plateaus im Osten; im Süden und Osten von den Flüssen Pilcomayo, Paraguay und Paraná begrenzt.
- Geschichte: Das Land wurde von dem in sp. Diensten stehenden Portugiesen Aleixo Garcia um 1525 erkundet. Nach der fehlgeschlagenen Niederlassung in Buenos Aires erfolgte die Gründung von Asunción. Teil des Vizekönigreichs Peru (1542). Ab 1609 bedeutende Jesuitenmission, 1767 Ausweisung der Jesuiten. 1776 Teil des Vizekönigreichs Río de la Plata. Unabh. 1811.
- Der Name *Paraguay* (*paraguayo*) kommt aus dem Guaraní und bezeichnet den Fluss, der sich mit dem Paraná zum Río de la Plata vereinigt. Die Bedeutung wird mit guar. *y* 'Wasser, Fluss' in Verbindung gebracht ('Fluss der Palmenkronen/Federkronen').

1.3 Europäisches und amerikanisches Spanisch

Die große räumliche Distanz zwischen Spanien und dem amerikanischen Kontinent spiegelt sich auch in sprachlichen Unterschieden, die am deutlichsten zutage treten, wenn man für einen Vergleich als Bezug den auf dem Kastilischen basierenden europäischen Standard wählt. In einem weiter gesteckten Rahmen wird ein markanter

Kontrast zu den nördlichen und zentralen Varietäten des Spanischen offenbar, während das Südspanische, in dessen Zentrum das Andalusische steht, das sich zusammen mit dem Murciano und dem Extremeño während der Reconquista herausbildete, gewisse Affinitäten zum amerikanischen Spanisch aufweist.

Zur Bezeichnung der in Amerika gesprochenen Varietäten sind mehrere Termini in Gebrauch, die nach wissenschaftlicher und regionaler Tradition unterschiedlich zur Anwendung kommen. Aus europäischer Sicht ist die Bezeichnung "amerikanisches Spanisch" naheliegend, geographisch angemessen und entspricht dabei dem in Spanien verwendeten *español de América* bzw. *español americano*. Bisweilen spricht man auch vom *español en América*, das entweder synonym gebraucht wird oder ausdrücken soll, dass es ein einheitliches amerikanisches Spanisch nicht gibt. Bei der Größe des Kontinents wäre dies auch nicht zu erwarten. Die in der Fachliteratur verbreitete Benennung "lateinamerikanisches Spanisch" (Paufler 1977; Kubarth 1987) klammert demgegenüber die große Gruppe der *hispanohablantes* in den USA aus, die in der Rangfolge hispanophoner Gemeinschaften der Welt mittlerweile wohl an zweiter Stelle stehen (cf. Kap. 3.2). Eine andere Perspektive ergibt sich im historischen Kontext. Vor dem Hintergrund der Herausbildung des amerikanischen Spanisch (cf. Kap. 7), die Spaniens atlantischen Südwesten in vielfältiger Weise mit den Kanarischen Inseln, der Karibik und dem amerikanischen Festland verband, prägte Diego Catalán (1958) den Terminus *español atlántico*. Faktisch gesehen finden sich Charakteristika dieses atlantischen Spanisch jedoch auch im südspanischen Mittelmeerbereich und an der amerikanischen Pazifikküste. Die *Romanische Bibliographie* bevorzugt in diesem Zusammenhang die Bezeichnung "überseeisches" Spanisch (1990, 295). Letztlich geht es aber nicht um eine definitive sprachliche Blockbildung.

Sprecher des amerikanischen Spanisch nehmen in der Regel keinen terminologischen Bezug auf ihre sprachliche Heimat. In Verwendung der Sprachbezeichnung unterscheiden sie jedoch regional zwischen *español* und *castellano* (cf. Alonso 1979, Mondéjar 1981). Im mexikanisch-karibischen Raum spricht man von *español*, im La Plata-Raum zieht man *castellano* vor. Dies hat einerseits historische Gründe, die sich im Sinne empfundener Eigenständigkeit von Spaniens früherer Hegemonie manifestieren. Andererseits wurde das Spanische bereits in Nebrijas Grammatik 1492 und Schriften der Kolonialzeit vorwiegend *lengua castellana* genannt. Davon abgesehen ergibt sich auch durch offiziellen Sprachgebrauch eine Unterscheidung, wenn beispielsweise die Landessprache in der kolumbianischen Verfassung als *castellano* bezeichnet wird, während im allgemeinen Sprachgebrauch *español* vorherrscht. Schließlich greift man in offizieller Verwendung bisweilen auch auf die im 19. Jh. im Zuge der Unabhängigkeit aufgekommenen Bezeichnungen *idioma/lengua nacional* zurück.

Amtssprache ist Spanisch in allen hispanophonen Ländern Lateinamerikas. In Puerto Rico übernimmt es diese Funktion zusammen mit dem Englischen, in Paraguay mit dem amerindischen Guaraní. In Peru sind nach der Verfassung Quechua und Aimara kooffizielle Sprachen, während dieser Status in Kolumbien auf regionaler Ebene allen Indianersprachen zukommt.

1.3.1 Amerikanismen

Um Charakteristika des amerikanischen Spanisch zu klassifizieren, nennt man sie Amerikanismen (*americanismos*). Da dieser Terminus die sprachlichen Verhältnisse aus kontinentaler Sicht kategorisiert, erweist er sich geographisch und diachronisch als ambivalent. Obwohl sich grundsätzlich panamerikanische Charakteristika zuweisen lassen wie das Fehlen von [θ] (*decir* [de'sir]), bilden die amerikanischen Gebiete weder eine sprachliche Einheit, noch ist eine generelle Abgrenzung gegenüber Spanien möglich. In synchronischer Betrachtung liegt das Problem des geographischen Raums darin, dass viele Amerikanismen in erster Linie regional auftreten (z.B. Karibik, Andengebiete) und manche Charakteristika Parallelen mit Südspanien aufweisen.

Auch die historische Entwicklung ist zu berücksichtigen. So wird beispielsweise das Wort *sabana* 'Savanne' von allen Hispanophonen verwendet. Nach dem Sprachgebrauch allein liegt insofern kein Amerikanismus vor, in Bezug auf die Herkunft des Wortes, das aus der Karibik stammt (cf. Kap. 5.5.3.1), ist dies jedoch der Fall. Um die Zuordnung in dieser Hinsicht differenzierter zu fassen, bezeichnet man Entlehnungen aus den Indianersprachen als Indigenismen (*indigenismos*). Die geographische Klassifikation unterliegt also mitunter einer diachronischen Verschiebung, wodurch ein Wort wie *sabana*, das nach der Entdeckung Amerikas zunächst als spezifisch amerikanisch galt (*çavána*), in späterer Zeit in dieser Beziehung nur noch eine etymologische Größe darstellt. Die Berücksichtigung der historischen und geographischen Bezüge führt uns zu folgender Definition des Amerikanismus:

> Ein Amerikanismus lässt sich als sprachliche Form beschreiben, die im Kontrast zum historisch referentiellen Standard des Kastilischen steht und einem Teil des amerikanischen Sprachgebietes nach Gebrauch oder Herkunft zuzuordnen ist.

Diese Definition kann sich entsprechend der Ausrichtung hispanistischer Beiträge im Schwerpunkt verlagern. In der neueren Lexikographie tritt bei Amerikanismen z.B. das Kriterium der etymologischen Herkunft in den Hintergrund.

Es liegt in der Natur des individuellen Sprachgefühls, regionale Varianten in ihrer Abweichung von einer Norm zu registrieren. Dies gilt auch für das Spanische in Amerika, selbst wenn entsprechende Feststellungen in früher Zeit nicht unter dem Hinweis auf die Herausbildung eines amerikanischen Spanisch erfolgten. Im Bordbuch der Entdeckungsfahrt erklärte Kolumbus erste Indigenismen (cf. Kap. 5.5.2). In den folgenden Jahrzehnten nahm das Spanische in Amerika zahlreiche Entlehnungen aus den Indianersprachen auf, die nur zum Teil im Mutterland bekannt oder verbreitet wurden. Daneben bildeten sich amerikanische Sonderbedeutungen heraus wie z.B. in Chile *sabanilla* 'tejido de lana que fabrican los indios del archipiélago de Chiloé' (< *sábana* 'Betttuch'), die Antonio de Alcedo (1789, 358) verzeichnet. In diesen Veränderungen liegt ein Ausgangspunkt für die sprachliche Differenzierung. Um das amerikanische Spanisch oder eine seiner regionalen Formen (z.B. das Spanische der Karibik) als diatopische Varietät zu definieren, sind vom linguistischen Standpunkt aus gesehen Entwicklungen im Wortschatz allein allerdings nicht hinreichend, da Differenzierungen auch in Phonetik und Morphosyntax vorausgesetzt werden (cf. Kap. 2 und 6).

Lexikalische Amerikanismen wurden allerdings zum ersten Betätigungsfeld der sprachlichen Inventarisierung des Spanischen in Amerika (cf. Haensch 1990, Pottier-Navarro 1992). Aus dem 17. Jh. sind die Glossare von Pedro Fernández de Castro (*Descripción de la provincia de los Quixos*, Audiencia de Quito, 1608) und von Fray Pedro Simón (*Noticias Historiales*, 1627) bekannt. Mit dem *Vocabulario de las voces provinciales de América* legte Antonio de Alcedo (1789) die erste systematische Zusammenstellung hispanoamerikanischen Wortschatzes vor, die sich auf Flora und Fauna konzentriert und dabei die geographische Verbreitung berücksichtigt. Aus regionaler Sicht wurde das Spanische Kubas Thema eines ersten kurzen Vokabulars, das der Mexikaner López Matoso im Rahmen seiner Exilbeschreibung *Viaje de perico ligero al país de los moros* zwischen 1817 und 1820 zusammenstellte. Darin kontrastiert er kubanische Bedeutungen mit mexikanischen: "*Manì* son los cacahuates" [mex. für *cacahuetes*] (Wogan 1961, 82). Auch das erste regionale Wörterbuch des amerikanischen Spanisch behandelt die kubanische Varietät. Es stammt von Esteban Pichardo und erschien 1836.

1.3.2 Sprachbewusstsein in Hispanoamerika

Ein Bewusstsein für die hispanoamerikanischen Varietäten des Spanischen bildete sich im 19. Jh. vor dem Hintergrund der Unabhängigkeit der Länder Lateinamerikas und der Publikation sprachbezogener Studien heraus. In seiner *Gramática de la lengua castellana destinada al uso de los americanos* unterstrich Andrés Bello 1847 die Notwendigkeit, einer möglichen Aufsplitterung des Spanischen in Amerika in verschiedene Einzelsprachen entgegenzuwirken:

> Pero el mayor mal de todos, i el que, si no se ataja, va a privarnos de las inapreciables ventajas de un lenguaje común, es la avenida de neolojismos de construcción , que inunda i enturbia mucha parte de lo que se escribe en América, i alterando la estructura del idioma, tiende a convertirlo en una multitud de dialectos irregulares, licenciosos, bárbaros, embriones de idiomas futuros, que durante una larga elaboración reproducirían en América lo que fué la Europa en el tenebroso período de la corrupción del latin. Chile, el Perú, Buenos-Aires, Méjico, hablarían cada

> uno una lengua, o por mejor decir, varias lenguas, como sucede en España, Italia i Francia, donde dominan ciertos idiomas provinciales [...] (Bello 1891, XIII–XIV).

Auch ideologische Überlegungen nahmen auf die Verhältnisse Einfluss. Den nationalen Unabhängigkeitserklärungen folgten Manifeste sprachlicher Eigenständigkeit. Diese Entwicklung findet in der Geschichte des brasilianischen Portugiesisch eine Parallele. In einem Vergleich, der auf die Ausgliederung der romanischen Sprachen Bezug nahm, projizierte Rufino José Cuervo (1901) eine weitgehende Differenzierung zwischen den spanischen Varietäten beiderseits des Atlantiks. Im Gegensatz zu Andrés Bello verband Cuervo damit jedoch keinen Aufruf zur Bewahrung der sprachlichen Einheit.

Mit seinen *Apuntaciones críticas sobre el lenguaje bogotano* begründete Cuervo 1867 die linguistischen Studien zum amerikanischen Spanisch. Die erste Skizzierung einer dialektalen Gliederung entwarf 1882 der Kubaner Juan Ignacio de Armas y Céspedes (cf. Kap. 4.1). Der in Chile wirkende Rudolf Lenz stellte Ende des 19. Jhs. Überlegungen zu den Gründen für die Differenzierung des amerikanischen Spanisch an, die er in den Indianersprachen zu finden glaubte (cf. Kap. 7.4.1). Über die allgemeine Entwicklung der Linguistik in Hispanoamerika informiert *Ibero-American and Caribbean Linguistics* (Sebeok 1968).

Nachdem die *Real Academia Española* Mitte des 19. Jhs. erste Mitglieder aus Hispanoamerika aufgenommen hatte, entstand der Plan zur Schaffung amerikanischer Sprachakademien. Als erste wurde 1871 die kolumbianische Akademie gegründet. 1951 schlossen sich die bis dahin bestehenden zwanzig Institutionen in der *Asociación de Academias de la Lengua Española* (ASALE) zusammen. Danach traten der Vereinigung noch die *Academia Puertorriqueña* (1955) und die *Academia Norteamericana* (1980) mit Sitz in New York bei.

In der Diskussion um die Einheit des Spanischen waren die extremen Vorstellungen Cuervos hinsichtlich einer sprachlich weitgehenden Differenzierung beiderseits des Atlantiks bereits früh relativiert worden. Heute scheint die Präsenz der modernen Medien ein Garant der Stabilität des Spanischen in der Welt zu sein. Die aktuellen Verhältnisse unterstreichen dies. Ungeachtet der lokalen Entwicklungen in den territorial extrem weitläufigen amerikanischen Sprachgebieten wird der Grad sprachlicher Variation auf der Iberischen Halbinsel nicht übertroffen.

Während Brasilianer in Portugal oder US-Amerikaner im Süden Englands aufgrund der spezifischen Besonderheiten lokaler Varietäten stellenweise mit einer Beeinträchtigung der Verständigung rechnen müssen, stellt sich dieses Problem innerhalb des Spanischen kaum. In Gebrauchstexten ohne Lokalkolorit ist es in der Regel kaum möglich, den jeweiligen Text in Spanien oder Hispanoamerika zu verorten. Worin die Unterschiede zwischen dem kastilischen und dem amerikanischen Spanisch liegen, wird in Kapitel 2 skizziert.

1.4 Ausgewählte Hilfsmittel zum amerikanischen Spanisch

Dieser Abschnitt stellt selektiv einige bibliographische Informationen zusammen, die den Zugang zum Schrifttum des amerikanischen Spanisch erleichtern sollen. Dabei werden vor allem grundlegende Beiträge angeführt, die der Orientierung dienen und einen Ausgangspunkt für weitere Studien darstellen.

Die zentrale Arbeitsgrundlage jedes wissenschaftlichen Vorhabens bildet eine Übersicht über vorhandene Fachliteratur. Bei der Zusammenstellung einer Literaturliste sind die Konsultation von Schlagwortkatalogen und unspezifisches Suchen im Internet meist wenig hilfreich, während sich z.B. kumulatives Bibliographieren anhand der Literaturangaben in einschlägigen Fachpublikationen als ergiebiger erweist. Den systematischen Zugang zur Fachliteratur erschließen jedoch nur Bibliographien.

Bibliographische Hilfsmittel

Bei Bibliographien unterscheidet man abgeschlossene Publikationen, die Material eines bestimmten Berichtszeitraums erfassen (z.B. Solé 1990), und Publikationen, die fortgesetzt erscheinen und unter Berücksichtigung eines gewissen Verzugs (1–3 Jahre) die jeweils aktuelle Literatur verzeichnen.

Die für die romanische Sprachwissenschaft wichtigste unter den laufenden Bibliographien ist die *Romanische Bibliographie* (RB). Sie erscheint als Supplement der *Zeitschrift für Romanische Philologie* (ZRPh) seit 1875 und seit 1961 eigenständig. Das amerikanische Spanisch erfasst die zweibändige Jahresausgabe der RB im sprachwissenschaftlichen Teil unter dem Systemschlüssel 89. Ab dem Jahrgang 1965 ist sie in Universitätsnetzen auch online zugänglich und erlaubt damit eine Recherche mit kombinierter Stichworteingabe, die das Bibliographieren vor allem im Hinblick auf die Kumulierung der Jahrgänge erleichtert.

Eine solche Kumulierung ermöglicht die amerikanische MLA. Damit bietet sie, obwohl sie nicht auf romanische Sprachen spezialisiert ist, ebenfalls einen beachtlichen Fundus an Literaturangaben, die als Ergebnis einer Recherche jeweils abgespeichert werden können. Zudem ergibt sich aufgrund mehrerer Aktualisierungen pro Jahr kein größerer Verzug bei der Titelaufnahme, der in der Regel vor allem Printausgaben betrifft. Die meisten Universitäten bieten einen lokalen Zugriff auf die MLA und die *Linguistic Bibliography* (LB, 1993–). Ferner steht die *Bibliographie linguistischer Literatur* (BLL, 1971–) mit direkten Links zu im Netz erhältlichen Volltexten zur Verfügung.

Von den abgeschlossenen Publikationen kommentieren Rohlfs (1957), Lope Blanch (1968) und Malkiel (1972) ältere linguistische Literatur zum amerikanischen Spanisch. Etwas neuere Beiträge bieten die von López Morales herausgegebenen *Cuadernos bibliográficos* (1994–), die aus zehn nach Regionen konzipierten Heften bestehen und bis auf Bd. 5 (*Bolivia, Ecuador y Perú*) und Bd. 10 (*Índices*) erschienen sind. Eine kommentierte Bibliographie der Wörterbücher zum amerikanischen Spanisch enthält Haensch/Omeñaca (2004, 301–327).

Da Beiträge zum amerikanischen Spanisch in Seminar- und Universitätsbibliotheken unterschiedlich stark vertreten sind, stellt die Fernleihe ein wichtiges Instrument für die Literaturbeschaffung dar. Dazu bietet im Internet der *Karlsruher Virtuelle Katalog* (*https://kvk.bibliothek.kit.edu*) eine hilfreiche Zusammenschaltung regionaler Kataloge, die das Auffinden eines Buchtitels erleichtern. Fachzeitschriften können im Netz über das Verzeichnis ZDB (*https://zdb-katalog.de*) lokalisiert werden. Zeitschriftenaufsätze kann man thematisch und nach Autoren über die *Internationale Bibliographie der geistes- und sozialwissenschaftlichen Zeitschriftenliteratur* (IBZ, Universitätsnetze) ausfindig machen. Schließlich ist noch auf den Fachinformationsdienst Romanistik (*www.fid-romanistik.de*) hinzuweisen. Die Beschäftigung mit diesen Instrumenten der Literaturrecherche ist bereits in einer frühen Studienphase absolut notwendig.

Laufende Bibliographien

Romanische Bibliographie [RB, 1961–]. Berlin – Boston 2009ss. Tübingen 1965–2009. Zuvor: Supplement zur ZRPh [1875–]. Halle 1878–1940; Tübingen 1957–1964. [online, 1965–]

Bibliographie linguistischer Literatur [BLL, 1971–]. Frankfurt/M. 1976ss. [online 1971– ; BLLDB <www.blldb-online.de>]

Linguistic Bibliography [LB, 1939–]. Utrecht – Bruxelles 1949; Utrecht – Antwerpen 1949ss. [online]

Handbook of Latin America Studies (HLAS), Cambridge (Mass.) 1935–1947; Gainsville (Fl.) 1948–1978; Austin (Tex.) 1979ss. <http://lcweb2.loc.gov/hlas>

MLA International Bibliography of Books and Articles of the Modern Languages and Literatures. New York 1969ss. Zuvor: PMLA [online]

Abgeschlossene Bibliographien

Campos, H./Martínez-Gil, F. (1992): Current Studies in Spanish Linguistics. Washington, GUP.

Lope Blanch, J. M. (1968): El español de América. Madrid, Alcalá.

López Morales, H. (1994ss., ed.): El español de América. Cuadernos bibliográficos. 10 vol. Madrid, Arco Libros. 1. Introducción. 2. América Central. 3. Las Antillas. 4. Argentina, Paraguay y Uruguay. 5. Bolivia, Ecuador y Perú [fehlt]. 6. Chile. 7. Colombia y Venezuela. 8. Estados Unidos. 9. México. 10. Índices generales [fehlt].

Malkiel, Y. (1972): Linguistics and Philology in Spanish America. A Survey (1925–1970). The Hague – Paris, Mouton.

Rohlfs, G. (1957): Manual de filología hispánica. Guía bibliográfica, crítica y metódica. Bogotá.

Serís, H. (1964): Bibliografía de la lingüística española. Bogotá.

Solé, C. A. (1990): Bibliografía sobre el español en América 1920–1986. Bogotá, ICC.

Fachzeitschriften

Eine auf linguistische Fragestellungen Iberoamerikas spezialisierte Zeitschrift ist die *Revista Internacional de Lingüística Iberoamericana* (RILI, 2003–). Die *Revista de Filología Española* (RFE) widmete im Jubiläumsjahr 1992 einen Band überwiegend dem amerikanischen Spanisch (72, 269–733). Weitere Zeitschriftentitel erscheinen im hiesigen Abkürzungsverzeichnis (XIII–XV).

Terminologische Nachschlagewerke

Über die Bedeutung linguistischer Fachtermini kann man sich in folgenden Werken informieren:

Alcaraz Varó. E./Martínez Linares, M. A. (2004[2]): Diccionario de lingüística moderna. Barcelona, Ariel.

Bußmann, H. (2008[4]): Lexikon der Sprachwissenschaft. Stuttgart, Kröner.

Glück, H. (2016[5], ed.): Metzler Lexikon Sprache. Stuttgart – Weimar, Metzler. [2. Aufl. auf CD verfügbar]

Allgemeine Darstellungen zum amerikanischen Spanisch

Folgende Publikationen beschäftigen sich in unterschiedlicher Ausrichtung ganz oder in Auszügen mit dem amerikanischen Spanisch. Die kompakteste Darstellung mit allgemeinem und regionalem Teil ist gewiss immer noch Lipski (1994, 1996). Vor der Veröffentlichung steht der umfangreiche Band *El español en América* (Eckkrammer [2019]) aus der Reihe *Manuals of Romance Linguistics*.

Aleza Izquierdo, M./Enguita Utrilla, J. M. (2002): El español de América: aproximación sincrónica. Valencia, Tirant lo Blanch.

Araús Puente, C. (2005, ed.): Manual de lingüística hispanoamericana. II. Notas para un seminario sobre el español americano. Bogotá, ICC.

Berschin, H./Fernández-Sevilla, J./Felixberger, J. (2012[4]): Die spanische Sprache. Verbreitung · Geschichte · Struktur. Hildesheim, Olms, 23–39, 95–106.

Chumaceiro Arreaza, I./Álvarez Muro, Alexandra (2004): El español, lengua de América. Caracas, El Nacional.

Cotton, E. G./Sharp, J. M. (1988): Spanish in the Americas. Washington, Georgetown Univ. Press.

Dietrich, W./Noll, V. (2019[7]): Einführung in die spanische Sprachwissenschaft. Ein Lehr- und Arbeitsbuch. Berlin, Schmidt [im Druck].

Eckkrammer, E. M. ([2019], ed.). El español en América. Berlin – Boston, de Gruyter [im Druck].

Entwistle, W. J. (1982[4]): Las lenguas de España: Castellano, catalán, vasco y gallego-portugués. Madrid, Istmo, 275–327.

Fontanella de Weinberg, M. B. (1976): La lengua española fuera de España. América, Canarias, Filipinas, judeoespañol. Buenos Aires, Paidos, 13–115.

Fontanella de Weinberg, M. B. (1993[2]): El español de América. Madrid, MAPFRE.

Frago Gracia, J. A./Figueroa, M. F. (2003[2]): El español de América. Cádiz, Universidad de Cádiz.

Kubarth, H. (1987): Das lateinamerikanische Spanisch. Ein Panorama. München, Hueber.

Lafuente, S. (2005): Manual del español de América. Firenze, Le Lettere.

Lipski, J. M. (1994): Latin American Spanish. London – New York, Longman. [El español de América. Madrid, Cátedra, 1996]

Holtus, G./Metzeltin, M./ Schmitt, Ch. (1992, ed.): Lexikon der Romanistischen Linguistik (LRL). VI,1. Aragonesisch/Navarresisch, Spanisch, Asturianisch/Leonesisch. Tübingen, Niemeyer, 531–577.

López Morales, H. (2005): La aventura del español en América. Madrid, Espasa.

Malmberg, B. (1974[3]): La América hispanohablante. Unidad y diferenciación del castellano. Madrid, Istmo.

MDH-A: M. Alvar (1996, ed.): Manual de dialectología hispánica. El español de América. Barcelona, Ariel.

Moreno de Alba, J. G. (2004^3). El español en América. México, Fondo de Cultura Económica.
Moreno de Alba, J. G. (2007): Introducción al español americano. Madrid, Arco Libros.
Moreno Fernández, F. (2009): La lengua española en su geografía. Madrid, Arco Libros, 203–420.
Paufler, H.-D. (1977): Lateinamerikanisches Spanisch. Phonetisch-phonologische und morphologisch-syntaktische Fragen. Leipzig, VEB.
Penny, R. (2000): Variation and Change in Spanish. Cambridge, CUP, 136–163. [Variación y cambio en español. Madrid, Gredos]
Quesada Pacheco, M. A. (2003^2): El español de América. Cartago, Ed. Tecnológica de Costa Rica.
Quilis, A. (1992): La lengua española en cuatro mundos. Madrid, MAPFRE, 20–93.
Quilis, A. (2002): La lengua española en el mundo. Valladolid, Univ. de Valladolid, 29–93.
Saralegui, C. (2004^2): El español americano: teoría y textos. Pamplona, Ediciones Universidad de Navarra.
Torres Torres, Antonio (2000): El español de América. Barcelona, Edicions Universitat de Barcelona.
Zamora Vicente, A. (1985^2): Dialectología española. Madrid, Gredos, 378–447.

Phonetik – Phonologie

Canfield, D. L. (1962): La pronunciación del español en América. Ensayo histórico-descriptivo. Bogotá, ICC.
Canfield, D. L. (1992, ^{1}1981): Spanish Pronunciation in the Americas. Chicago – London, The Univ. of Chicago Press. [El español de América. Fonética. Barcelona, Crítica, 1988]
Lipski, J. (2011): "Socio-phonological variation in Latin American Spanish", in: Díaz-Campos 2011, 72–97.
NGLE III: RAE/ASALE (2011): Nueva gramática de la lengua española. Fonética y fonología. Madrid, Espasa, passim.
Revert Sanz, V. (2001): Entonación y variación geográfica en el español de América. Valencia, Universitat de València.
Vaquero de Ramírez, M. (1996): El español de América I. Pronunciación. Madrid, Arco Libros.

Morphosyntax

Bentivoglio, P./Sedaño, M. (2011): "Morphosyntactic variation in Spanish-speaking Latin America", in: Díaz-Campos 2011, 168–186.
Hernández Alonso, C. (2010, ed.): Estudios lingüísticos del español hablado en América. 3 vol. Madrid, Visor Libros.
Hummel, M./Kluge, B./Vázquez Laslop, M. E. (2010, ed.): Formas y fórmulas de tratamiento en el mundo hispánico. México, El Colegio de México.
Kany, Ch. E. (1951^2, ^{1}1945): American-Spanish Syntax. Chicago, The Univ. of Chicago Press. [Sintaxis hispanoamericana. Madrid, Gredos, 1994]
NGLE I+II: RAE/ASALE (2009): Nueva gramática de la lengua española. I: Morfología, Sintaxis I. II: Sintaxis II. Madrid, Espasa, passim.
Vaquero de Ramírez, M. (1996): El español de América II. Morfosintaxis y léxico. Madrid, Arco Libros.

Wortschatz

Buesa Oliver, T./Enguita Utrilla, J. M. (1992): Léxico del español de América. Su elemento patrimonial e indígena. Madrid, MAPFRE.
Kany, Ch. E. (1960): American-Spanish Semantics. Berkeley, UCP. [Semantica hispanoamericana. Madrid, Aguilar, 1962]
Molero, A. (2003): El español de España y el español de América. Vocabulario comparado. Madrid, SM.

Moreno de Alba, J. G. (1992): Diferencias léxicas entre España y América. Madrid, MAPFRE.
Sala, M. et al. (1982): El español de América. I. Léxico. 2 vol. Bogotá, Caro y Cuervo.

Wörterbücher zum amerikanischen Spanisch

Eine kommentierte Bibliographie bieten Haensch/Omeñaca, die auch Werke zu einzelnen Ländern vorstellen (2004, 301–327), außerdem Alvar (2002) und Aleza Izquierdo/Enguita Utrilla (2002, 315–330). Von Bedeutung ist das an der Universität Augsburg initiierte Projekt des *Nuevo diccionario de americanismos / Diccionarios contrastivos del español de América*, in dessen Rahmen zunächst die Bände zu Kolumbien, Argentinien und Uruguay erschienen (cf. Haensch/Werner 1993a–c), dann zu Kuba (Cárdenas Molina/Tristá Pérez/Werner 2000) sowie eine Neuauflage zu Argentinien (Chuchuy 2000). Der Band zu Bolivien steht in Vorbereitung. Bemerkenswert ist auch das von dieser Reihe unabhängige Wörterbuch zu Mexiko (Lara 2010). Der neue *Diccionario de americanismos* der Asociación de Academias de la Lengua Española (ASALE 2010) bietet mit 70.000 Lemmata einen erstaunlichen Fundus an Wortmaterial, der im Gegensatz zum spanischen Akademiewörterbuch (DRAE [22]2003; vorletzte Auflage) und María Moliner (DUE 2008) jedoch nicht die erweiterten Möglichkeiten der elektronischen Recherche eröffnet.

ASALE (2010): Diccionario de americanismos. Madrid, Santillana.
Arias de la Cruz, M. Á. (1987, 1980): Diccionario temático: americanismos. León, Everest.
Malaret, A. (1946[3], [1]1925): Diccionario de americanismos. Buenos Aires.
Morínigo, M. A. (2001, 1998): Nuevo diccionario de americanismos e indigenismos. Buenos Aires, Ed. Claridad.
Neves, A. (1975, [1]1973): Diccionario de americanismos. Buenos Aires.
Santamaría, F. J. (1942): Diccionario general de americanismos. 3 vol. México.

Dialektologie

Montes Giraldo, J. J. (1995[3], [1]1982): Dialectología general e hispanoamericana. Orientación teórica, metodológica y biliográfica. Santafé de Bogotá, ICC.
Moreno Fernández, F. (1993, ed.): La división dialectal del español de América. Alcalá de Henares, Universidad de Alcalá de Henares.
Zamora Munné, J. C./Guitart, J. M. (1988[2]): Dialectología hispanoamericana. Teoría — descripción — historia. Salamanca, Almar.

Sprachatlanten

Alvar, M. (1991): "Proyecto del *Atlas Lingüístico de Hispanoamérica*", in: Estudios de geografía lingüística. Madrid, Paraninfo, 439–456.
Araya, G./Contreras, C./Wagner, C./Bernales, M. (1973): Atlas lingüístico-etnográfico del Sur de Chile (ALESUCH). I. Valdivia, Universidad Austral de Chile – Editorial Andrés Bello.
Flórez, L./Montes, J. (1981–83, ed.): Atlas lingüístico-etnográfico de Colombia (ALEC). 6 vol. Bogotá, ICC.
Lope Blanch, J. (1990–2000, ed.): Atlas lingüístico de México (ALM). I. Fonética (3 vol.). II. Morfosintaxis (1 vol.). III. Léxico (2 vol.). México, Colegio de México.
Quesada Pacheco, M. Á. (1992): "Pequeño atlas lingüístico de Costa Rica (PALCR)", in: Revista de Filología y Lingüística de la Universidad de Costa Rica 18, 85–189.

Richards, M. (2003): Atlas lingüístico de Guatemala. Guatemala, SEPAZ/UVG/URL/USAID.
Thun, H. (2000, ed.): Atlas lingüístico diatópico y diastrático del Uruguay (ADDU). I. Consonantismo y vocalismo del español. Kiel, Westensee.

Länder- und regional orientierte Darstellungen

Eine Präsentation nach Ländern entspricht dem Bedürfnis nach Klassifikation, weniger der sprachgeographischen Wirklichkeit, denn die meisten Phänomene lassen sich nicht innerhalb der Landesgrenzen erfassen. Die kompakteste Übersicht über den hispanoamerikanischen Sprachraum (ohne USA) bietet nach wie vor Lipski in *Latin American Spanish* (1994). Folgende Sammelbände eignen sich ebenfalls als Einstieg in die Problematik oder zur Orientierung:

- Älteren Datums ist *Presente y Futuro de la Lengua Española* (PFLE I, 1964) mit Beiträgen zu Puerto Rico, Mexiko, Costa Rica, Kolumbien, Ecuador, Chile, Argentinien und Paraguay.
- *Historia y presente del español de América* (HPEA 1992) enthält Beiträge zu den USA, den Antillen, Puerto Rico, Mexiko, Kolumbien, Venezuela, Ecuador, Peru, Bolivien, Chile, Argentinien, Uruguay und Paraguay.
- Das *Manual de dialectología hispánica. El español de América* (MDH-A 1996) beinhaltet Artikel zu den USA, Mexiko, Mittelamerika, Kolumbien, Venezuela, Ecuador, Peru, Bolivien, Chile, Argentinien, Uruguay und Paraguay.
- *Weltsprache Spanisch* (Herling/Patzelt 2013) präsentiert länderorientiert Aufsätze zu allen hispanoamerikanischen Gebieten.
- Zuletzt erschienen ist die *Enciclopedia de lingüística hispánica* (ELH 2016, II, 305–386).

Sprachgeographische Detailstudien, die im Rahmen des Projektes *Atlas Lingüístico de Hispanoamérica* realisiert wurden, liegen bisher in vier Bänden vor (Süden der USA, Dominikanische Republik, Paraguay, Venezuela, Mexiko; Untertitel: *Estudios, mapas / encuestas, textos*; Alvar 2000a, 2000b, 2001a, 2001b, 2010). Weitere Bände zu Argentinien und Uruguay sowie Chile sind angekündigt. Es folgen einige weitere länder- und regionalorientierte Titel:

Antillen

Henríquez Ureña, P. (1940): El español en Santo Domingo. Buenos Aires, La Universidad de Buenos Aires.
López Morales, H. (1971): Estudios sobre el español de Cuba. New York, Las Américas.
López Morales, H. (1992): El español del Caribe. Madrid, MAPFRE.
Navarro Tomás, T. (1966[2], [1]1948): El español en Puerto Rico. Contribución a la geografía lingüística hispanoamericana. Río Piedras, Universidad de Puerto Rico.

USA

López Morales, H. (2009, ed.): Enciclopedia del español en los Estados Unidos. Madrid, Instituto Cervantes.

Mexiko

Lope Blanch, J. (1983[2], [1]1972): Estudios sobre el español de México. México, UNAM.

Mittelamerika

Agüero Chaves, A. (2009): El español de Costa Rica. San Juan, UCR.
Herranz, A. (1990, ed.): El español hablado en Honduras. Tegucigalpa, Gayamuras.
Mántica, C. (1994): El habla nicaragüense. Managua, Hispamer.
Quesada Pacheco, M. Á. (2010–12, ed.): El español hablado en América Central. 2 vol. Madrid – Frankfurt/M., Iberoamericana – Vervuert.
Quilis, A./Graell/M. (1992): "La lengua española en Panamá", in: RFE 72, 583–638.

Andenländer

Calcaño, J. (1949, [1]1897): El castellano en Venezuela. Estudio crítico. Madrid, Artegrafía.
Escobar, A. (1978): Variaciones sociolingüísticas del castellano en el Perú. Lima, Instituto de Estudios Peruanos.
Montes Giraldo, J. J. (1985): Estudios sobre el español de Colombia. Bogotá, Caro y Cuervo.
Oroz, R. (1966): La lengua castellana en Chile. Santiago, Universidad de Chile.
Toscano Mateus, H. (1953): El español en el Ecuador. Madrid, CSIC.

La Plata-Raum

Fontanella de Weinberg, M. B. (2004[2], ed.): El español de la Argentina y sus variedades regionales. Bahía Blanca, Asociación Bernardino Rivadavia.
Granda, G. de (1988): Sociedad, historia y lengua en el Paraguay. Bogotá, ICC.

Geschichte des amerikanischen Spanisch

Eine umfassende Geschichte des amerikanischen Spanisch liegt noch nicht vor, jedoch steht mit Sánchez Méndez (2003) ein Handbuch zur Verfügung. Zur Entwicklung des Spanischen in Amerika informiert zudem der Sammelband *Historia y presente del español de América* (HPEA 1992) mit Beiträgen zu den Antillen, den USA, Mexiko, Kolumbien, Peru, Bolivien, Chile, Argentinien, Uruguay und Paraguay. Ferner beinhaltet die *Romanische Sprachgeschichte* (Ernst et al. 2003) in Band I neun einschlägige Artikel, die die externe Sprachgeschichte Hispanoamerikas behandeln.

Allgemeine Beiträge

Frago Gracia, J. A. (1994): Andaluz y español de América: historia de un parentesco lingüístico. Sevilla, Junta de Andalucía.
Frago Gracia, J. A. (1999): Historia del español de América. Textos y contextos. Madrid, Gredos.
Frago, J. A. (2010): El español de América en la Independencia. Santiago de Chile, Aguilar.
Garrido Domínguez, A. (1992): Los orígenes del español de América. Madrid, MAPFRE.
Lapesa, R. (1986[9], [1]1942): Historia de la lengua española. Madrid, Gredos, 535–602.
Parodi, C. (1995): Orígenes del español americano. I. Reconstrucción de la pronunciación. México, UNAM.
Ramírez Luengo, J. L. (2007): Breve historia del español de América. Madrid, Arco Libros.
Rivarola, J. L. (2001): El español de América en su historia. Valladolid, Univ. de Valladolid.
Sánchez Méndez, J. (2003): Historia de la lengua española en América. Valencia, Tirant lo Blanch.

Nach Ländern

Álvarez Nazario, M. (1982): Orígenes y desarrollo del español en Puerto Rico (siglos XVI y XVII). Río Piedras, Editorial de la Universidad de Puerto Rico.

Álvarez Nazario, M. (1991): Historia de la lengua española en Puerto Rico. Su pasado y su presente en el marco de la realidad social. San Juan, Academia Puertorriqueña de la Lengua Española.

Barriga Villanueva, R./Martín Buitragueño, P. (2010–14, ed.): Historia sociolingüística de México. I: México prehispánico y colonial. II: México contemporáneo. III. Espacio, contacto y discurso político. México, El Colegio de México.

Choy López, L. R. (1999): Periodización y orígenes en la historia del español de Cuba. València, Universitat de València.

Contreras Seitz, M. E. (2004): El español de Chile en el período colonial. Fonética. Osorno, Universidad de Los Lagos.

Ernst, G. et al. (2003, ed.): Romanische Sprachgeschichte. Ein internationales Handbuch zur Geschichte der romanischen Sprachen (HSK, 23,1). I. Berlin, de Gruyter, 972–1052.

Fontanella de Weinberg, M. B. (1987): El español bonaerense. Cuatro siglos de evolución lingüística (1580–1980). Buenos Aires, Hachette.

Granda, G. de (1988): Sociedad, historia y lengua en el Paraguay. Bogotá, ICC.

Hidalgo, M. (2016): Diversification of Mexican Spanish. A Tridimensional Study in New World Sociolinguistics. Boston – Berlin, de Gruyter – Mouton.

HPEA (1992): C. Hernández Alonso (ed.): Historia y presente del español de América. Valladolid, Junta de Castilla y León.

Quesada Pacheco, M. Á. (1990): El español colonial de Costa Rica. San José, Universidad de Costa Rica.

Rojas, E. M. (1985): Evolución histórica del español de Tucumán entre los siglos XVI y XIX. Tucumán, Universidad Nacional de Tucumán.

Sánchez Méndez, J. P. (1997): Aproximación histórica al español de Venezuela y Ecuador durante los siglos XVII y XVIII. València, Tirant lo Blanch Libros – Universitat de València.

Geschichte des Wortschatzes — Indigenismen

Buesa Oliver, T./Enguita Utrilla, J. M. (1992): Léxico del español de América. Su elemento patrimonial e indígena. Madrid, MAPFRE.

Company, C./Melis, Ch. (2002): Léxico histórico del español de México. Régimen, clases funcionales, usos sintácticos, frequencias y variación gráfica. México, UNAM.

Dietrich, W. (1998): "Amerikanische Sprachen und Romanisch", in: G. Holtus/M. Metzeltin/ Ch. Schmitt (ed.), Lexikon der Romanistischen Linguistik (LRL). VII. Kontakt, Migration und Kunstsprachen. Kontrastivität, Klassifikation und Typologie. Tübingen, Niemeyer, 428–499.

Enguita Utrilla, J. M. (2004): Para la historia de los americanismos léxicos. Frankfurt/M., Lang.

Friederici, G. (1960², ¹1947): Amerikanistisches Wörterbuch und Hilfswörterbuch für den Amerikanisten. Deutsch – Spanisch – Englisch. Hamburg, Cram – De Gruyter.

Harris-Northall, R./Nitti, J. J. (2003, ed.): Peter Boyd-Boman's Léxico hispanoamericano 1493–1993. Version 1.0. The Hispanic Society of America. [CD-ROM]

Zamora Munné, J. C. (1976): Indigenismos en la lengua de los conquistadores. Río Piedras, Univ. de Puerto Rico.

Amerindische Sprachen

Adelaar, W. F. H./Muysken, P. C. (2004): The Languages of the Andes. Cambridge, CUP.

Campbell, L./Grondona, V. (2012, ed.): The Indigenous Languages of South America. A Comprehensive Guide, de Gruyter Mouton.

Hernández, E. (2018): Lexicografía hispano-amerindia 1550–1800. Catálogo descriptivo de los vocabularios del español y las lenguas indígenas americanas. Frankfurt/M., Vervuert – Madrid, Iberoamericana.
Ethnologue. Languages of the World <www.ethnologue.com>
Suárez, J. A. (2007): The Mesoamerican Indian Languages. Cambridge, CUP.
Tovar, A./Larrucea de Tovar, C. (1984[2]): Catálogo de las lenguas de América del Sur, con clasificaciones, indicaciones tipológicas, bibliografía y mapas. Madrid, Gredos.

Hispanisierung

Bono López, M. (1997): "La política lingüística en la Nueva España", in: Anuario Mexicano de Historia del Derecho 9, 11-45.
Konetzke, R. (1964): "Die Bedeutung der Sprachenfrage in der spanischen Kolonisation Amerikas", in: Jahrbuch für Geschichte von Staat, Wirtschaft und Gesellschaft Lateinamerikas 1, 72–116.
Rosenblat, Á. (1964): "La hispanización de América. El castellano y las lenguas indígenas desde 1492", in: PFLE II, 189–216.

Sprachkontakte und Zweisprachigkeit

Díaz-Campos, M. (2011, ed.): The Handbook of Hispanic Sociolinguistics. Chichester, Wiley-Blackwell.
Ferrero, C. (2011[2], [1]2005, ed.): Variedades lingüísticas y lenguas en contacto en el mundo de habla hispana. Bloomington, Author House.
Klee, C. A./Lynch, A. (2009): El español en contacto con otras lenguas. Washington, Georgetown Univ. Press.
Lipski, J. M. (2005): A History of Afro-Hispanic Language. Five Centuries, Five Continents. Cambridge, CUP.
Montrul, S. (2012): El bilingüismo en el mundo hispanohablante. Chichester, Wiley-Blackwell.
Palacios Alcaine, A. (2008, ed.): El español en América. Contactos lingüísticos en Hispanoamérica. Barcelona, Ariel.
Perl, M./Schwegler, A. (1998, ed.): América negra. Panorámica actual de los estudios lingüísticos sobre variedades hispanas, portuguesas y criollas. Frankfurt/M., Vervuert – Madrid, Iberoamericana.

Soziolinguistik, Sprachpolitik und Medien

Albarran, Alan B. (2009): The Handbook of Spanish Language Media. New York – London, Routledge.
Barriga Villanueva, R./Martín Buitragueño, P. (2010, ed.): Historia sociolingüística de México. I: México prehispánico y colonial. II: México contemporáneo. México, El Colegio de México.
Díaz-Campos, M. (2011, ed.): The Handbook of Hispanic Sociolinguistics. Chichester, Wiley-Blackwell.
Cerrón-Palomino, R. (2003): Castellano andino. Aspectos sociolingüísticos, pedagógicos y gramaticales. Lima, Pontificia Universidad Católica del Perú.
Lastra, Y. (1997, [1]1992): Sociolingüística para hispanoamericanos. Una introducción. México, El Colegio de México.
Mar-Molinero, C. (2000): The Politics of Language in the Spanish-Speaking World. From colonisation to globalisation. London – New York, Routledge.
Silva-Corvalán, C. (2001): Sociolingüística y pragmática del español. Washington D.C., Georgetown University Press.
Valle, J. del (2013, ed.): A Political History of Spanish. The Making of the Language. Cambridge, CUP.

Länderkunde

Die Beschäftigung mit Sprachen setzt die Auseinandersetzung mit den geographischen, geschichtlichen, gesellschaftlichen und kulturellen Verhältnissen des jeweiligen Sprachraums voraus. Dies erweist sich umso wichtiger, wenn die Verhältnisse aufgrund von räumlicher Distanz und kulturellem Abstand, wie sie zum amerikanischen Kontinent bestehen, nur schwer mit europäischen Maßstäben zu fassen sind.

Bibliographische Informationen zu Hispanoamerika zu mediengestützten Ressourcen, Kunst, Geschichte, Literatur, Musik und Philosophie veröffentlicht das *Handbook of Latin America Studies* regelmäßig im Band der Geisteswissenschaften (*Humanities*). Diese Informationen stehen auch über das Internet zur Verfügung (*http://lcweb2.loc.gov/hlas*). Das Internet bietet darüber hinaus nützliche Linksammlungen. Von Interesse sind z.B. das "Latin American Network Information Center" (*www.lanic.utexas.edu*) sowie "Border & Latin American Information" (*http://nmsu.libguides.com/border*).

Bernecker, W. L. et al. (1992–96, ed.): Handbuch der Geschichte Lateinamerikas. I. Mittel-, Südamerika und die Karibik bis 1760. Stuttgart, Klett-Cotta, 1994. II. Lateinamerika 1760 bis 1900. Stuttgart, Klett-Cotta, 1992. III. Lateinamerika im 20. Jahrhundert. Stuttgart, Klett–Cotta, 1996.

Bethell, L. (1984–95, ed.): The Cambridge History of Latin America. 10 vol. Cambridge, CUP.

Coe, M. D. (1998, [1]1986, ed.): Bildatlas der Weltkulturen. Amerika vor Kolumbus. Augsburg, Bechtermünz.

Enciclopedia Universal (1981–92): Enciclopedia Universal Ilustrada Europeo-Americana. 70 vol. (+ apendices + suplementos). Madrid, Espasa-Calpe.

Haring, C. H. (1975, [1]1947): The Spanish Empire in America. San Diego – New York – London, Harcourt Brace Jovanovich. [El imperio español en América. México, Alianza, 1990]

Konetzke, R. (1995, [1]1956): Süd- und Mittelamerika I. Die Indianerkulturen Altamerikas und die spanisch-portugiesische Kolonialherrschaft (Fischer Weltgeschichte, 22). Frankfurt/M., Fischer.

Lucena, M. (2008–): Historia de Iberoamérica. 3 vol. Madrid, Cátedra.

Morales Padrón, F. (1988): Atlas histórico cultural de América. 2 vol. Las Palmas.

Nohlen, D./Nuscheler, F. (1995[3], ed.): Handbuch der dritten Welt. II. Südamerika. III. Mittelamerika und Karibik. Bonn, Dietz Nachf.

Potthast, B./Hensel, S. (2013, ed.): Das Lateinamerika-Lexikon. Wuppertal, Hammer.

Prem, H. J. (2007): Geschichte Altamerikas. München, Oldenbourg.

Schüller, K. (2001): Einführung in das Studium der iberischen und lateinamerikanischen Geschichte. Münster, Aschendorff.

Séjourné, L. (1988, [1]1971): Altamerikanische Kulturen (Fischer Weltgeschichte, 21). Frankfurt/M., Fischer.

Sichra, I. (2009, ed.): Atlas sociolingüístico de pueblos indígenas en América Latina. 2 vol. Cochabamba, FUNPROEIB – UNICEF.

Aufgaben

1. Machen Sie sich mit den geographischen Verhältnissen auf dem amerikanischen Kontinent vertraut, indem Sie Angaben aus Ihrer Lektüre (z.B. Kap. 1.2) in einem Atlas verfolgen.
2. Vertiefen Sie Ihr Länderwissen, z.B. anhand von Beiträgen der Beck'schen Reihe "Länder" oder Publikationen wie *Mexiko heute* (Bernecker et al. 2004).
3. Was versteht man unter Varietätenlinguistik?
4. Vergleichen Sie die bei Gútemberg Bohórquez (1984, 86ss.) vorgestellten Definitionen des Amerikanismus.
5. Machen Sie sich anhand des Abschnitts zum amerikanischen Spanisch mit der Systematik der *Romanischen Bibliographie* (Bände Sprachwissenschaft, Systemschlüssel 89) vertraut.
6. Ermitteln Sie mit der elektronischen Version der MLA Ihrer Universitätsbibliothek zu einem hispanoamerikanischen Thema Ihrer Wahl Literaturangaben.

2 Besonderheiten des amerikanischen Spanisch

Hispanoamerika bildet sprachlich weder einen homogenen Raum, noch besteht ein grundsätzlicher Gegensatz zu den spanischen Varietäten der Iberischen Halbinsel. Allerdings lässt sich ein markanter Kontrast zum Kastilischen bzw. zum Nord- und Zentralspanischen feststellen, der in erster Linie Unterschiede in der Aussprache und den regionalen amerikanischen Wortschatz betrifft. Phonetisch besteht eine offensichtliche Nähe zum Andalusischen, die im einzigen panamerikanischen Merkmal der Aussprache, dem *seseo*, d.h. der fehlenden Opposition von /θ/ und /s/, weiträumig zum Ausdruck kommt. Weiterhin treten im amerikanischen Spanisch morphosyntaktische Besonderheiten auf, die sich in einer regional bestehenden speziellen Form für die 2. Pers. Sg. *vos* sowie in der Absenz der 2. Pers. Pl. *vosotros*, *-as* am deutlichsten abbilden.

Die nachfolgende Darstellung beschreibt das amerikanische Spanisch unter Berücksichtigung verbreiteter Varianten und stellt sie dem peninsularen Standard, der auf dem Kastilischen basiert, gegenüber.[1] Die damit verbundene historische und vergleichende Entwicklung der strukturellen Charakteristika (Phonetik/Phonologie, Morphosyntax) wird ergänzend in Kapitel 6 behandelt.

Bei der Beschreibung der Merkmale des amerikanischen Spanisch fließt in der vorliegenden Darstellung der mündliche Sprachgebrauch mit ein (Phonetik). Im Hinblick auf die gesprochene Sprache ist zu beachten, dass der Umgangs- und der Volkssprache (*español familiar*, *español popular*) im amerikanischen Spanisch größeres Gewicht zukommt als vergleichsweise in Spanien. Dies liegt einerseits an der historischen Entwicklung der Sprache und dem Stand des Bildungssystems in den Ländern Hispanoamerikas, in denen die Schriftsprache in geringerem Maße als Korrektiv fungiert. Andererseits ist auch die soziale Lage der Menschen zu berücksichtigen. Eine breite Mittelschicht wie in Europa bildet sich in einigen Ländern erst heraus. Während sich die Lage im La Plata-Raum und Chile günstiger darstellt, gehören in Guatemala oder El Salvador nur wenige zu den Privilegierten mit guter Ausbildung, die eine *habla culta* pflegen können. Diese Bezeichnung nimmt auf die kultivierte gesprochene Sprache Bezug, die im Rahmen eines Projektes zur *norma culta* in den städtischen Zentren Hispanoamerikas seit 1964 untersucht wird (cf. Lope Blanch 1986).

Im Gebrauch der Formen in der Umgangssprache stellt man im amerikanischen Spanisch eine beachtliche Variabilität fest, die vergleichsweise auch für das brasilia-

---

1 Phänomene, die in spanischen Varietäten allgemein auftreten wie Akzentverschiebungen (*baúl* → ['bau̯l]) oder die Auflösung von Hiaten (*teatro* → ['tjatro]) werden nicht gesondert berücksichtigt. Ergänzend sei darauf hingewiesen, dass diese Entwicklungen in Spanien eher stigmatisierend aufgefasst werden als in Hispanoamerika.

https://doi.org/10.1515/9783110598445-002

nische Portugiesisch in Bezug auf den europäischen Standard typisch ist. Einen solchen Zustand bezeichnet man als Polymorphie. Polymorphie ist historisch betrachtet für Sprachgebiete mit geringer Normierung kennzeichnend.

Die nachfolgende Beschreibung orientiert sich an allgemeinen Charakteristika des amerikanischen Spanisch, die regional zugeordnet werden. Dies schließt nicht aus, dass die erwähnten Phänomene auch in anderen Regionen als den genannten auftreten können. Teile des Sprachgebiets sind nicht eingehender erfasst, manchmal liegen widersprüchliche Aussagen vor. Diesen Mangel wird man erst in Zukunft durch den in Arbeit befindlichen *Atlas lingüístico de Hispanoamérica* (cf. Alvar 1991) und weitere Studien vor Ort ausgleichen. Für die regionale Zuordnung eignen sich übergreifend Lipski (1994), HPEA (1992), das MDH-A (1996) und Aleza Izquierdo/Enguita Utrilla (2002). Die Reihung der Länder in Aufzählungen folgt der geographischen Anordnung. Man beachte zudem die Phänomene, die dem Einfluss von z.B. Indianersprachen zugeschrieben werden (cf. Kap. 7.5).

2.1 Phonetik und Phonologie

In der phonetischen Beschreibung des amerikanischen Spanisch ergibt sich durch die Distribution der Phänomene eine grundsätzliche Unterscheidung in zwei Zonen, die als *tierras altas* bzw. *interiores* (Hochlandgebiete; binnenländische Gebiete) und *tierras bajas* bzw. *marítimas* (Tiefland- bzw. Küstengebiete) bezeichnet werden (cf. Kap. 4.2, 7.4.3, 7.4.5). Diese Unterscheidung kommt auch innerhalb der Landesgrenzen zum Tragen, so dass in Mexiko z.B. ein klarer Gegensatz zwischen der Aussprache des Hochlandes einerseits und der Sprechweise an der Karibik- bzw. der Pazifikküste andererseits besteht. Dies betrifft ebenso Kolumbien im Kontrast der Hochlandgebiete zu den ausgedehnten Küstenbereichen sowie Peru, das stärker von seiner Andenzone geprägt ist.

Charakteristisch für die Phonetik der Tieflandgebiete sind Schwächung (*relajamiento*) oder Schwund von Konsonanten in Silbenendstellung, während der Vokalismus stabil bleibt. In den Hochlandgebieten stellt sich die Situation unter umgekehrten Vorzeichen dar, da dort unbetonte Vokale regional zur Reduktion, zur Alternanz oder zum Ausfall neigen, während der Konsonantismus, der zwar auch Veränderungen unterliegen kann, keine grundsätzliche Tendenz zur Schwächung aufweist. Bei der Unterscheidung in *tierras altas* und *tierras bajas* handelt es sich um die Kategorisierung einer prinzipiellen Tendenz in der Sprachentwicklung, die sich nicht in allen Fällen konsequent bestätigt.

Zu den *tierras altas* gehören die Hochlandgebiete in Mexiko, Mittelamerika sowie der Andenbereich in Venezuela, Kolumbien, Ecuador, Peru, Bolivien, Argentinien und Chile. Die *tierras bajas*, deren Merkmale auf den Antillen am typischsten zur Geltung kommen, umfassen neben den Inseln die zirkumkaribischen Küstengebiete im Südosten Mexikos (Veracruz, Tabasco), in Mittelamerika und Kolumbien sowie den überwiegenden Teil Venezuelas. Zu den *tierras bajas* zählen auch die Pazifikküste Mexikos (Acapulco), Kolumbiens und Ecuadors, die La Plata-Staaten und Chile (ohne den Andenbereich).

Die nachstehend beschriebenen Veränderungen des Lautstandes kann man sich anhand der Vokal- und Konsonantenübersicht (cf. Kap. 2.1.3) vergegenwärtigen. Um die allophonischen Verhältnisse des Standardspanischen zu rekapitulieren, eignen sich Macpherson (1975) und Quilis (1999). Zur Intonation im amerikanischen Spanisch cf. Revert Sanz (2001) und Hualde/Prieto (2015). Entsprechend den allgemeinen Konventionen erscheinen Phoneme in / /, Allophone sowie Aussprache in [ ] und graphische Spezifizierungen in < >.

Bei der Beschreibung der Lautung ist zu beachten, dass die spanische Fachliteratur in der Tradition der *Revista de Filología Española* (RFE) einzelne Zeichen abweichend vom Internationalen Phonetischen Alphabet (IPA) oder deutschen Beiträgen verwendet: ĉ [tʃ], l̬ [ʎ], n̬ [ɲ], ř [ʒ], tř [tʃ], y [ʝ], ŷ [dʒ], ž [ʒ]. Varianten bestehen ferner für die Frikative [β ð ɣ], die in romanistischen Arbeiten zum Teil als [ƀ đ ǥ] notiert werden, um ihre Beziehung zu /b d g/ deutlicher zu machen. Aus Gründen der besseren Erkennbarkeit werden im Rahmen dieses Arbeitsheftes das multiple <rr>, <r-> mit /r̄/ (anstatt /r/ vs. /ɾ/) und die präpalatale Affrikate [ɟ] mit [dʒ] wiedergegeben.

2.1.1 Vokalismus

Der Vokalismus des amerikanischen Spanisch entspricht mit fünf Vokalphonemen aus phonologischer Sicht dem des Kastilischen. Bei der phonetischen Analyse ist die Einteilung in *tierras altas* und *tierras bajas* zu berücksichtigen.

2.1.1.1 Vokalschwächung

In den Hochlandgebieten besteht eine variable Tendenz zur Abschwächung unbetonter Vokale, die vor allem in Mexiko, Ecuador, im Süden Perus und in Bolivien bis zur Elision führen kann. Dieser Vokalschwund betrifft hauptsächlich /e/, /o/ und wird in Verbindung mit Plosiven (/p t k/) und finalem /s/ begünstigt (*antes* ['antəs]; *estos* ['estᵒs], ['ests]; *entonces* [en'tons]; *parques* ['parks]). Weiterhin sind Vokale in offener Silbe im Silben- oder Wortauslaut (*dice porque* [dis 'porke]; cf. Garza Cuarón 1987, 38) sowie Diphthonge betroffen (*gracias* ['grasɐs]). Bei *pues* ([pᵒs], [ps]) ist die Entwicklung zudem satzphonetisch bedingt. Der Vokalschwund ist soziolinguistisch nicht festgelegt und stellt sich in Mexiko bei knapp der Hälfte der Sprecher als ausgeprägt dar (cf. Lope Blanch 1963–64). Eine gewisse Reduktion tritt auch in den Hochlandgebieten von El Salvador, Kolumbien und Argentinien auf.

2.1.1.2 Vokalalternanz

Ein weiteres Charakteristikum der Hochlandgebiete, vor allem in Peru und Bolivien, ist die Tendenz zur Alternanz von unbetontem [e] und [o] mit [i] und [u], die bei Zweisprachigen auftritt, die das Spanische weniger perfekt beherrschen (Lipski 1994). Regional betrachtet könnte man die Entwicklung als Reduktion des dreistufigen spanischen Vokalsystems mit fünf Vokalen zu einem zweistufigen Vokalsystem mit /i/, /a/ und /u/ interpretieren. Das heißt jedoch nicht, dass die Vokale /e/ und /o/ verdrängt werden, sondern es entwickelt sich vielmehr eine allophonische Alternanz zwischen [e – i] und [o – u] (*pedir* → [pi'ðir], *suspiro* [sos'piro]), die sozial markiert ist. Diese Vokalalternanz tritt ansatzweise volkssprachlich in vielen Gebieten Hispanoamerikas auf. In ländlichen Gegenden kommt es z.B. in Mexiko, Puerto Rico und im zentralen Costa Rica im Auslaut vereinzelt zur Hebung des finalen /e/, /o/ (*poco* ['poku], *ándale* ['andali], *leche* ['letʃi]).

2.1.1.3 Vokalöffnung

Beim Ausfall des finalen /s/ (cf. Kap. 2.1.2.3) kommt es vorwiegend auf den Antillen zu einer leichten Öffnung der vorangehenden Vokale /e/ und /o/. Diese Öffnung kontrastiert mit den im Spanischen sonst im Auslaut geschlossenen Vokalen (*come* ['kome] vs. *comes* ['komɛ], *el gusto* ['gu^{h}to] vs. *los gustos* ['gu^{h}tɔ]). Für die 2. Pers. Sg. und die Pluralbildung hat dies eine gewisse phonologische Relevanz, denn im Prinzip werden z.B. ['gu^{h}to] : ['gu^{h}tɔ] durch die Öffnung zu einem Minimalpaar.[2] Das Beispiel *lobo* ['loβo] vs. *los lobos* [lɔ'lɔβɔ] zeigt hingegen, dass sich die Öffnung kontaktharmonisch auf den Stammvokal ausweitet, wodurch die Minimalpaarbildung unterbleibt (['loβo] vs. ['lɔβɔ]). Durch das unsystematische Auftreten, das Schwanken der Öffnungsgrade und die kontaktharmonischen Beeinflussungen lässt sich das Phänomen der Öffnung von finalem /e/ und /o/ nicht als Phonemspaltung (*desdoblamiento*) und Erweiterung des Phoneminventars klassifizieren.

2.1.1.4 Vokallängung

In Bezug auf die Quantität ist im amerikanischen Spanisch vereinzelt eine leichte Längung betonter Vokale in offener Silbe festzustellen (*México* ['meːxiko]). Dies hängt einerseits mit der Prosodie zusammen, die im Vergleich zu der des Kastilischen zum Teil getragener erscheint und sich durch individuelle Emphase noch verstärken kann. Andererseits kann die Längung auf den Ausfall von Konsonanten zurückgehen, der

---

2 Die Vokale des Spanischen werden unter dem Hauptton als halboffen eingestuft, wobei sich /e/ und /o/ stellungsbedingt (z.B. vor [x], in Nachbarschaft zu [r̄] sowie überwiegend in geschlossener Silbe) weiter öffnen (*pero* ['pero] vs. *perro* ['pɛr̄o]). Im Gegensatz zum Portugiesischen werden durch den Öffnungsgrad jedoch keine Bedeutungsunterschiede markiert (cf. bpg. *gosto* ['gɔstu] 'ich mag' vs. ['gostu] 'Geschmack').

in den Tieflandgebieten auftritt (*cansado* [kan'sa:o], *mismo* ['mi:mo]). Auch bei dieser Entwicklung sind Abstufungen zu verzeichnen (*pescado* [peʰ'ka:o], [pe:'ka:o]; cf. Kap. 2.1.2.3).

2.1.1.5 Nasalierung

Ein Charakteristikum, das vor allem die Antillen betrifft, ist die Tendenz zur Nasalierung betonter Vokale, die sich in Verbindung mit der Velarisierung von /n/ [ŋ] im Auslaut besonders ausgeprägt darstellt (*bien* ['bjẽŋ], *nación* [na'sjõŋ]; cf. Kap. 2.1.2.9). Steht der Nasal vor dem Vokal, kann eine geringfügige progressive Nasalierung eintreten (*mes* ['mẽʰ]). Eine Transkription wie *canta* ['kãnta] darf jedoch nicht darüber hinwegtäuschen, dass es sich im Sprachvergleich nur um eine leichte Nasalierung handelt, die z.B. nicht mit der im brasilianischen Portugiesisch bestehenden gleichgesetzt werden kann.

2.1.1.6 Hiate

In mittelamerikanischen Gebieten (Guatemala, Honduras, El Salvador), aber auch an der Küste Ecuadors, beobachtet man den Ausfall von intervokalischem [j̪] (*sello* ['seo]), der vor allem im Kontakt mit /i/ (*gallina* [ga'ina]) begünstigt wird (Nicaragua). In den genannten mittelamerikanischen Gebieten werden Hiate in der Sprache einfacher Leute aber auch durch Einschub von [j̪] aufgelöst (*sea* ['sej̪a]).

2.1.2 Konsonantismus

Im Konsonantismus weist das amerikanische Spanisch im Vergleich mit dem Kastilischen eine Reduktion des Inventars von 19 Phonemen um ein bis zwei Einheiten auf (→ /θ/, /ʎ/). Dabei ist das Fehlen von /θ/ das einzige panamerikanische Charakteristikum in der Phonetik. Allophonisch besteht eine weitgehend prädorsale Realisierung von /s/. Auch im Konsonantismus ist die Einteilung in *tierras altas* und *tierras bajas* mit der typischen Schwächung der Konsonanten im Bereich der Tiefländer zu berücksichtigen. Hiervon betroffen sind vor allem Konsonanten in implosiver Stellung, d.h. am Silben- bzw. am Wortende (cf. Kap. 2.1.2.3).

2.1.2.1 Der *seseo*

Im amerikanischen Spanisch ist die kastilische Opposition von /s/ : /θ/ in /s/ aufgehoben (*casar*, *cazar* [ka'sar]). Dieses Phänomen wird als *seseo* bezeichnet. Das Fehlen der Opposition, die ihren Ursprung im historischen Zusammenfall zweier Artikulationen (→ Dephonologisierung) von /s/ findet (cf. Kap. 6.1.2.1), reduziert das Konsonanteninventar des amerikanischen Spanisch um ein Phonem auf 18 Einheiten. Durch den Zusammenfall der Sibilanten entstanden einige homophone Paare (*coser*, *cocer* [s]), die die Kommunikation jedoch nicht beeinträchtigen, zumal regional Varianten auftreten (*costurar* für *coser*, *cocinar* für *cocer*). Phonologisch relevant ist, dass das Fehlen des Phonems /θ/ im amerikanischen Spanisch auch das Ausbleiben des im Kastilischen im Kontakt mit /n/ bestehenden (durch regressive Assimilation bedingten) interdentalen Allophons [n̪] in *once* ['on̪θe] bedeutet (→ ['onse]). Der *seseo* wurde auf dem *II Congresso de Academias de la Lengua Española* 1956 in Madrid als Variante der normativen Aussprache anerkannt.

In ländlichen Gebieten, so in Puerto Rico, im Nordwesten Mexikos, in Honduras, El Salvador und im Hochland von Peru ist eine gelegentliche interdentale Realisierung von /s/ [θ] festzustellen (*realización ciceante*). Sie ist volkssprachlich und tritt keineswegs systematisch auf.

2.1.2.2 Prädorsales und apikoalveolares /s/

Die Aussprache von /s/ entspricht im amerikanischen Spanisch überwiegend einem prädorsalen [s], das im alveolar-dentalen Bereich artikuliert und auch prädorsodental genannt wird. Die Engebildung erfolgt zwischen dem vorderen Zungenrücken, der sich konvex zeigt, und den oberen Schneidezähnen sowie den Alveolen. Es handelt sich somit nicht um ein rein dentales /s/. Das Kastilische realisiert demgegenüber ein apikoalveolares [s̺], das die Enge zwischen Zungenspitze (Apex) und den Alveolen bildet, wobei die Zunge konkav liegt. Damit ist es gegenüber dem prädorsalen /s/ in der Artikulation rückwärtig verschoben und steht in Nachbarschaft zu [ʃ], was ihm den charakteristischen zischenden Klang verleiht. Die diakritische Notation der beiden Varianten kommt nur zur Anwendung, wenn die *s*-Laute differenziert werden sollen. Die Fachliteratur verwendet hier vorwiegend die Diakritika für [̪] (dental) und [̺] (apikal), die optisch jedoch nicht sehr abgrenzend wirken.

dental	alveolar	präpalatal
s̪	s̺	(ʃ)

Abb. 1: Artikulationsorte der Sibilanten

Neben dem prädorsalen [s̪] treten im amerikanischen Spanisch weitere freie Varianten auf. So wird z.B. in Kolumbien in der Region um Medellín (Antioquia, auch *país paisa* genannt), im bolivianischen Hochland und vereinzelt im venezolanischen Andengebiet auch das apikoalveolare [s̺] realisiert, das man aus dem Kastilischen kennt.

Eine im amerikanischen Spanisch in der Regel nur am Rande berücksichtigte Variante ist das koronale [s̻], das im Gegensatz zum konvexen prädorsalen [s̪] mit flacher Zungenstellung artikuliert wird, ohne dass die Zungenspitze die unteren

Schneidezähne berührt.[3] Canfield (1962, Karte 2) verzeichnet es in Mittelamerika, im Norden Venezuelas sowie in Gebieten Boliviens und Argentiniens.

2.1.2.3 Kombinatorische Allophone von /s/

In den *tierras bajas* besteht eine Tendenz, /s/ in implosiver Stellung[4] zu aspirieren. Dies bedeutet die Abschwächung des Sibilanten zu glottalem [ʰ] und kann auch den Ausfall des Konsonanten zur Folge haben kann (*fantástico* [fan'taʰtiko], *las casas* [laʰ'kasaʰ] → [laʰ'kasa]). Man geht davon aus, dass über die Hälfte der Hispanophonen das implosive /s/ reduziert (Lipski 2011, 73). Der Ausfall betrifft vor allem die Wortendstellung (vor Konsonant). Bei betontem vokalischen Anlaut bei Artikeln und Zahlwörtern wird die Aspiration aufgrund des möglichen Hiats eher vermieden (*dos alas* [do'salaʰ]). Hualde (2005, 162) referiert für Kuba und Buenos Aires Ergebnisse von gebildeten Sprechern der Mittelklasse, die wortintern in vorkonsonantischer Stellung eine Aspiration in 97%, respektive 80% der Fälle ausweisen. Die Entwicklung tritt auch syntagmatisch vor vokalischem Anschluss auf. Dabei wird /s/ in Buenos Aires jedoch in 88% der Fälle [s] erhalten, in 7% aspiriert und lediglich bei 5% elidiert, während der Ausfall in Kuba 34% erreicht.

In der Karibik ist der Ausfall von /s/ gerade volkssprachlich besonders ausgeprägt. Er wird begünstigt, wenn syntagmatisch ein stimmloser Frikativ folgt (*los fósforos* [lɔ'fɔfɔrɔ]) oder /s/ wort- bzw. satzfinal steht. In der in Fragen der Bildung weniger favorisierten Dominikanischen Republik ist der Ausfall in den einfachen Bevölkerungsschichten fast komplett (cf. Terrell 1986). Der Ausfall von /s/ bewirkt auch eine mehr oder weniger ausgeprägte Öffnung von in Nachbarschaft stehendem /e/ bzw. /o/, wie das angeführte Beispiel zeigt. Morphologisch hat die Elision Auswirkungen auf die Kennzeichnung der 2. Pers. Sg. und die Pluralbildung. Ein im Singular aspiriertes /s/ wird bei der Affigierung des Pluralmorphems hingegen restituiert (*el pez* [el'peʰ] → *los peces* [loʰ'peseʰ]). Daneben kommt es im Auslaut zu hyperkorrekten Formen (**venistes*, Sg., [be'niʰtes], **veintes* ['bɛi̯ntes]), weil sich die Sprecher bezüglich der korrekten Setzung von /s/ unsicher sind.

Die Hochlandgebiete in Mexiko, Kolumbien, Ecuador, Peru und Bolivien erhalten implosives /s/. In Mittelamerika zählen Guatemala und das zentrale Costa Rica zu dieser Zone, während Panama und Nicaragua zu Aspiration und Ausfall des finalen /s/ tendieren. Die Tieflandgebiete Mexikos hingegen kontrollieren die Aspiration aufgrund des Prestiges der Hauptstadt stärker. Dies gilt auch für die karibischen Seestädte Cartagena und Santa Marta (Kolumbien), die /s/ verhaltener abschwächen als

3 "Koronal" bezieht sich auf eine apikale (mit der Zungenspitze) bzw. laminale (mit dem Zungenblatt realisierte) Artikulation. Daran schließt der dorsale Bereich (→ Zungenrücken) an.

4 Als implosiv (*implosivo, posnuclear*) bezeichnet man Laute, die im Silbenauslaut vor Konsonant oder im Wortauslaut stehen. Eine Verbindung der beiden Positionen ist dadurch gegeben, dass sie vielfach gleichartige phonetische Entwicklungen auslösen.

die Küstenregionen Venezuelas oder auch Panama, das bis 1903 zu Kolumbien gehörte. In Peru nimmt Lima in Bezug auf /s/ eine intermediäre Stellung im Vergleich mit den konservativen Hochlandgebieten ein. Zwar ist die Aspiration in Lima weit verbreitet und akzeptiert, der Ausfall bleibt hingegen auf die einfachen Bevölkerungsschichten beschränkt. Dabei erreicht der Ausfall unter Migranten aus dem Hochland eine höhere Rate als bei den Limeños selbst (cf. Klee/Caravedo 2006, 104).

In Argentinien, Uruguay und Paraguay wird der Ausfall von implosivem /s/ insbesondere von der Stadtbevölkerung mit einem Mangel an Bildung in Verbindung gebracht. Durch die dort weit verbreitete Aspiration von /s/ [^{h}] unterbleibt die im Kastilischen übliche Assimilation von /s/ in stimmhafter Umgebung (*mismo* ['mi^{h}mo] vs. ['mizmo]). In Chile ist der Ausfall von /s/ stärker verbreitet als in Argentinien und akzeptiert.

An- und inlautendes /s/ vor Vokal werden volkssprachlich gelegentlich in New Mexico (USA), Nordmexiko, Honduras, El Salvador und im kolumbianischen Hochland aspiriert (*la semana* [lahe'mana], *presidente* [prehi'ðente]). In New Mexico und Oaxaca (Mexiko) besteht vor stimmlosen Plosiven die Tendenz, /s/ palatal zu verschieben (*buscar* → [buʃ'kar]).

In Costa Rica und Kolumbien kommt es sporadisch zur Sonorisierung von /s/ in intervokalischer Stellung (*cosa* ['koza]). Im zentralen Hochland von Ecuador sowie in den Hochlandgebieten Perus und Boliviens tritt die Sonorisierung vereinzelt bei finalem /s/ vor anschließendem Vokal auf (*los amigos* [loza'miɣos]).

2.1.2.4 *Yeísmo* und *žeísmo* (*šeísmo*)

Der *yeísmo* ist wie der *seseo* das Ergebnis einer Dephonologisierung, bei der die Phoneme /ʎ/ und /ʝ/ > /ʝ/ zusammenfallen (*se calló* [se ka'ʎo] : *se cayó* [se ka'ʝo] → [se ka'ʝo]). Dieser Zusammenfall betrifft den größten Teil des amerikanischen Sprachgebiets und bedeutet den Verlust des Phonems /ʎ/, so dass das Konsonanteninventar dort nur aus 17 Einheiten besteht.

Der *yeísmo* wurde auf dem *IV Congreso de Academias de la Lengua Española* 1964 in Buenos Aires als gleichberechtigte Variante in der normativen Aussprache des Spanischen anerkannt, zumal das Phänomen in Spanien gleichfalls weit verbreitet ist und auch im Norden des Landes immer mehr an Boden gewinnt. Insofern stellt der *yeísmo* heute auch kein kontrastives Merkmal des amerikanischen Spanisch mehr dar, obwohl er insbesondere in historischer Perspektive oft als solches erwähnt wird.

In der phonetischen Notation sieht die Fachliteratur für den palatalen Frikativ das Symbol [ʝ] vor, das den konsonantischen Charakter mit deutlichem Reibegeräusch hervorhebt (*Medellín* [meðe'ʝin]), während der Approximant durch [j] wiedergegeben wird (*pienso* ['pjenso]). Allerdings existiert gerade vor dem Hintergrund der weitläufigen sprachgeographischen Verhältnisse eine gewisse Variationsbreite in der Realisierung, die auch von Sprecherhaltung und Diktion abhängt. Im Hinblick auf die bestehende Variation ist ferner darauf hinzuweisen, dass das Standardspanische in

Nexus, die z.B. /l/ oder /n/ mit /ʝ/ (auch /ʎ/) verbinden, eine Affrikate kennt (*inyectar* [indʒek'tar], *conllevar* [kondʒe'βar]). Dies betrifft auch /j/ im absoluten Anlaut: *yo* [^{dʒ}o] (die Notation nach IPA wäre hier [ɟo]). Der *yeísmo* kennt regional unterschiedliche Realisierungen.

2.1.2.4.1 Variation des *yeísmo*

Die überwiegende Ausprägung des *yeísmo* in Hispanoamerika besteht in der Aussprache [ʝ] (/ʎ/ : /ʝ/ > /ʝ/). Daneben existiert für /ʝ/ auch die präpalatale Variante [ʒ] (*calle* ['kaʒe]). Sie tritt einerseits punktuell auf, so in der Stadt Oaxaca (Mexiko), andererseits ist sie im Osten Argentiniens (*zona litoral-pampeana*) sowie in Uruguay weit verbreitet. Diese Realisierung wird als *žeísmo* bezeichnet. Es handelt sich um einen Prozess der Assibilierung (Bildung eines Sibilanten), der in der spanischen Terminologie als *rehilamiento* ([ʝ] > [ʒ]) bekannt ist.

Hispanoamerikanische Variation des *yeísmo*		
[ʝ]	*yeísmo*	überwiegend verbreitet
[ʒ] / [ʃ]	*žeísmo/šeísmo*	z.B. Ostargentinien

Heute ist der *žeísmo* gerade in Buenos Aires und Montevideo bereits definitiv in das Stadium der Desonorisierung ([ʒ] > [ʃ]) eingetreten (*calle* ['kaʃe]). Dieser so genannte *šeísmo* der Hauptstadt gilt innerhalb Argentiniens als Prestigeform. Darüber hinaus lässt sich jenseits der *zona litoral-pampeana* eine Ausstrahlung des Phänomens in die Städte des argentinischen Binnenlandes feststellen. So findet man in Santa Fe und Paraná (Entre Ríos), die beide am Río Paraná ca. 500 km nördlich von Buenos Aires liegen, sonore und desonorisierte Formen vor. Das weiter westlich situierte und ursprünglich für den unmodifizierten *yeísmo* ([ʝ]) bekannte Córdoba realisiert heute überwiegend [ʒ] (*desayuno* [desa'ʒuno]). Das gleiche gilt für Salta im hohen Nordwesten des Landes.

Aber auch im Nordwesten Argentiniens beobachtet man Tendenzen zur Desonorisierung, so z.B. in der südwestlich von Salta weiter im Andengebiet gelegenen Kleinstadt Cafayate. In diesem Zusammenhang kann es in der Aussprache Überschneidungen von *žeísmo* und der für die Hochländer charakteristischen Assibilierung von /r̄/ [ʒ ʃ] geben (cf. Kap. 2.1.2.7). In einem solchen Fall werden /ʝ/ und /r̄/ identisch realisiert (*rallado* [ʃa'ʃaðo]).

2.1.2.4.2 Erhalt der Opposition (/ʎ/ : /ʝ/)

Es gibt im amerikanischen Spanisch Gebiete, die die ursprüngliche kastilische Opposition erhalten haben (*halla* ['aʎa] : *haya* ['aʝa]). Die Realisierung von /ʎ/ bezeichnet man in diesem Zusammenhang als *lleísmo*. Betroffen sind vor allem Bolivien und

Paraguay bzw. die über Paraguay hinausgehende *zona guaranítica* (auch Nordostargentinien: Formosa, Chaco, Corrientes, Misiones). Ferner tritt /ʎ/ in den nordwestlichen Randgebieten Argentiniens auf, so z.B. in der am Fuße der Anden nahe der chilenischen Grenze gelegenen Stadt Mendoza. Dies gilt auch für die Grenzregionen zu Bolivien sowie den Andenbereich in Venezuela, im nördlichen Ecuador und in Peru. Dabei sind unterschiedliche Realisierungen dieser Opposition zu beachten:

Unterschiedliche Realisierungen der Opposition /ʎ/ : /ʝ/	
[ʎ] : [ʝ]	z.B. Bolivien
[ʎ] : [dʝ] / [dʒ]	z.T. Paraguay, Nordostargentinien
[dʒ] : [ʝ]	Amazonastiefland Perus
[ʒ] : [ʝ]	z.B. Zentralecuador

Für die Realisierung der Opposition von /ʎ/ : /ʝ/ ergeben sich tendenziell zwei Konstellationen: Während /ʎ/ in Paraguay (→ *zona guaranítica*) erhalten bleibt (*halla* ['aʎa]), wird das intervokalische /ʝ/ z.B. in Encarnación (Paraguay) oder im argentinischen Chaco (Resistencia) affriziert gesprochen (*haya* ['adʝa 'adʒa]). Es handelt sich um Allophone des Phonems /ʝ/.

In anderen Regionen wiederum existieren Allophone für /ʎ/. Im zentralen Hochland Ecuadors und im Gebiet um Santiago del Estero im Nordwesten Argentiniens verschiebt sich /ʎ/ zu [ʒ] (*halla* ['aʒa] : *haya* ['aʝa]). Im Amazonastiefland Perus besteht für /ʎ/ die affrizierte Form [dʒ]. Artikulatorisch von Bedeutung ist, dass die Aussprache von [dʒ], [ʒ] und [ʃ] grundsätzlich nicht mit einer Lippenrundung einhergeht, wie dies im Italienischen oder Französischen der Fall ist.

2.1.2.5 Die Allophone [h] und [x]

Im Gegensatz zum Kastilischen, das <h-> nur in der Graphie kennt, tritt [h-] im amerikanischen Spanisch als Konsequenz aus drei unterschiedlichen Entwicklungen auf:

(1) Vorwiegend auf den Antillen, aber auch in anderen ländlichen Gebieten Hispanoamerikas, hat sich anlautendes [h-] lokal aus einer früheren Sprachstufe erhalten (*hablador* [haβla'ðɔr]). Der Glottal wird allerdings nicht konsequent realisiert.

(2) Ebenfalls im karibischen Raum, in Teilen Mittelamerikas (mexikanische Küsten, Guatemala, Honduras, Nicaragua), an der Küste Ecuadors und im peruanischen Amazonastiefland unterliegt das Phonem /x/ einer Abschwächung, die zur Bildung des Allophons [h] geführt hat (*jugar* [hu'ɣar], *rojo* ['r̄ɔho]). In intervokalischer Stellung kommt es auch zum Ausfall (['r̄ɔ]).

(3) Schließlich tritt [h] in Zusammenhang mit der Aspiration des implosiven /s/ in den *tierras bajas* (cf. Kap. 2.1.2.3) als freie Variante auf (*las casas* [la^{h}'kasa^{h}]). Neben der Abschwächung von /s/ erscheint in vorkonsonantischer Stellung als Variante auch [x], das sich durch eine velare Verschiebung von [h] bildet und

letztlich eine Verstärkung der Aspiration darstellt (*fantástico* [fan'ta^{h}tiko] → [fan 'taxtiko]). Eine Verschiebung zu [x] verzeichnet in diesem Zusammenhang zum Teil auch der Nexus *fue-* (*fuerza* ['xwɛrsa]).

2.1.2.6 Die Neutralisierung von implosivem /r/, /l/

Ein volkssprachliches Merkmal der *tierras bajas*, das sich im Spanischen der Karibik besonders ausgeprägt darstellt, ist die Tendenz zur Neutralisierung von implosivem /r/, /l/. Von dieser Entwicklung ist in erster Linie /r/ betroffen, das sich in dieser Stellung bevorzugt zu [l] entwickelt (Lambdazismus: *cuerpo* > ['kwelpo]; *mar* > [mal], phonologisch /maR/). Im Plural ist die Neutralisierung aufgehoben (*mares* ['mare^h]). In geringerem Maße kommt es auch zur entgegengesetzten Entwicklung, bei der sich /l/ in der Realisierung als [r] darstellt (Rhotazismus: *soldado* > [sɔr'ðao]).

Eine Variante der Neutralisierung von /r/, /l/ ist die im Westen der Dominikanischen Republik (El Cibao) und stellenweise in Puerto Rico auftretende Vokalisierung von /r/ und /l/, die sich im ländlichen Raum in vorkonsonantischer Position zeigt (*carbón* [kai̯'βõŋ], *golpe* ['goi̯pe]). In ländlichen Gebieten Zentralkubas kommt es bei der Verbindung von /r/, /l/ mit nachfolgendem Plosiv zur regressiven Assimilation, die zur Längung (Gemination) des Plosivs führt (*puerta* > ['pwetta]).

2.1.2.7 Die Realisierung von /r̄/, /r/

Im größten Teil des amerikanischen Sprachgebiets werden das Phonem /r̄/ <rr> sowie die Allophone von /r/ im Anlaut <r-> sowie /r/ nach /l/, /n/, /s/ entsprechend den kastilischen Verhältnissen als multipler Vibrant [r̄] gesprochen. Die Intensität der Vibration zeigt sich in Hispanoamerika allerdings oft reduziert. Das kurze /r/ entspricht wie im Kastilischen in der Regel dem einfachen Vibranten [r].

Davon abgesehen besteht für die Realisierung des Vibranten in Hispanoamerika eine sprachlich komplexe Situation großer Variationsbreite. Die Tendenz zur Assibilierung von /r̄/, d.h. zur Ausbildung eines Sibilanten (z.B. *carro* → ['kaʒo]), ist ein Merkmal der Hochländer. Es besteht in unterschiedlicher Ausprägung – zum Teil unter Reduktion der Stimmhaftigkeit wie z.B. im Norden und Nordwesten Argentiniens (*un ratito* [ʃa'tito]) – in den Hochlandgebieten von Bolivien, Peru und Ecuador, in der Ostkordillere Kolumbiens sowie im zentralen Costa Rica und in Guatemala. In den Gebieten, in denen darüber hinaus ein *rehilamiento* (ʎ > ʒ ʃ) besteht wie zum Teil im Nordwesten Argentiniens sowie in Zentralecuador (cf. Kap. 2.1.2.4), ergibt sich eine Überschneidung der Aussprache beider Laute (*rallado* [ʒa'ʒaðo] [ʃa'ʃaðo]).

Im städtischen Milieu Mexikos beobachtet man die Aussprache [ʒ] (/r̄/) als Prestigeform bei Frauen der Mittelschicht. Anders ist die Perzeption des Phänomens in Lima, wo das Hochland nicht als sprachliches Leitbild gilt und die Assibilierung als stigmatisierendes Kennzeichen des Andenspanischen begriffen wird. Dementsprechend reduziert sich die Assibilierung bei Migranten aus dieser Region und tendiert bei deren Kindern schließlich gegen Null (cf. Klee/Caravedo 2006, 101–102).

Im Spanischen Puerto Ricos ist bei einer Reihe von Sprechern eine dorsale Realisierung von /r̄/, festzustellen, die zwischen dem uvularen Vibranten [ʀ], der auch im Deutschen existiert, und dem stimmlosen velaren Frikativ [x] variiert.

Im zentralen Costa Rica besteht für implosives /r/ eine retroflexe Variante [ɹ], die der englischen Aussprache nahesteht und zudem im Nexus *-tr-* [tɹ] sowie als Variante zu /r̄/ [ʒ] auftritt. Auch in ländlichen Gebieten Guatemalas und im mexikanischen Veracruz wird für /r/ ein mehr oder weniger ausgeprägtes retroflexes [ɹ] artikuliert (*tres* ['tɹes]), *similar* [simi'laɹ]). Schließlich weist auch Paraguay wortintern in Silbenendstellung eine Tendenz zur retroflexen Aussprache auf (*cuarto* ['kwaɹto]). Dies unterscheidet beispielsweise die Aussprache der beiden am Río Paraná in Nachbarschaft gelegenen Städte Posadas (Argentinien) und Encarnación (Paraguay).

Das einfache /r/ kennt weitere Spielarten: So kann es in finaler Stellung (z.B. bei Infinitiven) im Nordosten Argentiniens, in Chile, den kolumbianischen und venezolanischen Küstengebieten, Panama und auf den Antillen ausfallen. Wortintern in Silbenendstellung ist auf den Antillen eine Aspiration möglich (*perla* [peʰla]). In der Dominikanischen Republik kann es zur Vokalisierung kommen (*carbón* [kai̯'βõŋ], cf. Kap. 2.1.2.6). In Costa Rica wird implosives /r/ in regionaler Abhängigkeit zu [tʃ] assibiliert, retroflex [ɹ] artikuliert oder als [r] gesprochen.

Der Nexus *-tr-* hat regional eine leichte Assibilierung entwickelt, die einer Affrizierung gleichkommt (*otro* ['otʃo]). Man beobachtet sie in Chile, im Norden Argentiniens, in Paraguay, über die Hochlandgebiete Boliviens bis nach Kolumbien sowie im zentralen Costa Rica und vereinzelt in Gebieten Mittelamerikas. Die Assibilierung kann regional auch finales /r/ [-ʃ] betreffen, wobei es zur Desonorisierung kommt.

2.1.2.8 Die Realisierung der Lenisplosive /b/, /d/, /g/

Die Lenisplosive /b/, /d/, /g/ werden im amerikanischen Spanisch entsprechend der Verhältnisse im Kastilischen inlautend meist als Frikative [β], [δ], [ɣ] realisiert (cf. Macpherson 1975, 61–65). In den *tierras bajas* besteht vor allem bei /d/ eine ausgeprägte Tendenz zur weiteren Abschwächung, die insbesondere in den Partizipialendungen *-ado*, *-ido* und frequenten Formen wie *todo*, aber auch darüber hinaus zum Ausfall führen kann (→ [-'ao], ['too], *médico* ['mei̯ko]). Auslautendes /d/ fällt in der Regel aus oder wird gelegentlich als schwaches [d], [δ] oder auch [t] gesprochen, das als emphatisch gilt (*verdad* [bɛr'δa], [bɛr'δad], [bɛr'δa^δ], [bɛr'δat]).

Weitere Konstellationen sind zu berücksichtigen: Während der Ausfall des intervokalischen /d/ für den karibischen Raum oder auch Chile typisch ist, gilt er in Argentinien als stark sozial markiert. An der Küste Perus im Gebiet um Lima ist der Ausfall wiederum geläufig und betrifft dort oft auch intervokalisches /b/ (*caballo* [ka'ai̯o]). Entgegen der Tendenz zum stabilen Konsonantismus in den *tierras altas* fällt intervokalisches /d/ auch im bolivianischen Hochland häufig aus. In den östlichen bolivianischen Tiefländern neigen /b/, /d/, /g/ grundsätzlich zum Ausfall.

In Mittelamerika (Oaxaca, Honduras, El Salvador), in Teilen Kolumbiens und im venezolanischen Andengebiet werden /b/, /d/, /g/ nachkonsonantisch insbesondere nach /r/, /l/, /s/ und Halbvokalen als Plosive realisiert (*cerveza* [sɛr'besa]). Im Westen Kubas bleibt dies auf die Stellung nach /r/, /l/ beschränkt. In Oaxaca (Mexiko) und im peruanischen Amazonastiefland tritt die plosive Realisierung oft auch in intervokalischer Stellung auf (*nueve* ['nwebe]).

Das Phonem /b/ <v> wird gelegentlich nach seinem graphischen Wert labiodental realisiert (*lavar* [la'var]). Dies geht zum Teil auf schulischen Einfluss zurück und wird manchmal auch in den Medien gepflegt. Labiodentales [v] tritt z.B. in Mexiko, Venezuela und vor allem in Chile auf.

2.1.2.9 Diverse konsonantische Entwicklungen

Vor allem auf den Antillen unterliegt der Nasal /n/ im betonten Auslaut einer Velarisierung mit Nasalierung des vorangehenden Vokals (*bien* ['bjẽŋ], *nación* [na'sjõŋ]; cf. Kap. 2.1.1.5). Dabei kommt es vor allem in der Dominikanischen Republik und Puerto Rico auch zum Ausfall des Nasals. Die Velarisierung des finalen /n/ [-ŋ] ist darüber hinaus in den Tieflandgebieten Mexikos, in Mittelamerika, in den kolumbianischen und ecuadorianischen Küstengebieten sowie in Venezuela verbreitet. Entgegen der Tendenz zum stabilen Konsonantismus in den *tierras altas* wird /n/ auch im Hochland Zentralecuadors, Perus und Boliviens velarisiert oder fällt aus. In Chile, Argentinien, Uruguay und Paraguay hingegen bleibt /n/ alveolar [-n].

Eine Deaffrizierung von /tʃ/ > [ʃ] (*muchacho* [mu'ʃaʃo]) ist auf den Antillen (Puerto Rico), im Nordwesten Mexikos, in Panama, vereinzelt in Venezuela, im peruanischen Hochland und Amazonastiefland sowie in Chile zu beobachten. In Mittel- und Südchile tritt dabei auch die Variante [t^{s}] auf.

Bei der Realisierung von /x/ vor palatalen Vokalen (/i/, /e/) kommt es in Chile zu einer intensiveren Palatalisierung, die sich im Ergebnis dem deutschen *ich*-Laut annähert, ohne jedoch mit ihm konform zu gehen (*ginebra* [çi'neβra]).

Bei amerindischen Ortsnamen beobachtet man im amerikanischen Spanisch regional die Akzeptanz systemfremder Lautungen. In Yucatán betrifft dies z.B. die Städte *Tulum* mit auslautendem [-m] (cf. *álbum* ['alβun]) und *Xcaret* [ʃka'ret] mit [ʃ], dem anlautenden Nexus [ʃk] (ohne prothetisches [e-]) und auslautendem [-t].

2.1.3 Vokal- und Konsonantenübersicht

In der nachfolgenden Übersicht stehen Allophone in [ ], regionale Varianten des amerikanischen Spanisch sind mit * gekennzeichnet. Apikoalveolares [s̺] und prädorsales [s̻] wurden zur Unterscheidung mit einem Diakritikum versehen. Die Allophone [ɱ] und [z] treten vor /f/ (*confuso* [koɱ'fuso]) bzw. vor stimmhaften Konsonanten auf (*desde* ['dezδe]), [dʒ] wird silbenanlautend auch im Kastilischen realisiert (*yo* [^{dʒ}o]).

palatal					velar		
i					u		geschlossen
	e				o		halbgeschlossen
		[ɛ]			[ɔ]		halboffen
			a				offen
	ungerundet				gerundet		

Abb. 2: Vokale des Spanischen mit Allophonen [ ]

	bilab.	labiod.	interd.	dental	alveolar	präpal.	palatal	velar	uvular	glottal
Plosiv	p			t				k		
(lenis)	b			d				g		
Frikativ	*ɸ	f	*θ		s̺/*s̪	*ʃ	*ç	x	*χ	*h
(lenis)	[β]	*v	[ð]		[z]	*ʒ	ʝ	[ɣ]	*ʁ	
Affrikate						tʃ				
(lenis)						*dʒ				
Nasal	m	[ɱ]			n		ɲ	[ŋ]		
Lateral					l		*ʎ			
Vibrant					r				*ʀ	
(multipel)					r̄					
Approximant					*ɹ		[j]	[w]		

Abb. 3: Konsonanteninventar des amerikanischen Spanisch mit (*) regionalen Varianten

	bilab.	labiod.	interd.	dental	alveolar	präpal.	palatal	velar	uvular	glottal
Plosiv	p			t				k		
(lenis)	b			d				g		
Frikativ		f	θ		s̺			x		
(lenis)	[β]		[ð]		[z̺]		ʝ	[ɣ]		
Affrikate						tʃ				
(lenis)						[dʒ]				
Nasal	m	[ɱ]			n		ɲ	[ŋ]		
Lateral					l		ʎ			
Vibrant					r					
(multipel)					r̄					
Approximant							[j]	[w]		

Abb. 4: Konsonanteninventar des Spanischen (Standard) mit Allophonen [ ]

2.2 Morphosyntax

Nachfolgend werden markante Merkmale des amerikanischen Spanisch mit Hinweisen zu ihrer Verbreitung beschrieben. Wertvolle Informationen zur Morphosyntax liefert die *Sintaxis hispanoamericana* (Kany 1994) mit Beispielen aus verschiedenen Sprachgebieten sowie das dreibändige Werk *Estudios lingüísticos del español hablado en América* (Hernández Alonso 2010). Die *Nueva gramática de la lengua española* (NGLE 2009–11) gibt in den beiden Bänden zur Morphologie und Syntax zahlreiche Hinweise auf regionale Besonderheiten des amerikanischen Sprachgebrauchs, die zum Teil in genauerer geographischer Eingrenzung und mit Beispielen erscheinen. Hilfreich ist auch der Artikel von Bentivoglio/Sedano (2011).

2.2.1 Anrede

Für die vertraute Anrede (2. Pers. Sg.) verwendet man im amerikanischen Spanisch einerseits wie in Spanien *tú* (→ *tuteo*), andererseits die Form *vos* (→ *voseo*; cf. Kap. 2.2.1.1). Da die 2. Pers. Pl. *vosotros*, *-as* im amerikanischen Spanisch (wie im Übrigen entsprechend im Portugiesischen) nicht existiert, lautet die Anrede im Plural ungeachtet des Grades der Vertrautheit generell *ustedes* (→ *ustedeo*). Dieser Gebrauch ist wie der *seseo* panamerikanisch.

2.2.1.1 Der *voseo*

Der *voseo* ist die charakteristischste morphosyntaktische Erscheinung im amerikanischen Spanisch. Die Bezeichnung nimmt auf den Gebrauch des Pronomens der 2. Pers. Sg. *vos* Bezug, das in der vertrauten Anrede *tú* (*tuteo*) in regionaler Verbreitung und sozialer Varianz mündlich und zum Teil auch schriftlich ersetzt. *¿Qué onda vos?* 'Wie geht's dir denn?' fragt man umgangssprachlich z.B. in Guatemala. Wie in Spanien ist das Duzen auch in Hispanoamerika weit verbreitet, so z.B. auch oft in der Werbung.

Bezüglich der geographischen Ausdehnung bestehen für den *voseo* zwei Großräume, einerseits das La Plata-Gebiet (Argentinien, Uruguay, Paraguay), andererseits Mittelamerika zwischen Guatemala und Costa Rica.[5] Es schließen sich in unterschiedlichen Konstellationen Chile, Bolivien, der Süden Perus und Ecuador an. Nach den Angaben von Páez Urdaneta (1980, 75) lebten um 1974 ca. 47% der Bevölkerung Hispanoamerikas in Gebieten mit *voseo*.

5 Cf. Kap. 4 und dem *voseo* als Kriterium zur diatopischen Einteilung des amerikanischen Spanisch. Fachliteratur steht mit Páez Urdaneta (1981), Rojas (1992) und Carricaburo (1997) zur Verfügung. Zuletzt erschienen sind der umfassende Sammelband von Hummel/Kluge/Vázquez Laslop (2010) zu den Anredeformen im Spanischen sowie der von Moyna/Rivera-Mills (2016) speziell zu Hispanoamerika.

Die Antillen, Mexiko, die karibischen Küstengebiete Kolumbiens, Venezuela und Peru sind *tuteo*-Gebiete. Innerhalb dieser Zone bestehen Ausnahmen mit *voseo* (Mexiko: Chiapas; Venezuela: Andengebiet im Westen, Region um Maracaibo; Peru: Teile der Nordküste, südliches Hochland). Am konsequentesten findet der *voseo* in Argentinien Anwendung, wo er in allen Bevölkerungsschichten mündlich wie schriftlich auftritt. Auch im religiösen Schrifttum wurde *tú* verdrängt: *¡Jesús, en vos confío!* Im Gebrauch des *voseo* unterscheidet man je nach Auftreten von Pronomen und Verb drei Varianten:

Formen des *voseo*	
(1)	pronominal-verbaler *voseo* (*voseo auténtico*)
(2)	pronominaler *voseo* (*voseo mixto pronominal*)
(3)	verbaler *voseo* (*voseo mixto verbal*)

Bei den Varianten (1) und (3) weist der *voseo* verbale Sonderformen auf, die vorwiegend im Indikativ Präsens (zum Teil auch im Konjunktiv Präsens) sowie im Futur auftreten, während sich die Zeitenbildung ansonsten an den regulären Formen der 2. Pers. Sg. orientiert (*vos tomabas, habías tomado, tomaras*). Dementsprechend unterscheiden sich auch die bestehenden regionalen *voseo*-Varianten untereinander in erster Linie im Präsens und im Futur.

2.2.1.1.1 Pronominal-verbaler *voseo*

Die häufigste *voseo*-Form ist der pronominal-verbale *voseo*, der in seiner typischen Ausprägung *vos* mit dem Verb der 2. Pers. Pl. in undiphthongierter Form verbindet: *vos hablás, vos tenés, vos salís.*[6] Dies ist die vorherrschende Variante im La Plata-Raum und in Mittelamerika. Im Konjunktiv Präsens finden die besonderen *voseo*-Formen (*vos hablés, vos tengás, vos salgás*) nicht grundsätzlich Anwendung und werden in der Schriftsprache vermieden. So liest man in Argentinien in der Werbung zu den Einsatzmöglichkeiten eines Produktes: *donde vos prefieras*. Ein Aufruf zum besseren Umweltschutz lautet in Uruguay: *Vos sabés que para tener tu ciudad limpia es mejor que no la ensucies* (also mit den jeweils regulären Konjunktivformen). Wenn z.B. in Argentinien die speziellen *voseo*-Formen des Konjunktiv Präsens auftreten, ist in der Regel ein größerer Grad der Vertrautheit zwischen den Gesprächspartnern gegeben. Beim verneinten Imperativ impliziert die *voseo*-Verbform eine verbindlichere Aufforderung als die reguläre stammbetonte der 2. Pers. Sg.

---

6 Die hier zur Veranschaulichung der Formen vorgenommene Setzung des Subjektpronomens soll nicht den Eindruck vermitteln, das Subjektpronomen werde grundsätzlich gesetzt, obwohl die Frequenz von *vos* gewiss höher ist als die von *tú* in Spanien.

Hinsichtlich der Aussprache ist zu beachten, dass das finale /s/ regional aspiriert wird oder ausfallen kann (*vos querés* [bo^h ke're^h]; cf. Kap. 2.1.2.3). In Zusammenhang mit dem Sibilanten steht auch das gelegentlich mit finalem -s auftretende Indefinido (→ *vos hablastes*), das sich allerdings nicht aus dem *voseo* ableitet, sondern vielmehr als Analogie zu dem ansonsten in den Formen der 2. Pers. Sg. bestehenden finalen /s/ zu sehen ist.

Syntagmatisch verbindet sich das Subjektpronomen *vos* mit den Objektpronomen *te* und *vos*. Dabei fungiert die überkommene Form der 2. Pers. Sg. *te* als unbetontes Pronomen (*vos te lavás*), während nach Präpositionen in der Regel betontes *vos* anstelle von *ti* verwendet wird (*me voy a encontrar con vos* statt *contigo*). Allerdings treten trotzdem auch Verbindungen wie *contigo* oder *a ti*, *para ti* auf. Die Possessiva lauten *tu* und *tuyo*. Im Imperativ, der auf der 2. Pers. Pl. ohne finales *-d* basiert (*venid* → *vení*), sind Betonung und Gebrauch des graphischen Akzents zu beachten (*vení acá*, *sentate*).

Neben der beschriebenen La Plata-Variante der *voseo*-Verbformen (*-ás*, *-és*, *-ís*) tritt in Chile volkssprachlich (sonst eher in Verbindung mit *tú*) eine Spielart auf, die eine leichte Modifikation bei den Verben auf *-ar* und *-er* aufweist (*vos habláis*, *vos tenís*, *vos salís*; Konj. Präs. → *vos hablís*, *tengáis*, *salgáis*). In Chile hat bei allgemeinem Ausfall des [-s] in der Verbalendung *-ais* der Diphthong im Präsens der *a*-Konjugation (→ *vos hablái*) auf die Endungen anderer Tempora ausgegriffen, so dass analog im Präteritum *hablabai*, im Konditional *hablaríai* und im Konjunktiv Imperfekt *hablarai* bestehen (cf. Torrejón 1986, 678). Die Endung *-ís* für die 2. Konjugation ist auch im Hochland Ecuadors anzutreffen.

In Panamas Grenzregionen zu Costa Rica (obsoleter ländlicher Sprachgebrauch) sowie im Westen Venezuelas (Zulia) verbindet sich *vos* mit den aus Spanien bekannten Verbformen der 2. Pers. Pl. (*vos habláis*, *vos tenéis*, *vos salís*). Für Panama ist der *voseo* nichtsdestoweniger untypisch.

Auch in der Futurbildung besteht für den *voseo* eine gewisse regionale Variation. Neben der im La Plata-Raum verbreiteten Variante *vos tomarás* existieren z.B. *vos tomarés* (Guatemala), *vos tomarís* (Chile) und *vos tomaréis* (Bolivien: Süden, Südwesten). In den Vergangenheitstempora deckt sich der pronominal-verbale *voseo* mit der Kategorie des pronominalen *voseo* (cf. Kap. 2.2.1.1.2), da kein besonderes Verbalparadigma vorliegt. Sonderformen treten wie erwähnt in Chile auf (s.o.).

2.2.1.1.2 Pronominaler *voseo*

Der pronominale *voseo* verbindet *vos* mit der regulären Form der 2. Pers. Sg. (*vos hablas*, *vos tienes*, *vos sales*). Diese Variante tritt in den Städten des bolivianischen Altiplano (Westbolivien) und in Santiago del Estero (Nordwestargentinien) auf.

2.2.1.1.3 Verbaler *voseo*

Der verbale *voseo* ist eine Kombination aus *tú* und dem Verbalparadigma des pronominal-verbalen *voseo*. In Uruguay tritt *tú* dabei vornehmlich in höheren Gesellschaftsschichten in Konkurrenz zu *vos* (→ *tú hablás*). Zudem kommt dort auch der reguläre *tuteo* (*tú hablas*) zur Anwendung. In Chile wird der Gebrauch von *vos* heutzutage vermieden und im vertrauten Umgang eher der verbale *voseo* gepflegt.

2.2.1.1.4 Alternativer Gebrauch in der Anrede

Neben der skizzierten Großeinteilung in *voseo*- und *tuteo*-Gebiete weisen manche Regionen eine Alternanz zwischen *voseo* und *tuteo* mit wechselnder Verbalmorphologie auf, so z.B. Honduras (Tegucigalpa). Dabei wird *tú* als die angemessene Form gewertet, während *vos* eher volkssprachlichen Charakter hat. Dies gilt in besonderer Weise für Chile, wo Mittel- und Oberschicht heute den verbalen *voseo* (*tú hablás*) vorziehen, während der *voseo auténtico* im ländlichen Bereich und bei wenig gebildeter Stadtbevölkerung auftritt (cf. Torrejón 1986, 1991). In Gebieten, in denen *tú* gegenüber *vos* vorherrscht, kann *vos* als abwertend aufgefasst werden. Dies betrifft die Frage der Gleichstellung von Gesprächspartnern. Wer jemanden mit *vos* anspricht, setzt sich der Kritik aus, wenn sich der Gesprächspartner subjektiv als höhergestellt betrachtet. Als relativ komplex stellt sich die Situation in Bolivien dar, das den *voseo* neben dem Gebrauch von *tú* regional in unterschiedlichsten Varianten kennt. In den Städten des bolivianischen Altiplano (Westbolivien) findet man *vos tomas*, in ländlichen Regionen *vos tomás* und im Süden sowie Südwesten (Oruro, Potosí, Tarija) *vos tomáis*.

In Kolumbien tritt *vos* außerhalb des karibischen Küstenbereichs, der *tú* verwendet, in der vertrauten Anrede in Konkurrenz zu *usted*. Diesen besonderen Gebrauch von *usted* in der vertrauten Anrede bezeichnet man als *ustedeo informal*. Im kolumbianischen und im venezolanischen Hochland wird *usted* zwischen Eltern und Kindern, nahen Angehörigen und Freunden verwendet, wobei jeweils regional wie soziolinguistisch weiter zu differenzieren ist. Dieser Gebrauch von *usted* ist zum Teil auch in Panama und Costa Rica verbreitet.

Daneben hat sich im östlichen Andengebiet Kolumbiens (Bocayá) mit *sumercé* (< *su merced*) eine Form der Anrede parallel zu *usted* erhalten, die einen größeren Grad der Nähe und Vertrautheit herstellt als *usted* und nur im Singular auftritt (cf. Ruiz Morales 1987, 769).

2.2.2 Weitere morphosyntaktische Besonderheiten

Im Folgenden werden einige weitere Charakteristika des amerikanischen Spanisch skizziert. Interferenzen, die in Zusammenhang mit der Zweisprachigkeit der indigenen Bevölkerung stehen, werden dabei zurückgestellt (cf. Kap. 7.5.1).

2.2.2.1 Substantiv

Bei den Substantiven treten im amerikanischen Spanisch regional gelegentlich Abweichungen im Genus auf (*la azúcar, la calor, la mar, la puente, el radio*). In diesem Zusammenhang beobachtet man auch die Übertragung des Maskulinums auf Substantive mit betontem Anlaut auf *a-* (*el arma → el mismo arma*). Die formale Bildung des Femininums zeigt sich im Vergleich zum Kastilischen gerade bei Berufsbezeichnungen (volkssprachlich) erweitert (*la jefa, la jueza, la médica, la presidenta*). Für die Pluralbildung wird vor allem im karibischen Raum und bei betontem Endvokal das Allomorph *-se(s)* verwendet (*dos *cafese* vs. *dos cafés*). Im Gebrauch des Artikels fällt auf, dass sich Vornamen mehr als in Spanien mit dem bestimmten Artikel (*la María*) verbinden. Auch sagt man z. B. *voy a la casa* (statt *a casa*).

2.2.2.2 Diminutivbildung

Im Vergleich zum Kastilischen ist im amerikanischen Spanisch eine Ausweitung der Diminutivbildung festzustellen, die sich nicht auf Substantive beschränkt (*ahorita, corriendito, detrasito, dositos hijos, todito*; cf. Vaquero 1996, II, 26). In Mexiko findet man sogar *ahoritita* (< *ahorita* < *ahora*). In der Diminutivbildung ziehen Kuba, Costa Rica und Kolumbien das Suffix *-ico* gegenüber *-ito* vor (*un momentico*).

2.2.2.3 Pronomina

In Setzung der Subjektpronomen stellt man im karibischen Raum eine im Vergleich zum Kastilischen höhere Frequenz fest, die sich dabei nicht mit einer Emphase verbindet (cf. Morales 1999). Von der obligatorischen Setzung des Subjektpronomens wie im Französischen ist man allerdings noch weit entfernt.

Beim pronominalen Akkusativ wurden im europäischen Standard für das Maskulinum bei Personen traditionell *le/les* verwendet. Die spanische Akademie empfiehlt heute jedoch *lo/los*, wobei *le/les* weiter akzeptiert werden (*loísmo*: *lo encontré ayer* vs. *leísmo*: *le encontré*). Die Bezeichnung *leísmo* beinhaltet grundsätzlich sowohl den Bezug auf die anerkannten Formen im Maskulinum (*leísmo del tipo A*) als auch die nicht regelkonforme Verwendung für den Akkusativ im Femininum (*leísmo del tipo B*) sowie für Gegenstände (*leísmo del tipo C*; cf. NGLE, § 16.8c). Im amerikanischen Spanisch werden für den Akkusativ im Maskulinum bei Personen vorherrschend *lo/los* gebraucht. In Paraguay, im Nordosten Argentiniens und im Hochland von Ecuador herrscht allerdings *leísmo* vor.

Die Alternanz von *le/lo* ist im Spanischen grundsätzlich ein komplexes Thema. So tendieren manche Verben zu *le*, beispielsweise solche, bei denen eine emotionale Komponente in Bezug auf den personalen Akkusativ im Spiel ist wie Verben des Befehlens und Verbietens oder schlichtweg bei Aussagen, die Respekt gegenüber dem Gesprächspartner bezeugen sollen. So hört man im amerikanischen Spanisch auch im regionalen Umfeld des *loísmo* Äußerungen wie *¿Le molesta mucho? – Le saludo – Para servirle.*

In der Volkssprache kann sich die Verwendung von *le* im amerikanischen Spanisch gleichermaßen auf das Femininum erstrecken, was auch dort als Normenverstoß gelten darf. Weitere Normenverstöße sind bei Einsatz der Objektpronomen der seltene *laísmo* (*la* für den Dativ des Femininums) und in zweisprachigen Gebieten *lo* als unveränderliche Objektform.[7] Was die Pronominalstellung bei Infinitiven betrifft, so zieht das amerikanische Spanisch in der gesprochenen Sprache die Linksversetzung deutlich vor (*te la voy a dar* vs. *voy a dártela*).

Durch das Fehlen von *vuestro, vuestra* erweitert sich im amerikanischen Spanisch der Bezug des Possessivums *su*, so dass zu Disambiguierung von z.B. *su problema* bei Bedarf Umschreibungen wie *el problema de usted* (auch: *el problema suyo*) oder aber *el problema de él* verwendet werden. Dies hatte möglicherweise auch Auswirkungen auf die 1. Pers. Pl., die ebenfalls oft periphrastisch mit *de nosotros* realisiert wird.

2.2.2.4 Zeitenbildung und Verb

Bei der Bildung des Futurs tendiert das amerikanische Spanisch in der gesprochenen Sprache klar zur Periphrase (*lo voy a encontrar la semana que viene* vs. *le encontraré*). Auch wird Präsens verwendet, während das morphologische Futur zurückweicht (cf. Kany 1994, 189–193; Bentivoglio/Sedano 2011, 174–175; Díaz-Campos 2014, 128–131).

Im Gebrauch der Vergangenheitstempora ergeben sich zwei regionale Zonen. Für das zusammengesetzte Perfekt (*pretérito compuesto*), das im kastilischen Standard unter anderem den Bezug zur näheren Vergangenheit herstellt, wird im überwiegenden Teil des amerikanischen Sprachgebiets in dieser Funktion das einfache Perfekt (*indefinido*) gesetzt (*Mario todavía no llegó* vs. *Mario todavía no ha llegado*). Im Andenraum (Ecuador, Peru, Bolivien, Nordwesten Argentiniens) hingegen übernimmt das zusammengesetzte Perfekt zum Teil die Funktion des Indefinido (*lo he encontrado ayer*) (cf. Kany 1994, 199–202; Hurtado González 2009).

Beim Konjunktiv Imperfekt haben sich im amerikanischen Spanisch die Formen auf *-ra* gegenüber denen mit *-se* (*hablara, hablase*) fast generalisiert (cf. Kany 1994, 221–223). In der Literatur der Romantik erfuhr das formal identische alte synthetische Plusquamperfekt eine gewisse Wiederbelebung (*hiciera* → *había hecho*). Dieser Gebrauch ist heute jedoch antiquiert (cf. Kany 1994, 208–213). Im Andenbereich (Peru, Ecuador) stellt man bei konjunktivischen Nebensätzen in der Zeitenfolge eine Präferenz für die Präsensform fest (*quería que lo hagamos* vs. *que lo hiciéramos*).

Auf den Antillen, in Panama, Kolumbien und Venezuela treten personalisierte Infinitivkonstruktionen auf, die in Haupt- und Nebensatz unterschiedliche Subjekte zulassen (*antes de yo llegar habían hecho las maletas* vs. *antes de que yo llegara, habían hecho las maletas*). Dies betrifft gleichermaßen den substantivierten Infinitiv

7 Auch der Terminus *loísmo* ist somit mehrdeutig, wenn er sich in speziellen Fällen auf den fehlerhaften Gebrauch für den Plural, das Femininum oder als Dativ bezieht.

(*al yo venir*), der in dieser Form zudem auch im ländlichen Argentinien gebildet wird (cf. Lipski 1991, 1994). In der Satzstellung herrscht im karibischen Raum die nicht invertierte pronominale Frageform vor (*¿qué tú quieres?*, *¿cómo tú está(s)?*; cf. Núñez Cedeño 1983).

Die Verben *haber* und *hacer* orientieren sich im amerikanischen Spanisch bei unpersönlichem Gebrauch zum Teil am Numerus des verbundenen Akkusativs (*habían dos mil personas*; *hacen diez años*; cf. Bentivoglio/Sedano 2011, 172–174). Demgegenüber tritt bei der Umschreibung des Passivs mit *se* die singularische Verbform auch im Plural auf (*se vende libros* vs. *se venden libros*). In Ecuador, Kolumbien, Panama und Venezuela übernimmt das Verb *ser* eine emphatische, die Satzaussage unterstützenden Funktion (*Juan compró fue un libro*; cf. Bentivoglio/Sedano 2011, 180–183).

In der Verbalmorphologie fällt neben dem Komplex des *voseo* (cf. Kap. 2.2.1.1) das Personalsuffix *-nos* auf, das zum Teil im karibischen Raum (z.B. Venezuela) und im Spanischen der USA für die 1. Pers. Pl. eintreten kann (*teníanos* vs. *teníamos*). Ferner werden einige Verben im amerikanischen Spanisch üblicherweise pronominal gebildet (*regresarse*, *tardarse*).

2.2.2.5 Präpositionen

Bei Objektsätzen (Kompletivsätzen) besteht im amerikanischen Spanisch die Tendenz, normatives *de* entgegen dem kastilischen Gebrauch zu unterdrücken (*el hecho que* vs. *de que*). Man spricht in diesem Zusammenhang von *queísmo* (vs. *dequeísmo*; cf. Bentivoglio/Sedano 2011, 177–180). Davon sind auch Rektionen betroffen (*enterarse de una cosa, enterarse de que* vs. *enterarse que*; *nos damos cuenta que*). Die Präposition *hasta* hat in Hispanoamerika regional auch die Bedeutung 'nicht vor, erst' (*llega hasta las nueve*). Bei Angabe der Uhrzeit werden die Minuten zur vollen Stunden gezählt: *son diez para las cinco* (statt *las cinco menos diez*).

2.3 Lexik

2.3.1 Diatopische Variation

Der Wortschatz des amerikanischen Spanisch zeichnet sich durch seine diatopische Variation aus, die sich keineswegs auf regionale Indigenismen beschränkt (cf. Kap. 2.3.5.1), sondern gerade auch den alltäglichen Gebrauchswortschatz betrifft. Während es im Englischen oder Portugiesischen leichtfällt, europäische und amerikanische Varianten in einer Wortliste gegenüberzustellen, besteht diese Möglichkeit für Hispanoamerika im Hinblick auf panamerikanische Geltung sehr nur eingeschränkt. Selbst die vermeintlich klare Unterscheidung der Bezeichnung 'Auto' in sp. *coche* und am. *carro* trifft nur bedingt zu, denn in Kuba z.B. sind beide Wörter gebräuchlich, während man in Peru oder im Cono Sur (cf. Kap. 1.1) *auto* vorzieht. Die 'Brille' (sp. *gafas*) wird in Hispanoamerika zwar mehrheitlich *lentes* genannt, in Kuba heißt sie jedoch *espejuelos*, während *gafas* dort allgemein 'Sonnenbrille' bedeutet. In Argentinien wird vornehmlich *anteojos* verwendet und in Kolumbien schließlich auch *gafas* wie in Spanien. Der 'Bürgersteig', den man in Spanien *acera* nennt, heißt auch in Kuba und Puerto Rico *acera*, in Mexiko *banqueta*, in Mittelamerika häufig *andén* und in Panama sowie von Ecuador bis in den Cono Sur *vereda*.

Ein weiteres Problem der Erfassung und Beschreibung des Wortschatzes in Hispanoamerika liegt darin, dass es gebietsweise oft nicht um den ausschließlichen Gebrauch einer Bezeichnung geht, sondern vielmehr um die regional mehrheitliche Verwendung einzelner Benennungen, ohne dass andere notwendigerweise ausgeschlossen oder gänzlich unbekannt wären. So wird in Mexiko für den Bürgersteig neben *banqueta* auch *acera* gebraucht, *andén* und *vereda* werden jedoch nicht verwendet. *Vereda* bedeutet in Mexiko regional 'Scheitel', der in Hispanoamerika wiederum allgemein *partido*, in Spanien *rayo (de pelo)* genannt wird.

Einerseits existieren regionale Großräume wie die Karibik, Mexiko, Mittelamerika, das Andengebiet, der La Plata-Raum und Chile, in denen lexikalische Gemeinsamkeiten mit der Besiedlungsgeschichte, gebietsinternen Verbindungen sowie den amerindischen Substratsprachen in Zusammenhang gebracht werden können (cf. Kap. 4.2). Andererseits bestehen Abweichungen und gebietsferne Parallelen, die sich nicht mit den genannten Faktoren begründen lassen. Ländergrenzen, die erst nach der Unabhängigkeit von Spanien entstanden und dann in manchen Fällen später noch modifiziert wurden, haben hinsichtlich der Verbreitung sprachlicher Charakteristika zunächst keine Bedeutung. Allerdings sorgen heute die Medien und zum Teil auch die Gesetzgebung dafür, dass sich der Wortschatz und bestimmte Terminologien in gewissem Rahmen länderspezifisch ausrichten.

Ein regionaler Großraum mit zum Teil spezifischer Lexik ist das La Plata-Gebiet mit dem Schwerpunkt auf Argentinien und Uruguay. Dort sind z.B. gebräuchlich: *manteca* 'Butter' (cf. pg. *manteiga*), *mucama*, eine afrikanische Entlehnung aus dem benachbarten brasilianischen Portugiesisch für 'Dienst-, Zimmermädchen', *nafta* 'Benzin', *playa* 'Parkplatz, -haus' (eigentlich 'offener Raum'). Auch die Umgangssprache hat dort ihre Eigenheiten: *boludo* 'dumm', *chanta* 'Nichtstuer, Schwindler', *laburo* 'Arbeit' (< it. *lavoro*), *pibe* 'Junge, Mädchen'. Während die Untergrundbahn in Buenos Aires *el subte* und deren Endhaltestelle *la terminal* genannt werden, spricht man in Santiago de Chile von *el metro* und *el terminal*. Auch auf kleinerem Raum bestehen im Wortschatz des amerikanischen Spanisch regionale Gegensätze. In Kuba beispielsweise fällt der Osten der Insel (*Oriente de Cuba*) neben der eigenen Intonation durch sein spezifisches Vokabular auf. Dort sagt man z.B. *guineo* oder *fongo* 'Banane', *papaya* (die Frucht selbst), *cutara* 'Sandale' und *balance* 'Schaukelstuhl', während es in Kuba ansonsten *plátano*, *fruta bomba*, *chancleta* und *sillón* (sp. *mecedora*) heißt.

Wer für den hispanoamerikanischen Raum eine onomasiologische Zusammenstellung der Bezeichnungen für z.B. *acera* vornehmen will ("wie heißt ... in ... ?"), kann hierfür auf kein spezifisches Wörterbuch zurückgreifen. Man ist auch heute auf die sukzessive Konsultation der sehr unterschiedlichen regionalen Wörterbücher angewiesen (cf. Haensch/Omeñaca 2004, 301–327), die an einem Ort kaum für alle Gebiete zur Verfügung stehen.

Eine gewisse Hilfe bei der Suche nach hispanoamerikanischen Entsprechungen für Bezeichnungen des peninsularen Spanisch bietet der jeweils kurze Index im Anhang der Bände des *Nuevo diccionario de americanismos / Diccionarios contrastivos del español de América*. Im Zuge dieses Projektes, das an der Universität Augsburg initiiert wurde, sind Wörterbücher zu Kolumbien, Argentinien, Uruguay und Kuba erschienen (cf. Kap. 1.4, Wörterbücher zum amerikanischen Spanisch). Ihre Konzeption beruht auf der Erfassung der landesspezifischen lexikalischen Besonderheiten. Einem anderen Ansatz folgt der *Diccionario del español de México* (Lara 2010), der den gesamten in Mexiko geläufigen Wortschatz ohne das einschränkende Kriterium der Kontrastivität zusammenstellt.

Unter den allgemeinsprachlichen Wörterbüchern wies bereits die 22. Auflage des *Diccionario del español* der Real Academia eine grundlegende Überarbeitung der Amerikanismen auf (DRAE [22]2001). Da das Wörterbuch auf CD-ROM vorlag (DRAE 2003), stellte es unter technischen Aspekt ein hilfreiches Arbeitsinstrument dar. 12.171 Lemmata mit insgesamt 28.337 Bedeutungen sind Hispanoamerika zugeordnet. Es ist jedoch nicht sicher, ob die Suchroutinen die definitive Anzahl immer genau erfassen. Die 23. Auflage des DRAE erschien 2014. Nichtsdestoweniger sind bestehen im DRAE inhaltliche Einschränkungen. So werden regionale Zuordnungen in Hispanoamerika nur summarisch angegeben. Das geläufige *boleto* 'Fahrkarte' wird z.B. nicht als Amerikanismus gekennzeichnet, und es fehlt die amerikanische Bedeutung 'Eintrittskarte'. Auch *fósforo* wird nicht als am. 'Streichholz' definiert. 2010 erschien als gemeinsames Projekt der spanischen Sprachakademien der *Diccionario de americanismos* (ASALE 2010) mit über 70.000 Einträgen. Allerdings liegt er nicht elektronisch vor, was Auswertungsmöglichkeiten erheblich einschränkt.

An der Universität Tokio begann in den neunziger Jahren des 20. Jhs. Hiroto Ueda ein Projekt mit dem Namen *Varilex* (*variación léxica urbana en el mundo hispánico*; (*https://lecture.ecc.u-tokyo.ac.jp/~cueda/varilex*), um die lexikalische Variation des Spanischen in einer Datenbank zu erfassen. Als Grundlage diente der moderne urbane Sprachgebrauch, der unter anderem in 17 Städten Spaniens sowie 42 Städten Hispanoamerikas (einschließlich USA) ermittelt wurde. Ziel war die Erstellung des *Atlas Varilex*, der mit dem Englischen als Bezugssprache spanische Entsprechungen als Geosynonyme auf Karten darstellt und ausweist, wo die jeweiligen Bezeichnungen auftreten und wo nicht. Der Konzeption nach handelt es sich bei *Varilex* zwar nicht um eine absolut repräsentative, aber durchaus informative Quelle.

Für die Konstitution der hispanoamerikanischen Lexik ist einerseits der spanische Erbwortschatz relevant, der mit den Kolonisten nach Amerika kam, sich dort bewahrte und zum Teil weiterentwickelte. Andererseits nahm das amerikanische Spanisch in der Kolonialzeit Entlehnungen auf, die sowohl aus den Indianersprachen als auch aus dem Afrikanischen stammen und solche, die fremdsprachliche Einflüsse aus neuerer Zeit darstellen. Einen allgemeinen Überblick bieten Buesa Oliver/Enguita Utrilla (1992) und Moreno de Alba (1992).

2.3.2 Erbwortschatz

Sprachgeschichtliche Verhältnisse spiegeln sich auch im spanischen Erbwortschatz. Manche Wörter haben in Hispanoamerika ihre ursprüngliche Bedeutung oder ältere semantische Inhalte bewahrt, die sie heute charakterisieren. Man bezeichnet sie als Archaismen, wobei dieses Konzept eine Frage des Standortes oder Bezugspunktes, nicht aber inhaltlicher Wertung ist. Der Bezug geht vom kastilischen Standard aus, so dass sich Archaismen auch Dialekten der Iberischen Halbinsel zuordnen lassen. Wo das Kastilische ältere Formen oder Bedeutungen aufweist, spricht man im amerikanischen Spanisch von Neologismen.

Mit Lerner (1974) liegt eine ältere Arbeit zu über 500 lexikalischen Archaismen in Hispanoamerika vor. Das allgemein am häufigsten zitierte Beispiel ist am. *lindo*, das im Sinne von ‘bonito, precioso’ verwendet wird. *Guapo* ‘enojado; valiente’ ist im amerikanischen Spanisch ein Archaismus, der sich mit der älteren Bedeutung ‘Raufbold’ verbindet, während das Wort in Spanien vor allem ein Attribut des gutaussehenden Mannes ist. *Camarera* bedeutet in Hispanoamerika oft nur ‘Zimmermädchen’, denn für die Bedienung im Restaurant steht *mesera* (sp. *camarera*) zur Verfügung. Weitere Archaismen sind z.B. *alistarse* ‘prepararse para hacer algo’ (cf. *listo*) und *recordarse* ‘despertarse’, das auch im Nordwesten Spaniens gebräuchlich ist (cf. pg. *acordar*).

In manchen Teilen Hispanoamerikas tendiert das Spanische zur Ersetzung des Ortsadverbs *aquí* durch *acá* (cf. Bentivoglio/Sedano 2011, 171–172), was auf älterem Sprachgebrauch basiert. Weitverbreitet ist die Verwendung von *recién* im Sinne von ‘apenas’: *recién cuando llegué* ‘sobald/erst als ich ankam’; *recién llamó* ‘er hat gerade angerufen’. Eine Zusammenstellung des Gebrauchs von unter anderem adverbialen Fügungen, Präpositionen, Konjunktionen und Interjektionen im amerikanischen Spanisch bietet Kany (1994).

Manche Bezeichnungen im Erbwortschatz erfuhren im Spanischen Amerikas regional eine semantische Erweiterung. Dies erfolgte durch prototypische Übertragung neuer Inhalte auf vorhandene Signifikanten wie z.B. *león* für ‘Berglöwe’ und *tigre* für ‘Jaguar’ (cf. Kap. 5.5.2). Ansatzpunkt ist eine gewisse Ähnlichkeit mit dem Grundkonzept, das in den amerikanischen Gebieten nach seiner Verbreitung nicht direkt mit der Ausgangsbedeutung in Konflikt gerät. Dies betrifft z.B. auch *almendro*, das in Amerika nicht den Mandelbaum (*Prunus dulcis*) stricto sensu bezeichnet, sondern Bäume einer anderen Familie (*Terminalia catappa*), die größer werden und deren

Früchte sich unterscheiden, jedoch ebenfalls essbar sind (cf. pg. *amendoeira* in Brasilien).

Auch peninsulare Regionalismen lassen sich im amerikanischen Spanisch identifizieren, wobei die Zuordnung für den Westen Spaniens zwischen Andalusien, der Extremadura, León und Galicien nicht immer eindeutig ist. Solche Elemente werden deshalb oft als *occidentalismos* bezeichnet. Mit dem Problem des *occidentalismo* sieht man sich auch bei Untersuchungen zum Wortschatz der Kanaren konfrontiert. Die folgenden Beispiele für peninsulare Regionalismen stammen von Buesa Oliver/Enguita Utrilla (1992, 191–207): auf Andalusien wird *alambique* 'fábrica de aguardiente' zurückgeführt, auf die Kanaren verweist *ensopar* 'mojar, dejar hecho una sopa' und als *occidentalismos* gelten *botar* 'tirar, lanzar' und *casal* 'pareja de macho y hembra', die wie *ensopar* auch im Portugiesischen vorliegen.

2.3.3 Neologismen

Unter Neologismen versteht man im amerikanischen Spanisch Wörter und Wendungen, die im Kontrast zum Kastilischen semantische Verschiebungen aufweisen, neue Bedeutungen entwickeln bzw. Konzepte mit neuen Inhalten belegen oder sie übertragen. So wird *pararse* 'stehenbleiben' im amerikanischen Spanisch auch im Sinne von 'aufstehen' gebraucht, *fregar* 'spülen' bedeutet 'auf die Nerven gehen'. Bedeutungsverschiebungen sind manchmal mit der Aufgabe einer ursprünglichen Spezialisierung verbunden wie bei folgenden Bezeichnungen aus der Seefahrt, die im amerikanischen Spanisch den Fachsprachenbezug verloren haben: *Amarrarse* (*amarrar* 'atar') bedeutet in regionaler Überschneidung 'casarse' und 'embriagarse'. *Boliche* 'jábega ['Netz'] pequeña; pescado menudo que se saca con ella' (cf. DRAE 2014) bezeichnet einen Ausschank, einen kleinen Laden oder eine Diskothek (Arg.). *Halar* 'tirar de un cabo' bedeutet allgemein 'ziehen' und ist z.B. in Kuba oder Kolumbien häufig als Hinweis auf Türen ("Hale") angebracht. In Mexiko lautet die Form *jalar*. *Aguaitar* 'belauern, ausspähen' führte in Kuba zu der hybriden Bezeichnung *aguaitacaimán* für einen landestypischen Reiher. In Kolumbien bedeutet *aguaitar* 'warten'.

Neue Inhalte hat *bocadillo* ausgebildet. Es handelt sich in regionaler Variation um eine Süßigkeit, die in Mexiko mit Kokos, in Kuba auf der Basis von Süßkartoffeln und in Kolumbien sowie Venezuela meist mit Guajave zubereitet wird. Das Wort *guayaba* wiederum, das eine Entlehnung aus dem Taíno darstellt (cf. Kap. 5.5.3.1), hat im amerikanischen Spanisch mit 'mentira' regional eine neue Bedeutung entwickelt.

Ein Beispiel, das mit Neologismus gewissermaßen eine technische Neuerung verbindet, ist *fósforo*. Zwar bezeichnet auch das in Spanien gebräuchliche *cerilla* ein Zündholz mit Schwefelkopf (ehemals Phosphor), konzeptuell bezieht dieses sich aber noch auf eine schmale Wachskerze oder ein Wachsstäbchen. In Mexiko ist *cerillo* geläufig (*cerilla* 'Ohrenschmalz'). Auch die Bezeichnungen für das Feuerzeug weisen die Dualität alt/neu auf. Während man in Spanien üblicherweise *mechero* (< *mecha*

'Docht') verwendet, verbindet man in Hispanoamerika damit eher einen Bunsenbrenner und benutzt das neutrale *encendedor*. In Kuba heißt das Feuerzeug allerdings *fosforera*, das in Spanien neben *caja de cerillas* wiederum 'Streichholzschachtel' bedeutet.

2.3.4 Diastratisch markierter Wortschatz

Auch in Hispanoamerika existiert in regionaler Variation und unterschiedlicher sozialer wie gruppenspezifischer Ausrichtung ein Substandardvokabular, das man terminologisch allgemein mit *jerga* und *argot*, für die frühe Zeit ebenso mit *hampa* und *caló*[8] (im Spanien des 16./17. Jhs. *germanía*) belegt. *Jerga* im engeren Sinne führt man auf die Gaunersprache zurück. Phonetisch und morphosyntaktisch macht die *jerga* Anleihen bei der Volkssprache. Es geht jedoch um ein Register, das sich über sein Vokabular definiert. Darüber hinaus ist der Terminus polysem, denn es können auch Gruppensprachen bezeichnet werden (z.B. *jerga estudiantil*). Ein historisches Zeugnis zur *jerga* in Mexiko ist Max Leopold Wagners "Mexikanisches Rotwelsch" (1919), das die ursprüngliche Verortung im Gaunermilieu im Titel trägt.

Eine klare Abgrenzung zwischen *jerga*/*argot* und Elementen der Volkssprache (*lenguaje popular*) gestaltet sich heutzutage schwierig, was der Vergleich von Einträgen in Wörterbüchern zeigt. Das liegt auch an diachronen Entwicklungen und der Verbreitung bzw. der Frequenz der Wörter. So findet man arg. *boludo* 'Dummkopf' in Wörterbüchern des *lunfardo*, obwohl es heute Teil der Umgangssprache (*lenguaje coloquial*) ist. Ein Element des Substandards, das in Hispanoamerika in weiter Verbreitung als Registerabsteiger und *vulgarismo* gilt, ist *coger*, *cogerse a* 'realizar el coito'. Diese Bedeutung reicht von Mexiko über Mittelamerika, zudem Venezuela, bis zum Río de la Plata, betrifft aber nicht den überwiegenden Teil Kolumbiens oder Kuba.

In Argentinien besteht mit *lunfardo* eine eigene Bezeichnung für *jerga*. Der Lunfardo verband sich ursprünglich mit dem niederen sozialen Milieu in Buenos Aires, verbreitete sich als kulturspezifische Besonderheit auch über die Texte des Tangos und versteht sich heute als *habla popular* der Argentinier, worauf der Untertitel einer Publikation von Conde (2011) hinweist. Eine Besonderheit liegt in der Zahl an Entlehnungen aus dem Italienischen und seiner Varietäten, die vor allem in der maßgeblichen Zeit europäischer Einwanderung zwischen 1870 und 1930 aufgenommen wurden. Der Lunfardo ist wohl die einzige Substandardvarietät des Spanischen, für die ein eigenes etymologisches Wörterbuch (Conde 2010) existiert, das Auskunft zur Herkunft des Vokabulars gibt. Bibliographische Angaben zum Substandard in den

8 *Caló* bezieht sich hier auf die Gaunersprache (cf. pg. *calão*), nicht wie in Spanien auf das *romaní* der Gitanos.

hispanoamerikanischen Sprachgebieten findet man punktuell bei Aleza Izquierdo/Enguita Utrilla (2002, 315–330) und z.B. Conde (2011).

2.3.5 Entlehnungen

2.3.5.1 Indigenismen

Entlehnungen aus den Indianersprachen (*indigenismos*, *indoamericanismos*), die die koloniale Expansion begleiteten, werden im Abschnitt zur Verbreitung indianischer Völker und Sprachen zusammen mit Hinweisen auf erste Entlehnungen und ihre lexikographische Aufnahme behandelt (cf. Kap. 5.5.2). Hinsichtlich der regionalen Verbreitung des amerindischen Lehnguts ist eine Übereinstimmung mit den großen indigenen Substratzonen zu erkennen, die auch ein Kriterium für die diatopische Gliederung des amerikanischen Spanisch darstellen (cf. Kap. 4.2). Einflüsse in der Phonetik und der Morphosyntax spielen vorwiegend im zweisprachigen Milieu eine Rolle (cf. Kap. 7.5.1).

Die Bedeutung des indigenen Wortschatzes im heutigen Sprachgebrauch Hispanoamerikas wird im Allgemeinen überschätzt. So hat z.B. die Angabe, 20% der 30.500 Einträge des *Diccionario de mejicanismos* (Santamaría 1978) stammten aus dem Nahuatl (Cotton/Sharp 1988, 104), nur geringe Aussagekraft. Wörterbücher, die nach ganz unterschiedlichen Kriterien konzipiert werden, stellen gerade im Hinblick auf Indigenismen zunächst Sammlungen dar, die nichts über die Frequenz des Materials aussagen und dem aktuellen Sprachgebrauch zum Teil sogar widersprechen (cf. Moreno de Alba 1992, 68ss.). Lope Blanch (1979, 34) hat die Vitalität der Indigenismen in Mexiko untersucht. Aus einem Textkorpus von 4,6 Mio. Einheiten filterte er unter Zählung mehrfachen Auftretens 3.384 indianische Lehnwörter (sog. *tokens*), die 312 Lexemen (sog. *types*) zugeordnet werden. 217 Entlehnungen gehören der Schriftsprache an, aber nur 95 Wörter konnten als allgemein bekannt und geläufig beschrieben werden. Das Bild eines relativ starken sprachlichen indianischen Einflusses in Mexiko wird vor allem durch die vom Nahuatl geprägte Toponymie vermittelt, die selbst in der neueren Namengebung noch von Bedeutung ist.

2.3.5.2 Afronegrismen

Entlehnungen aus dem Afrikanischen (*afronegrismos*), die auf die Sprachen der nach Amerika verbrachten Sklaven zurückgehen (cf. Kap. 5.1, 5.4), konzentrieren sich vor allem auf den karibischen Raum. Sie umfassen Wörter aus dem ursprünglichen Umfeld der Sklaverei wie *quilombo* 'Hütte' (Venez.; Arg.: 'prostíbulo; confusión') oder *mucama* 'Hausangestellte' (Arg.), Musik und Tanz (*batuque* 'Trommeln, Lärm', *bongó* 'Bongotrommel', *candombe* 'Candombetanz', *milonga* 'Volkstanz, Fest'), Nahrung (*fufú* 'Gericht aus Jamswurzel (*ñame*) mit Bananen oder Kürbis', *malanga* 'essbare

Knollen, Aronstabgewächs') und religiöse Kulte (*mandinga* 'Teufel'). Diese Kulte werden in den kubanischen *santerías* noch gepflegt.

Hier ergeben sich Parallelen und Überschneidungen mit dem brasilianischen Portugiesisch, das viele dieser Elemente mit zum Teil modifizierter Bedeutung kennt. So war das zitierte *quilombo* (Venez.: 'Hütte') in Brasilien eine Ansiedlung geflüchteter Sklaven, die man im Spanischen *palenque* nennt (cf. Kap. 1.1). *Mucama* ist in Argentinien eine Hausangestellte, in Brasilien ehemals eine Sklavin im Haushalt. *Muleque* wiederum bezeichnet in Kuba ursprünglich einen jungen Sklaven, in Brasilien (bpg. *moleque*) heutzutage (etwas abwertend) allgemein einen Jungen oder aber ein Straßenkind.

Eine umfassende Studie zu den afrikanischen Einflüssen in Puerto Rico stammt von Álvarez Nazario (1974). Wie bei den Indigenismen besteht bei den Afronegrismen hinsichtlich der Geläufigkeit dieser Entlehnungen eine Diskrepanz zwischen Wortsammlungen wie dem *Glosario de afronegrismos* (Ortiz 1991), lokalem Gebrauch und allgemeiner Verbreitung (cf. López Morales 2005, Kap. 5).

2.3.6 Neuere Entlehnungen

Bei neueren fremdsprachlichen Entlehnungen sind im amerikanischen Spanisch abgesehen von verbreiteten Internationalismen allgemeine Übernahmen aus dem Englischen sowie regionale Einflüsse des Englischen und Italienischen zu verzeichnen. Die Italianismen stehen maßgeblich mit der italienischen Immigration in Argentinien und Uruguay zwischen 1870 und 1930 in Zusammenhang (cf. Meo Zilio/Rossi 1965). Als Beispiele können *batifondo* 'Lärm, Durcheinander', *feta* 'Scheibe (Wurst)' (cf. sp. *loncha*), *¡guarda!* 'pass auf!' und *salame* 'Salami; Dummkopf' dienen.

Bei den Anglizismen wird mitunter die kontinentale Zugehörigkeit erkennbar, denn zum Teil stehen in Hispanoamerika Entlehnungen aus dem amerikanischen Englisch britischem oder französischem Lehngut in Spanien gegenüber wie am. *celular* 'Handy' für sp. *móvil* (am. engl. *cell phone* vs. engl. *mobile telephone*), am. *computadora* für sp. *ordenador* (fr. *ordinateur*), am. *convertible* 'Cabriolet' für sp. *descapotable* (fr. *décapotable*), am. *tique, tíquet, tiquete* (oft auch *boleto*) für sp. *billete* (fr. *billet*).

Verstärkte angloamerikanische Einflüsse betreffen Mexiko: *checar* 'prüfen' (< eng. *to check*; sonst eher *chequear*), *lonchería* 'Schnellimbiss', *rentar* '(ver)mieten') und vor allem Puerto Rico (cf. Álvarez Nazario 1991, 605–636; López Morales 1999). Für die Dominikanische Republik und Kuba, das nach 1898 bis zur Machtergreifung Castros 1959 politisch und wirtschaftlich stark von den Vereinigten Staaten abhängig war, trifft dies hingegen nicht zu. Unter einem besonderen lexikalischen und zum Teil auch strukturellen Einfluss des Englischen steht schließlich das Spanische in den USA, mit dem sich das nächste Kapitel befasst.

Aufgaben

1. Vergleichen Sie die regionale Verbreitung von Charakteristika des amerikanischen Spanisch auf den allgemeinen Übersichtskarten von Canfield (1962) mit den Länderkarten (Canfield 1981) und den Angaben bei Lipski (1994).
2. Erstellen Sie mit Hilfe der in 1.4 (Länder- und regional orientierte Darstellungen) genannten Sammelbände eine Übersicht, die die regionale Verbreitung des *voseo* einschließlich des Typs und der Interferenz mit *tú* und *usted* berücksichtigt.
3. Welche Merkmale widersprechen in ihrer Verbreitung der prinzipiellen Unterscheidung in *tierras altas* und *tierras bajas*?
4. Bibliographieren Sie Literatur zur Verwendung des Futurs und des zusammengesetzten Perfekts im amerikanischen Spanisch.
5. Greifen Sie über das Internet auf Zeitungen aus Hispanoamerika zu und untersuchen Sie Artikel verschiedener Sparten auf Charakteristika des amerikanischen Spanisch (*www.onlinenewspapers.com*). Achten Sie dabei auch auf die Verwendung von *vos*. Welcher Gebrauch der Verbformen auf *-ra* lässt sich feststellen?
6. Verfolgen Sie die spezifischen Untersuchungen zu einigen Besonderheiten des amerikanischen Spanisch bei Bentivoglio/Sedano (2011), z.B. zur Verwendung von *aquí* vs. *acá*.

3 Das Spanische in den USA

3.1 Geschichtlicher Hintergrund

Die spanische Expansion auf dem amerikanischen Kontinent betraf ursprünglich auch weite Gebiete, die heute zu den Vereinigten Staaten gehören. In Überblicksdarstellungen zum amerikanischen Spanisch werden die USA oft nicht miteinbezogen, jedoch fungiert das Spanische dort als Kommunikationsmittel einer zahlenmäßig bedeutenden Minderheit, die nachfolgend geschichtlich und in ihren sprachlichen Besonderheiten vorgestellt wird. Da das Spanische in den USA im Gegensatz zu den übrigen hispanophonen Ländern nicht die offizielle Landessprache ist, sondern regional als der kleinere Partner in einer Situation der Diglossie auftritt, bietet sich die Behandlung in einem eigenen Kapitel an. Eine umfangreiche Publikation neueren Datums zur Thematik mit über 80 Fachartikeln ist die *Enciclopedia del español en los Estados Unidos* (López Morales 2008).

1513 entdeckte Ponce de León Florida. Nach mehreren vergeblichen Versuchen der Kolonisierung ließen sich 1565 Franziskanermönche in San Augustín an der Ostküste nieder. Nach Norden erstreckte sich der spanische Einfluss über Georgia bis in die Küstengebiete Virginias. Francisco Vázquez de Coronado drang 1540 vom Nordwesten Mexikos über Arizona und Colorado bis nach Kansas vor, während Hernando de Soto 1541 über Florida den Mississippi erreichte. 1598 gründeten die Spanier in Neumexiko San Gabriel (Chamita) und 1609 Santa Fe. Kalifornien wurde im 18. Jh. von Franziskanern missioniert. Westlich des Mississippi erweiterte Spanien seine Gebiete durch den Kauf Französisch-Louisianas (1763), wo sich eine kleine Siedlergruppe von den Kanarischen Inseln niederließ. Diese so genannten *isleños* konzentrierten sich vor allem in St. Bernard Parish und wurden erst 2005 durch die Auswirkungen des Hurrikans Katrina zersiedelt.

Im 19. Jh. vergrößerte sich das Territorium der USA erheblich. 1803 kauften die Vereinigten Staaten Louisiana (und weite Gebiete des Mittleren Westens) von Frankreich. Florida, das 1763 vorübergehend an England abgetreten worden war, wurde 1819 integriert. Nachdem die USA das seit 1836 von Mexiko unabhängige Texas 1845 annektiert hatten, bestimmte der Ausgang des Mexikanisch-Amerikanischen Krieges (1846–1848) im Frieden von Guadalupe Hidalgo die weitere Gebietsaufteilung. So verlor Mexiko nördlich des Río Grande (mex. Río Bravo) mit Kalifornien, Arizona, Neu-Mexiko, Nevada, Utah, Colorado sowie Teilen von Wyoming und Kansas über die Hälfte seines ursprünglichen Territoriums. 1898 fielen nach dem Spanisch-Amerikanischen Krieg vorübergehend auch Kuba und die Philippinen unter die Verwaltung der USA. Puerto Rico ist seit 1952 US-Commonwealth Territorium (US-Staatsbürgerschaft) mit Spanisch und Englisch als offiziellen Sprachen, wobei fast die Gesamtheit der Bevölkerung zuhause Spanisch verwendet und weniger als 20% fließend Englisch

https://doi.org/10.1515/9783110598445-003

sprechen. Außerdem leben mit ca. 3,7 Mio. Menschen heute mehr Puerto-Ricaner in den USA als auf der Heimatinsel (3,3 Mio.).

Die Präsenz des Spanischen auf dem Gebiet der USA weist eine Kontinuität auf, die sich punktuell bis ins 16. Jh. zurückverfolgen lässt. Zahlreiche Ortsnamen legen davon Zeugnis ab. Die sprachinternen Entwicklungen und die Einflüsse von Seiten des Englischen erweisen sich als vielschichtig. Sie umfassen das koloniale wie das kontemporäre mexikanische Spanisch, das Spanische der Karibik und im Übrigen auch die Sprache sephardischer Juden in New York. Die große Gemeinschaft hispanophoner Sprecher, die heute in den Vereinigten Staaten lebt, gründet sich jedoch überwiegend auf eine massive Immigration aus Mexiko, Kuba und Puerto Rico, die in Abstufungen seit 1920 zu verzeichnen ist. Neben politischen Motiven gaben gerade in den letzten Jahrzehnten wirtschaftliche Perspektiven dazu den entscheidenden Anstoß.

3.2 Sprecherzahlen und regionale Verteilung

Nach der durch das U.S. Census Bureau im Jahr 2000 vorgenommenen Volkszählung konstituierte die als Hispanics bezeichnete Gruppe (sp. *hispanos*; auch im Engl. heute weniger *Latinos* genannt) 12,5% der Bevölkerung (35,3 Mio.) und bildeten bereits vor den Schwarzen (34,6 Mio.) die größte Minderheit in den USA. Nicht zu dieser Gruppe zählen die 3,3 Mio. (2017) Einwohner Puerto Ricos.

Nach den für 2012 errechneten Zahlen (*www.census.gov/population/hispanic*) stieg der Anteil der Hispanics auf 16,9% (Schwarze 13,1%). Damit gab es 2012 in den USA bei einer Bevölkerung von knapp 314 Mio. über 53 Mio. Hispanics. Jedoch gilt zu berücksichtigen, dass nicht alle Hispanics zuhause vorzugsweise Spanisch sprechen und Sprecher – sofern es der statistische Ansatz gestattet – erst ab dem Alter von fünf Jahren zählen. Dazu liegen entsprechende Zahlen für 2011 vor, die für die USA 37,5 Mio. Hispanophone (von 291,5 Mio. Bürgern) ausweisen. Von ihnen sprechen nach eigenen Angaben 58% gutes Englisch, 9% haben keine englischen Sprachkenntnisse.

Nach dem *World Factbook* (TWF 2018) hatten die USA 2017 eine Bevölkerung von 326,5 Mio., von denen 13% als spanischsprachig eingeordnet wurden, das entspricht 42,5% Mio. Menschen. Man beachte hier die unterschiedlich angesetzten Prozentsätze für Hispanics von 16,9% für 2012 und 13% für 2017. Nach der *Encyclopaedia Britannica* (EBO 2018) lag der Prozentsatz für Hispanics 2015 dann bei 17,6%, was den Wert von 2012 graduell fortsetzt. Auf die Bevölkerungszahl von 2017 angewandt, ergäbe sich hieraus die Zahl von 57,5 Mio. Hispanics. Selbstverständlich repräsentieren diese Ergebnisse nur eine Tendenz. Es ist jedoch anzunehmen, dass die USA heute numerisch gesehen nach Mexiko die zweitgrößte hispanophone Gemeinschaft der Welt bilden, gefolgt von Spanien (einschließlich Zweitsprachler), Kolumbien und Argentinien. Der nächste offizielle US-Zensus ist für 2020 angesetzt.

Weiterhin ist zu beachten, dass viele Hispanics das Spanische ab der dritten Generation aufgeben, woraus sich eine gewisse Diskrepanz zwischen den Spanischsprachigen einerseits und der ständig anwachsenden Gruppe von Menschen mit hispanoamerikanischen Wurzeln andererseits ergibt. Die wirkliche Zahl der Hispanics in den USA ist auch aufgrund illegaler Einwanderung nicht genau zu ermitteln, die Mehrzahl der heutigen Sprecher wurde jedoch in den USA geboren. Aufgrund der hohen Geburtenrate und des anhaltenden Zustroms aus Mexiko ist mit einem weiteren prozentualen Anstieg an der Gesamtbevölkerung zu rechnen, der nach heutigen Schätzungen im Jahr 2050 mit über 132 Mio. Personen bei 30% läge.

Die Hispanics in den USA konzentrieren sich maßgeblich auf drei Zonen:

Tendenzielle regionale Verteilung der Hispanics in den USA

(1) Südwesten (Kalifornien, Arizona, Texas, New Mexico und Colorado): die Mehrheit der Sprecher stammt aus Mexiko (*chicanos*)

(2) Florida: mit Zentrum Miami, beheimatet viele Kubaner und Exilanten aus mittelamerikanischen Konfliktgebieten (El Salvador, Nicaragua, auch Kolumbien)

(3) New York: vorwiegend Puerto-Ricaner und Kubaner

Die Kontinuität der Ansässigkeit der Hispanophonen in den USA ist für jedes Gebiet gesondert zu betrachten. In New Mexico lässt sich das Spanische bis ins 16. Jh. zurückverfolgen. Ein auffälliges Merkmal ist dort heute – im Gegensatz zum mexikanischen Spanisch – die Tendenz zur Aspiration des implosiven /s/ (Lipski 2008, 205).

Bereits Ende des 19. Jhs. lockte die florierende Tabakindustrie in Tampa viele Kubaner und Spanier nach Florida, während Miami den Zustrom von Hispanics hingegen erst als Folge der Kubanischen Revolution (1959) verzeichnete. Instabile politische und soziale Verhältnisse in Mittelamerika haben ebenfalls zur Einwanderung in die USA geführt. Der größte Anteil aus dieser Region kommt Sprechern aus El Salvador zu, gefolgt von Guatemala und Nicaragua. Neben der Verteilung auf die genannten Gebiete leben auch in Industriezentren wie Chicago und Detroit größere Gruppen von Hispanics. Die meisten Hispanics beheimaten die Bundesstaaten Kalifornien, Texas und Florida. Über 60% aller in den USA ansässigen Hispanics stammen aus Mexiko.

3.3 Diglossie und Kontaktvarietäten

Das Spanische der Hispanics hat sich in einer klassischen Diglossie-Situation entwickelt, die ursprünglich dem häuslichen Umfeld vorwiegend das Spanische und dem beruflichen das Englische zuordnete. Heutzutage wird diese Dichotomie jedoch häufig durchbrochen, was an den Medien und wirtschaftlichen Erwägungen liegt, Hispanics als besondere Zielgruppe der Werbung anzusprechen. Seit 1800 besteht in den USA eine spanischsprachige Presse, die über 350 Periodika zählt (Quilis 1992, 91–92). Dazu kommen über 100 Fernsehsender und 850 Radiostationen (Cotton/Sharp 1988, 306).

Die Variation im Spanischen der USA basiert auf diversen Faktoren, von denen die Herkunft der Sprecher, ihre Aufenthaltsdauer in den USA (Immigranten der 1. oder 2. Generation) und die Kontinuität des Spanischen innerhalb eines Gebietes im Vordergrund stehen. Hinzu kommen Kontakte unter den verschiedenen Gruppen, Schulbildung und soziale Stellung der einzelnen Sprecher.

Das Spanische der Hispanics reflektiert zunächst spezifische Merkmale, die mit dem jeweiligen externen Herkunftsgebiet der Personen in Verbindung stehen. Dies bedeutet für Sprecher, die ursprünglich aus Kuba stammen, die Aspiration des implosiven /s/ und eine Tendenz zur Neutralisierung von /r/, /l/ in dieser Stellung, während das /s/ bei den aus Mexiko stammenden Chicanos realisiert wird. Dazu kommen entsprechende herkunftsbedingte Unterschiede in der Lexik.

Ferner ist im Spanischen der USA eine diachron gestaffelte territoriale und gruppenspezifische Variation zu beachten. So unterscheidet man im Südwesten z.B. mehrere mexikanische Kontaktvarietäten:

Mexikanische Kontaktvarietäten im Südwesten der USA

- *Northern New Mexico-Colorado Spanish*: geht auf das koloniale Spanisch des 16. und 17. Jhs. zurück
- *General Southwestern Spanish*: aus dem 18. und 19. Jh.
- *Border/Chicano Caló* (auch "Tex-Mex", "border lingo"): im Grenzbereich zu Mexiko gesprochen, weist starken englischen Einfluss auf
- Nordmexikanisches Spanisch: das Spanische eingewanderter Tagelöhner (*braceros*), die im Engl. abwertend *wetbacks* genannt werden (Terminus seit 1920 bekannt)
- Sonderformen:
  – *pachuco*, das sich aus der Bezeichnung der mexikanischen Bewohner der texanischen Grenzstadt El Paso auf die dortige Gaunersprache übertrug (cf. Lara 1992)
  – das Spanische von Teenagern mit spezifischen englischen Einflüssen (cf. Beardsley 1982)

Schließlich unterliegen diese Sprachformen zum Teil auch einem nivellierenden Einfluss, der sich im anhaltenden Kontakt unterschiedlicher Varietäten allgemein einstellt. Dies ist z.B. der Fall, wenn Sprecher aus verschiedenen Regionen Mexikos in den USA in Nachbarschaft zueinander leben oder Kubaner und Puerto-Ricaner in New York alltäglich zusammentreffen. So beobachtet man im Spanischen des mexikanisch beeinflussten Südwestens der USA im Vergleich zu Mexiko eine Abnahme in der Verwendung von Entlehnungen aus dem Nahuatl. Sprecher des Spanischen Nicaraguas, die zu einem guten Teil in Miami leben, verwenden mittlerweile gelegentlich z.B. nicht invertierte Frageformen wie die dort ebenfalls ansässigen Kubaner (*¿Qué tú dices?* anstatt *¿Qué decís (vos)?*) (Lipski 2008, 166).

3.4 Sprachliche Charakteristika

Die Merkmale, die das Spanische in den USA im Allgemeinen charakterisieren und z.B. von südamerikanischen Varietäten abheben, ergeben sich, abgesehen von einigen lokalen lexikalischen Archaismen, vorwiegend aus der speziellen Beeinflussung durch das Englische. Dieser variable Einfluss zeigt sich in erster Linie im Wortschatz, er betrifft aber auch die Phraseologie und wirkt sich auf grammatische Strukturen aus. Somit entwickelt sich im Rahmen der Zweisprachigkeit eine hybride Sprachform, die über den üblichen Sprachkontakt hinausgeht und in den USA auch als *Spanglish* (sp. *espanglish*) bezeichnet wird (cf. Stavans 2008). Dabei ist zu berücksichtigen, dass *Spanglish* dem Phänomen der Interferenz von Sprachen zuzurechnen ist, im Ergebnis jedoch nicht weiterführend mit einer Form der Kreolisierung in Verbindung gebracht werden kann. Im Folgenden sollen einige Beispiele für Charakteristika des Spanischen in den USA gegeben werden. Zum englischen Lehngut im Spanischen der USA steht die Monographie von Mendieta (1999) zur Verfügung.

3.4.1 Schwerpunkt Lexik

3.4.1.1 Lexikalische Entlehnungen

Lexikalische Entlehnungen sind die unmittelbarste Konsequenz aus Sprachkontakten, so auch im Spanischen der USA. Bereits 1935 nahm der damalige mexikanische Botschafter in Washington, Francisco Castillo Nájera, auf Anglizismen Bezug und kommentierte sie – auch mit Blick auf den Norden Mexikos – kritisch. Genannt wurden z.B. *troca* (*truck*) 'camión', *boila* (*boiler*) 'caldera', *traque (track)* 'vía férrea', *dipo* (*depot*) 'estación de ferrocarril', *lonchar* (*to have lunch*) 'almozar' (Herrero Mayor 1944, 145–147). Die Aufnahme der Anglizismen erklärt sich unter anderem durch das Prestige des Englischen als sprachlicher Repräsentant einer technisch fortschrittlicher eingestuften Gesellschaft (*truck* vs. *camión*), der ursprünglichen Unvertrautheit mit bestimmten technischen Neuerungen (*boiler*), kulturspezifisch unterschiedlichen Inhalten (*to have a quick lunch* vs. *almozar*) oder auch der Frequenz eines Wortes in der Ausgangssprache (engl. *to watch* > *wachar*, *guachar*).

3.4.1.2 Lehnprägungen

Neben lexikalischen Entlehnungen, die dem äußeren Lehngut zugerechnet werden, treten Lehnprägungen auf (inneres Lehngut), die Übernahmen im semantischen Bereich darstellen. Wenn auch das Englische in einigen Fällen die vielleicht griffigere Formulierung als Vorlage liefert (*I'll call you back*), liegt der Grund für die Nachbildungen im Spanischen der USA letztlich in der Präsenz und der Frequenz des Auftretens der englischen Strukturen im alltäglichen Leben. Diese werden zum Teil aus Gründen des sprachlichen Prestiges des größeren Partners in der Diglossie, zum

Teil auch intuitiv auf das Spanische übertragen und überlagern dabei die spanische Idiomatik.

3.4.1.2.1 Lehnbedeutungen

Bei Lehnbedeutungen werden bestehende spanische Signifikanten um einen komplementären Bedeutungsinhalt aus dem Englischen erweitert. Grundlage dafür ist eine lautlich-etymologische Überschneidung der Signifikanten in beiden Sprachen: *aplicación* (< engl. *application* 'candidatura'; *aplicar para/por un trabajo* < engl. *to apply for a job* 'solicitar un trabajo'), *carpeta* (< engl. *carpet* 'alfombra'), *factoría* (< engl. *factory* 'fábrica'), *moverse* (< engl. *to move* 'mudarse'), *realizar* < engl. *realize* 'darse cuenta'). Durch Interferenz mit dem Englischen treten auch Wortverwendungen auf, die man in anderen Varietäten des Spanischen kontextuell grundsätzlich als missverständlich deuten würde. Dazu gehören z.B. *letra* (< engl. *letter*) für 'Brief', *equilibrio* (< engl. *balance*) für 'Saldo' und *librería* (< engl. *library*) für 'Bibliothek' (cf. Ardila 2005, 73).

3.4.1.2.2 Lehnbildungen

Die inhaltliche Nachbildung englischer Strukturen aus spanischem Wortmaterial führt zu Lehnbildungen. Die direkteste Form der Lehnbildung ist die Lehnübersetzung: *viaje redondo* (< engl. *round trip* 'ida y vuelta'), *cambiar de mente* (< engl. *to change one's mind* 'cambiar de opinión'), *llamar para atrás* (< engl. *to call back* 'devolver la llamada'). Gelegentlich kann es zu konvergenten Entwicklungen kommen. So ließe sich *manejador* (< engl. *manager*), der in Mexiko auch als Manager im Boxsport bekannt ist, als Lehnbedeutung (cf. mex. *manejador* < *manejar* 'conducir') oder Lehnübertragung einordnen.

3.4.2 Phonetik

Bei der phonetischen Adaptation von Anglizismen ist eine gewisse Variabilität zu beobachten. So erscheint z.B. *wachar* (< eng. *to watch*) auch als *guachar*, das sich in Erweiterung des anlautenden Nexus *wa-* (bilabiales [w] + [a]) dem spanischen Lautsystem angepasst hat. Eine solche Anpassung kann wiederum auch morphologische Auswirkungen haben. So wird der im Spanischen gebräuchliche Anglizismus *suéter* im Spanischen der USA durch die Aussprache des amerikanischen Englisch (*sweater* [swedɹ]) zu *sueda*, wechselt also durch die Substitution [-ɹ > -a]) das Genus.

Eine Besonderheit in der Phonetik des Spanischen in den USA ist die Existenz des labiodentalen Allophons [v] für /b/ (*vivir*) in der Lautkette, dem ein gewisses Prestige zukommt und das sich offensichtlich zum Teil auch an der Graphie orientiert. Darüber hinaus tritt retroflexes /r/ auf (*cuarto* [ɹ]), und man beobachtet die Sonorisierung von intervokalischem /s/ (*mesa* [z]). Die drei Phänomene gehen mit der Phonetik des Englischen konform.

3.4.3 Morphosyntax

In der Verbalmorphologie fällt im Spanischen der USA das (vom Englischen unabhängige) Suffix der 1. Pers. Pl. *-nos* auf (*teníanos* vs. *teníamos*), das auch im karibischen Raum (Venezuela) belegt ist. Bei der Integration englischen Lehnguts kommt es morphologisch bedingt zu hybriden Bildungen wie *baquiar* (*to back up* 'zurückstoßen'), die dem äußeren Lehngut zuzurechnen sind.

Auch im syntaktischen Bereich sind offenkundige Einflüsse des Englischen zu verzeichnen. So wird im Spanischen der USA der präpositionale Akkusativ nicht konsequent realisiert (*voy a ver mis padres* vs. voy *a ver a mis padres*). Englische Partizipialkonstruktionen, die im Spanischen relativisch umzusetzen sind, werden zum Teil übernommen (*la muchacha cantando es mi prima* vs. *la muchacha que está cantando es mi prima*). Ferner treten für das Spanische eigentlich unidiomatische Passivbildungen (*fue visto por todos* vs. *todos lo vieron*) und aspektbedingte Interferenzen auf (*estoy bailando en la fiesta* (Fut.) < engl. *I'll be dancing at the party*). Das gewöhnlich unpersönlich konstruierte Verb *gustar* orientiert sich zum Teil an engl. *to like* (*Carlos gusta el café* vs. *a Carlos le gusta el café*). Ein lexikalisch-syntaktisches Phänomen ist die Ausweitung des Bereichs von *estar* gegenüber *ser*.

Der Grad der Interferenz gestaltet sich je nach Umfeld und Kompetenz der Sprecher variabel. Dabei kann es auch zu stärkeren Umstrukturierungen im Spanischen kommen. So wirkt das englische Tempussystem, in dem das Präteritum als Vergangenheitstempus deutlich überwiegt, auf die aspektuell gesteuerte Distribution von Imperfecto und Indefinido ein. In Relativ- und Objektsätzen kann im Englischen *that* entfallen, wenn es für einen Akkusativ steht. Ein entsprechender Ausfall von *que* lässt sich auch im Spanischen der USA beobachten.

Auch Rektionen werden unter dem Einfluss des Englischen modifiziert: *responsable por* (*responsible for* 'responsable de'). Dies setzt sich in Kollokationen und der Phraseologie fort: *tuvimos un buen tiempo* (*we had a good time* 'lo pasamos bien'), *cinco años pasados* (*five years ago* 'hace cinco años'), *paré de trabajar* (*I stopped working* 'dejé de trabajar'), *¿cómo te gusta?* (*how do you like it?* '¿qué te parece?').

3.4.4 *Code-switching, code-mixing*

Ein generelles Phänomen in der Sprache der Hispanics ist der Sprachwechsel, das so genannte *code-switching* (*alternancia de códigos*), bei dem Sprecher, die sich durch ihr Umfeld in permanenter Diglossie mit dem Englischen befinden, im Dialog zwischen Spanisch und Englisch wechseln. Dafür wird auch der Terminus *code-mixing* verwendet, der sich in manchen Arbeiten speziell auf den Sprachwechsel innerhalb des Satzes bezieht. Sprachwechsel setzt Kommunikationspartner mit vergleichbarer sprachlicher Disposition voraus und vollzieht sich spontan, entweder innerhalb des Satzgefüges (*alternancia intra-oracional*) oder satzkonsekutiv (*alternancia inter-oracional*). "Sometimes I'll start a sentence in Spanish Y TERMINO EN ESPAÑOL" ist der bezeichnende Titel eines Beitrags zu dieser Problematik (Poplack 1980). Vollzieht sich der Sprachwechsel an Diskursmarkern (z.B. engl. *you know*, [...]), die im Redefluss letztlich eine kurze Pause repräsentieren, spricht man von *tag-switching* (*alternancia de frases discursivas*).

Sprachwechsel unterliegt gewissen Restriktionen. Er erfolgt in der Regel nicht zwischen Subjekt und Prädikat, Klitika und Verben, innerhalb des Verbgefüges oder an gebundenen Morphemen (z.B. Flexionsendungen). Bevorzugte Schnittstellen sind Teilsätze, was idealerweise eine gewisse Parallelität der Satzstruktur in beiden Sprachen voraussetzt.

Das *code-switching* fördert die Aufnahme und Integration von Anglizismen in das Spanische. Dabei ist zu beachten, dass das Spanische in den USA durch den mündlichen Sprachgebrauch geprägt ist, der sich in vielen Bereichen des alltäglichen Lebens terminologisch – sei es technisch oder allein durch die Vertrautheit des Ausdrucks – am Englischen orientiert. Auch der Aufbau des Unterrichtswesens sieht nach der Einschulung eine schrittweise angelegte Verschiebung zum Englischen vor. Daneben ist Spanisch in den USA die am häufigsten gelehrte Fremdsprache.

Das Spanische in den USA stellt ein sehr interessantes Feld für die Sprachkontaktforschung dar, das sich aufgrund multipler Faktoren sprachhistorischer, regionaler, migratorischer und soziologischer Natur in seiner Heterogenität aber auch als äußerst komplex erweist.

Aufgaben

1. Vergleichen Sie Voraussetzungen und Inhalte in Bezug auf *Spanglish* und das *franglais* in Frankreich oder Kanada.
2. Suchen Sie im Internet nach *Cyberspanglish*.
3. Finden Sie Beispiele, die die bei der Entwicklung von *to watch* > *guachar* erfolgte lautliche Substitution von [w-] im Spanischen ebenfalls aufweisen. Welche Gebersprachen lassen sich feststellen? Ziehen Sie zudem die in 5.3.5 genannten Wörter *guagua* und *guarope* heran.

4 Die diatopische Gliederung des amerikanischen Spanisch

Diatopische Gliederungen hängen wie typologische Klassifikationen von den eingebrachten Kriterien ab und führen in Abhängigkeit zu unterschiedlichen Ergebnissen. Eine Einteilung kann auf wenigen sprachlichen Charakteristika basieren oder aber aus einem umfänglichen Katalog von Faktoren aus den Bereichen Phonetik, Morphosyntax und Lexik bestehen. Entscheidend sind die für den Vergleich als charakteristisch eingestuften Merkmale, für deren Auswahl und Gewichtung es jedoch keine allgemein verbindlichen Kriterien gibt. Eine diesbezügliche Festlegung würde idealerweise voraussetzen, dass man für das amerikanische Spanisch eine detaillierte Übersicht über die regionale Variation aller Sprachgebiete hätte, was beim heutigen Stand der Forschung noch nicht der Fall ist.

Für die Klassifikation werden Merkmale und die Spielarten dieser Merkmale erfasst, die man als Varianten bezeichnet. Dabei stützt man sich traditionell bevorzugt auf die Phonetik, da sie die sprachliche Variation am unmittelbarsten spiegelt und sich über längere Zeiträume als bedingt variabel erweist. Die Lexik hingegen eignet sich aufgrund ihrer Permeabilität und ihrer zum Teil großflächigeren Verbreitung weniger für die Abgrenzung kleinerer Räume. Wenn Merkmale in ihrer Verbreitung eine gewisse Parallelität aufweisen, ist dies ein Anhaltspunkt für die Existenz einer Varietät, die sich bei Einbeziehung verschiedener sprachlicher Kategorien als Dialekt darstellen kann. Die Abgrenzung erfolgt nach Varianten, die man als Isoglossen auf Sprachkarten überträgt und die im Falle paralleler Verbreitung Isoglossenbündel bilden. Diese Isoglossenbündel übernehmen die Funktion von Grenzbereichen, wobei es strikte Dialektgrenzen gemäß dem sprachlichen Kontinuum nicht gibt.

In Bezug auf die Variation im amerikanischen Spanisch vermeidet man allerdings, von Dialekten zu sprechen. Dies liegt daran, dass man den Dialekt als syntopische Varietät mit einem Gebiet in Verbindung bringt, das sich vorzugsweise auch historisch definieren lässt und alle sprachlichen Kategorien umfasst. Aufgrund der Weitläufigkeit der Gebiete und der dispersen Distribution mancher Varianten zieht man im amerikanischen Spanisch die Einteilung in Zonen vor. Eine diatopische Großgliederung, die sich aus der phonetischen Beschreibung ergibt, ist die Unterscheidung in *tierras altas* (Hochlandgebiete) und *tierras bajas* (Tiefland- bzw. Küstengebiete) (cf. Kap. 2.1, 4.2, 6.1, 7.4.3, 7.4.5, 7.5.1).

Die Ermittlung von Kriterien für eine regionale Gliederung des amerikanischen Spanisch war Gegenstand verschiedener wissenschaftlicher Ansätze, die bei Moreno Fernández (1993) mit Texten und einem Kommentar im Überblick dargestellt werden. Da weder Anzahl, Auswahl noch Gewichtung der Kriterien verbindlichen Maßstäben unterliegen, besteht bei dem Entwurf einer zonalen Einteilung sowohl die Schwierigkeit, eine repräsentative Lösung zu finden, als auch die Gefahr, sich durch angestrebte Komplexität im Detail zu verlieren.

https://doi.org/10.1515/9783110598445-004

4.1 Armas y Céspedes (1882)

Die erste Skizzierung einer diatopischen Gliederung des amerikanischen Spanisch stammt von dem Kubaner Juan Ignacio de Armas y Céspedes und ist in seinem Werk *Oríjenes* [sic] *del lenguaje criollo* (1882) enthalten. Dieses Buch befasst sich nicht etwa mit dem Kreolischen, sondern mit der Sprache der Bevölkerung Kubas und des karibischen Raumes, auf die sich die Bezeichnung *criollo* hier bezieht (cf. Kap. 5.6.2).

Die Gliederung von Armas y Céspedes, die in erster Linie wissenschaftsgeschichtliche Bedeutung hat, unterscheidet undifferenziert vier bis fünf Zonen: (1) die Karibik mit den Antillen, Kolumbien, Venezuela und Teile Mittelamerikas, (2) Mexiko und Mittelamerika, (3) den pazifischen Raum mit einer eventuellen Aufteilung in ein oder zwei Zonen und (4) Buenos Aires, womit der La Plata-Raum gemeint ist. Mögliche Auswirkungen dieser Einteilung auf die Gliederung von Henríquez Ureña behandelt Geckeler (1994a).

4.2 Henríquez Ureña (1921)

Die erste systematisierte diatopische Gliederung des amerikanischen Spanisch nahm Pedro Henríquez Ureña (1921, 360) vor, der eine Einteilung in fünf Zonen vorschlug. Er stützte sich dabei auf die historischen und kulturellen Bindungen innerhalb jeder Zone unter Verweis auf den Kontakt mit der jeweiligen amerindischen Substratsprache (cf. Kap. 7.5.1) im Hinblick auf Entlehnungen.

Sprachzonen Hispanoamerikas nach Henríquez Ureña (1921)	
(1)	Süden und Südwesten der USA, Mexiko, Mittelamerika (→ Nahuatl)
(2)	Antillen, Küsten- und Tieflandgebiete Venezuelas; eventuell der Norden Kolumbiens (→ Lucayo, d.h. Arawak)
(3)	Andengebiet und Binnenland Venezuelas, Westküste Kolumbiens, Ecuador, Peru, der größte Teil Boliviens; eventuell der Norden Chiles (→ Quechua)
(4)	der größte Teil Chiles (→ Araukanisch, d.h. Mapuche)
(5)	Argentinien, Uruguay, Paraguay und ein Teil des bolivianischen Südostens (→ Guaraní)

In jeder Zone ist eine weitere Untergliederung vorgesehen, die Henríquez Ureña nur in Bezug auf Mexiko beschreibt. In diesem Raum unterscheidet er USA, Mexikos Norden, das zentrale Hochland (→ Nahuatl), die Ostküste, die Halbinsel Yucatán (→ Maya) und Mittelamerika, das das mexikanische Chiapas einschließt und sich seinerseits möglicherweise weiter unterteilen lasse. Eine Ergänzung dieser Klassifikation nahm Henríquez Ureña in *El español en Santo Domingo* (1940) vor. Die Schwächen dieses Ansatzes liegen im fehlenden Bezug zu konkreten sprachlichen Merkmalen, die sich als Ergebnis der implizierten sprachlichen Faktoren darstellen müssten. Es ergibt sich de facto ein Bezug zu den Substratsprachen, deren Verbreitung allerdings nur ungefähr mit den skizzierten Räumen übereinstimmt. Die Form der Einflussnahme wäre weiter auszuführen. Im Prinzip kann sie nur lexikalisch basiert sein (cf. Kap. 7.5.1).

Im gleichen Artikel führte Henríquez Ureña (1921, 358, n. 1) die für das amerikanische Spanisch diatopisch wesentlich grundsätzliche Unterscheidung in Hoch- und Tieflandgebiete ein (*tierras altas* vs. *tierras bajas*) (cf. Kap. 2.1, 6.1, 7.4.3, 7.4.5, 7.5.1), wobei er den Tieflandgebieten im Speziellen den Verlust des implosiven /s/ sowie des intervokalischen /d/ zuschreibt, während die Hochlandgebiete die Konsonanten tendenziell erhalten. Ausgangspunkt für diesen topographischen Gegensatz ist die klimatische Unterscheidung in *tierra fría* und *tierra caliente*, die Henríquez Ureña anhand von Mexico-Stadt und dem am Golf von Mexiko gelegenen Veracruz veranschaulicht. In der Hauptstadt werden die Konsonanten klar artikuliert, unbetonte Vokale jedoch tendieren zum Ausfall. In Veracruz hingegen zeigt sich der Vokalismus unauffällig, während sich Konsonanten unter anderem in Silbenendstellung abschwächen.

Henríquez Ureñas Einteilung in die Großräume der *tierras altas* und *tierras bajas* fanden bei Max Leopold Wagner zeitgleich mit etwas veränderter Ausrichtung ein Pendant. Wagner (1920, 300) kontrastiert "Inseln und Küstengegenden" mit "binnenländischen Gegenden" (cf. Kap. 7.2). In spanischer Terminologie entspricht dies *tierras marítimas* und *tierras interiores* (Menéndez Pidal 1962, 142).

4.3 Canfield (1962)

Einen wichtigen Beitrag zur Kenntnis der regionalen Verbreitung der hispanoamerikanischen Charakteristika leistete Lincoln Canfield mit seinen Arbeiten *La pronunciación del español en América* (1962) und *Spanish Pronunciation in the Americas* (1981), in denen er verschiedene Merkmale mit Karten illustrierte. Die erste Arbeit ist historisch konzipiert und beinhaltet Karten zur Realisierung von /b d g/, /s/, /x/, zu Aspiration und Ausfall des implosiven /s/, zur Realisierung von /ʎ – j/, /r – l/, zur Assibilierung (/r̄/ > [ʒ]; [tr] > [tʃ]) und zu einigen lokal begrenzten Phänomenen. Die zweite Arbeit bietet eine nach Ländern geordnete Präsentation, die die phonetischen Varianten kartographisch innerhalb der jeweiligen Landesgrenzen darstellt.

Eine eigene diatopische Gliederung des amerikanischen Spanisch schlägt Canfield nicht vor. Es weist darauf hin, dass das Auftreten der Merkmale weder mit den politischen Grenzen, noch mit der Verbreitung der Indianersprachen übereinstimmt (1962, 96). Daneben unterstreicht er die kartographisch klar erkennbare Unterteilung in Hochlandgebiete und Tiefländer, die nach seiner Überzeugung unterschiedliche Entwicklungsstände südspanischen Einflusses (→ *andalucismo* repräsentieren; cf. Kap. 7.4.2, 7.4.4, 7.4.5).

4.4 Rona (1964)

Die diatopische Gliederung José Pedro Ronas (1964) basiert als erste auf Merkmalen aus verschiedenen sprachlichen Kategorien. Rona bezieht vier nach seiner Ansicht grundlegende Kriterien ein, deren Auswahl er mit dem Hinweis rechtfertigte, nur diese Isoglossen seien für den Zweck hinreichend bekannt:

Merkmale zonaler Einteilung nach Rona (1964)	
(1)	*yeísmo* (phonologisch)
(2)	*žeísmo* (phonetisch-phonologisch)
(3)	*voseo* (syntaktisch)
(4)	*voseo*-Verbformen (morphologisch); diese liegen in vier Typen vor: Typ A: *-áis*, *-éis*, *-ís*; Typ B: *-áis*, *-ís*, *-ís*; Typ C: *-ás*, *-és*, *-ís* und Typ D: *-as*, *-es*, *-es*

Die Unterscheidung von Präsenz [+] und Absenz [–] der Merkmale (1) bis (3) und des *voseo*-Typs ergeben sechzehn Zonen. Diese ergänzte Rona um weitere sieben (Z17–Z23), die seiner Meinung nach einen starken Einfluss des Englischen, Portugiesischen oder des Quechua (Z23) aufweisen. So entspricht z.B. die Kennzeichnung [+ – + C] *yeísmo*, kein *žeísmo*, *voseo*, Typ C.

Sprachzonen Hispanoamerikas nach Rona (1964)		+/- Typ
(Z1)	Mexiko (ohne Chiapas, Tabasco, Yucatán und Quintana Roo), die Antillen, die Atlantikküste Venezuelas und Kolumbiens sowie der Osten Panamas	[+ – – –]
(Z2)	die mexikanischen Bundesstaaten Chiapas, Tabasco, Yucatán und Quintana Roo sowie Mittelamerika und der Westen Panamas	[+ + + C]
(Z3)	die Pazifikküste Kolumbiens und das venezolanische Binnenland	[+ – + C]
(Z4)	die Andenzone Kolumbiens	[– – + C]
(Z5)	die Küste Ecuadors	[+ + + C]
(Z6)	das Hochland von Ecuador	[– + + B]
(Z7)	die Küste Perus (ohne den Süden)	[+ – – –]
(Z8)	die Andenzone Perus	[– – – –]
(Z9)	der Süden Perus	[+ – + B]
(Z10)	der Norden Chiles, der Nordwesten Argentiniens und der Südwesten Boliviens (Oruro und Potosí)	[– – + B]
(Z11)	das restliche Bolivien	[– – + C]
(Z12)	Paraguay (ohne das Gebiet um Concepción) sowie die angrenzenden argentinischen Provinzen Misiones, Corrientes und Formosa	[– + + C]
(Z13)	Zentralchile	[+ – + B]
(Z14)	der Süden Chiles und ein Teil des argentinischen Patagoniens	[– – + B]

Sprachzonen Hispanoamerikas nach Rona (1964)		+/- Typ
(Z15)	der Osten Argentiniens (*zona litoral-pampeana*) und Uruguay (außer der Ostküste und dem Grenzbereich zu Brasilien)	[+ + + C]
(Z16)	die Ostküste Uruguays (*zona ultraserrana*)	[+ + – –]
-----	----	
(Z17)	Neu-Mexiko und weitere Gebiete der USA	[+ – – –]
(Z18)	Kuba und Puerto Rico (Ausnahmen in Ostkuba)	[+ – – –]
(Z19)	Uruguay im Grenzgebiet zu Brasilien (*zona fronteriza*) ohne das *tacuaremboense*	[+ + + C]
(Z20)	Uruguay im Grenzgebiet zu Brasilien (*zona fronteriza*) → das *tacuaremboense*	[+ + – –]
(Z21)	das Gebiet von Concepción (Paraguay)	[– + – –]
(Z22)	Misiones (Argentinien) → das *caingusino*	[– + + C]
(Z23)	das Gebiet von Santiago del Estero (Argentinien)	[– – + D]

Ronas Gliederung stellt eine klassifikatorische Herausforderung dar, vermittelt durch die Auswahl jedoch interessante Anhaltspunkte zur weiteren Reflexion. Ein wesentlicher Kritikpunkt ist die der sprachlichen Realität letztlich widersprechende gemeinsame Gruppierung von Mexiko und der Karibik (Z1). Auffällig ist die fehlende Verbindung zwischen Gebieten innerhalb einzelner Zonen (z.B. Z2: Pazifikküste Kolumbiens und venezolanisches Binnenland), während Zonen mit gleichen Merkmalen getrennt erscheinen (Z1: Mexiko; Z8 die Küste Perus), selbst wenn sie wie Mexiko (Z1) und Neu-Mexiko (Z17) benachbart sind. Der Einfluss der Adstrate in den sieben Zusatzzonen wird im Falle des Englischen, zumal für Kuba, gewiss überzeichnet (cf. Kap. 3) und rechtfertigt deshalb auch nicht die zonale Trennung von Mexiko und Neumexiko bei gemeinsamen [+ – – –]. Schließlich fällt auf, dass der *voseo* Typ A in der Einteilung Ronas keine Berücksichtigung findet. Dabei ist der Westen Panamas (2) mit dem *voseo*-Typ C (statt A) falsch zugeordnet. Nach heutiger Betrachtung wäre Panama bis auf obsolete *voseo*-Relikte im Grenzgebiet zu Costa Rica zu streichen (cf. Kap. 2.2.1.1).

Die fehlende Einbeziehung des schwachen Konsonantismus mit der Aspiration des implosiven /s/ oder der Neutralisierung von /r/, /l/ führt bei Rona zum Zusammenfall von Gebieten, die gemeinhin als antagonistisch bekannt sind. Demnach wird der Unterschied zwischen dem Hochland von Mexiko und den karibischen Gebieten einschließlich der Antillen ausgeblendet (Z1). Dies widerspricht der sprachlichen Realität und dem Empfinden der Sprecher.

Auch in diachronischer Sicht ergeben sich Gegensätze. Während der *voseo* bereits im 16. Jh. bestand (cf. Kap. 6.2.1.1), stellt der *žeísmo* eine neuere Entwicklung dar, die in Argentinien z.B. im 18. Jh. einsetzte (cf. Kap. 6.1.2.4) und somit ein viel späteres Kriterium der Differenzierung einbringt. Es stellt sich die Frage, ob die Parallelisierung trotz verschiedener Zeitstufen dem Verständnis der Vorgänge dienlich sein kann. Darüber hinaus liegt der *žeísmo* in unterschiedlicher Form und Genese vor, so dass er im Hinblick auf eine Klassifizierung nicht ohne weiteres unter einem Punkt subsumiert werden kann. Der vielfältigen Probleme ist sich Rona ohne Zweifel bewusst, denn er bezeichnet seine Aufstellung als "clasificación tentativa" (1964, 222).[1]

4.5 Resnick (1975)

Eine komplexe diatopische Erhebung zum amerikanischen Spanisch, die sich ausschließlich auf die Phonetik stützt und den Beginn des Einbezugs der Datenverarbeitung reflektiert, unternahm 1975 Melvyn Resnick. Sein Bestreben lag nicht in der Erstellung einer zonalen Gliederung, sondern in der Ermittlung kleinster diatopischer Einheiten. Auf der Basis meist indirekt erhobener dialektologischer Daten ermittelte Resnick anhand von acht Charakteristika durch konsequente binäre Unterscheidung in positiv [+] vs. negativ [–] im Ergebnis $2^8 = 256$ Areale:

Merkmale zonaler Einteilung nach Resnick (1975)	
(1)	implosives /s/ [s] vs. [ʰ –]
(2)	/r̄/ [r̄] vs. [ř̄ ʀ]
(3)	/x/ [h] vs. [x]
(4)	/ʎ/ vs. /j/
(5)	[lβ] vs. [lb]
(6)	finales /n/ [n] vs. [-ŋ]
(7)	implosives /l/ vs. /r/
(8)	Erhalt aller Vokale vs. Vokalreduktion

Aus Gründen einer vereinfachten Darstellung und der Abstufung teilte Resnick die acht Merkmale in zwei Tabellen (A, B) mit jeweils vier Merkmalen und 16 diatopischen Indices (2 x 4 x 16 x 2 [+ –] = 256). Die regionale Auflösung dieser Indices stellt den umfangreichsten Teil der Arbeit dar. Der nach Konsultation der ersten Tabelle mögliche Rückgriff auf die zweite Merkmalreihe erlaubt eine abgestufte Suche mit erhöhter Präzision. Ferner stehen 12 zusätzliche Tabellen (C bis N) mit weiteren Charakteristika zur Verfügung.

Das Problem der Handhabung dieses Systems liegt in der Auswahl einer sinnvollen Kombination von Merkmalen für die Suche. Grundsätzlich bietet die Arbeit Resnicks eine detaillierte Übersicht über die phonetische Variation im amerikanischen Spanisch, die aufgrund des damaligen Stands der Datenerhebung und einem zeitlichen Abstand von über 40 Jahren allerdings relativiert werden muss.

1 Die Reproduktion der Einteilung Ronas bei Moreno Fernández (1993) ist in Bezug auf den *voseo* Typ D sowie Zone 5 (Küstengebiete Ecuadors) fehlerhaft. In Zone 2 (mexikanische Gebiete) ist der *voseo* nur für Chiapas typisch.

4.6 Zamora Munné (1979–80)

Mit einer Modifikation des Ansatzes von Rona (cf. Kap. 4.4) entwarf Juan Clemente Zamora Munné (1979–80) eine Gliederung, die auf drei Merkmalen verschiedener sprachlicher Kategorien basiert. Zamora Munné hatte Rona wegen der Berücksichtigung des *yeísmo* kritisiert, da sich dieser angesichts seiner weiten Verbreitung in Hispanoamerika (und Spanien) als Kriterium nicht eigne. Die Einbeziehung des *žeísmo* und der unterschiedlichen *voseo*-Verbformen führen nach Ansicht Zamora Munnés zudem zu einem übermäßig lokal geprägten Ergebnis.

Merkmale zonaler Einteilung nach Zamora Munné (1979–80)	
(1)	Realisierung von finalem /s/ [-s] vs. [-^{h} –]
(2)	Realisierung von /x/ [x] vs. [h]
(3)	*voseo*

Unterschieden werden Präsenz [+], Absenz [–] und Parallelität [±] der Merkmale. Demnach ist z.B. die Kennzeichnung [– – ±] mit Aspiration (Ausfall) von /-s/, Realisierung von [h], *voseo* und *tuteo* aufzulösen. Es ergeben sich neun Zonen:

Sprachzonen Hispanoamerikas nach Zamora Munné (1979–80)		+/-/±
(Z1)	Antillen, Ostküste Mexikos, der Osten Panamas, die Nordküste Kolumbiens, Venezuela (ohne Anden)	[– – –]
(Z2)	Mexiko (ohne Ostküste und das Grenzgebiet zu Guatemala)	[+ + –]
(Z3)	Mittelamerika, das Grenzgebiet zu Mexiko, der Westen Panamas	[– – +]
(Z4)	Kolumbien (ohne Küsten), die Andenausläufer in Venezuela	[+ – ±]
(Z5)	Pazifikküste Kolumbiens und Ecuadors	[– – ±]
(Z6)	die Küste Perus (ohne den Süden)	[– – –]
(Z7)	Ecuador und Peru (ohne vorgenannte Gebiete), der Westen und das Zentrum Boliviens, Nordwesten Argentiniens	[+ + ±]
(Z8)	Chile	[– + ±]
(Z9)	der Osten Boliviens, Paraguay, Uruguay, Argentinien (ohne den Nordwesten)	[– + +]

Mit der Einbeziehung des finalen /s/ beinhaltet die Gliederung Zamora Munnés im Prinzip den gleichen Widerspruch der Weitläufigkeit wie der von ihm kritisierte Ansatz Ronas. Allerdings liegen im Gegensatz zu Ronas Kriterien die Merkmale (2) und (3) sprachhistorisch im 16. Jh. auf einer zeitlichen Ebene (cf. Kap. 7.6). Im Hinblick auf die allgemeine Verbreitung der Charakteristika des amerikanischen Spanisch bietet Zamora Munné die bis heute vielleicht überzeugendste Gliederung der Sprachräume.

4.7 Cahuzac (1980)

Eine unkonventionelle Form der diatopischen Gliederung, die allein auf lexikalischer Basis beruht und im Ergebnis eine gewisse Nähe zu Henríquez Ureñas Klassifikation aufweist, stammt von Philippe Cahuzac (1980). Seine Einteilung legt in ethnolinguistischer Ausrichtung den Schwerpunkt auf die Semantik der verschiedenen Bezeichnungen für *campesino*. Durch die Auswertung von Wörterbüchern und Glossaren erstellte Cahuzac eine Liste mit 184 Basiseinträgen, die er in Bezug auf allgemeine und spezielle Bezeichnungen für *campesino*, pejorative Inhalte sowie das allgemein verbreitete, regionale oder landesspezifische Auftreten der Bezeichnungen onomasiologisch auswertete. Die vier von Cahuzac ermittelten Zonen sind folgende:

Sprachzonen Hispanoamerikas nach Cahuzac (1980): Bezeichnungen für *campesino*	
(Z1)	Süden der USA, Mexiko, Antillen, Mittelamerika, Venezuela, Kolumbien (ohne Andengebiete) und die Küste Ecuadors: *charro* (Norden), *llanero* (Südamerika) sowie *guajiro*, *jíbaro* und *cimarronero*
(Z2)	Andengebiete Venezuelas, Kolumbiens, Ecuadors, Perus, Boliviens, im Norden Chiles und im Nordwesten Argentiniens: *chacarero* und *paisano*
(Z3)	Chile (ohne den Norden): *huaso* und *campañista*
(Z4)	La Plata-Raum (Argentinien, Uruguay, Paraguay) und der Osten Boliviens: *gaucho*

Darüber hinaus weist Cahuzac auf Subzonen hin, in denen weitere Bezeichnungen auftreten. Streng genommen handelt es sich bei dieser Einteilung nicht um eine allgemein verwertbare diatopisch-dialektale Gliederung, da sie mit dem Wortfeld *campesino* auf nur einem Kriterium beliebiger Wahl basiert. Bei der Untersuchung anderer Wortfelder ergeben sich auch innerhalb des von Cahuzac erstellten Korpus abweichende Ergebnisse. Zudem ist zu berücksichtigen, dass die als Basis der Erhebung gewählten Wörterbücher zum amerikanischen Spanisch hinsichtlich der Aufnahme von Einträgen und Angaben zu deren Verbreitung nicht immer verlässlich sind.

4.8 Montes Giraldo (1982)

Montes Giraldo (1982, 1995–96) geht von der Prämisse der Einheit des Spanischen aus und strebt deshalb eine Klassifikation an, die nicht nur auf Hispanoamerika, sondern auf das Spanische im Allgemeinen anwendbar sein soll. Das einzige Merkmal, das sich in Flächendeckung hierfür eigne, ist die variable Realisierung des implosiven

/s/. Dies führte Montes Giraldo zu einer dualen Unterscheidung zwischen den Arealen, die den Sibilanten erhalten und denen, die die Aspiration oder einen Ausfall verzeichnen.

Im Ergebnis stellt er eine sprachliche Verbindung zwischen dem peninsularen *español centro-septentrional* und den amerikanischen Hochlandgebieten her, die als *superdialecto A* bezeichnet wird. Das *español meridional* sowie die Insel- und Küstengebiete Hispanoamerikas fasst Montes Giraldo unter *superdialecto B* zusammen. Diese Einteilung läuft für Hispanoamerika letztlich auf die klassische Unterscheidung in Hoch- und Tiefländer hinaus. Was den *superdialecto B* betrifft, so entspricht er nach den Gebietsverbindungen Diego Catalâns Konzept des *español atlántico* (cf. Kap. 1.3). Um seine Klassifikation für Hispanoamerika zu spezifizieren, zieht Montes Giraldo als weiteres Merkmal den Gegensatz von *voseo-tuteo* heran, wodurch er in zwei von drei Merkmalen mit Zamora Munné (1979–80) übereinstimmt. Somit ermittelt Montes Giraldo (1995–96, 328) im Ergebnis neun Zonen, die letztlich mit denen Zamora Munnés identisch sind.

Montes Giraldo bringt außer der Terminologie seiner Großzoneneinteilung letztlich keine neuen Gesichtspunkte in die Diskussion ein. Seine im Ansatz panhispanische Ausrichtung mit dem implosiven /s/ weist zudem Inkonsequenzen auf. Das primäre Kriterium der Aspiration ist für Spanien nicht unproblematisch, da sich das Phänomen über das *español meridional* hinaus bis ins südliche León und nach Neukastilien erstreckt (cf. Kap. 6.1.2.3). Diachronisch ergeben sich in den weitläufigen Arealen Hispanoamerikas hinsichtlich der Aspiration Inkongruenzen für Zeiträume früherer oder späterer Verbreitung dieses Wandels. Schließlich treten auch diatopische Ungenauigkeiten auf, die bei nur zwei berücksichtigten Merkmalen eher ins Gewicht fallen als bei drei. So kann man Mittelamerika (Zone 3) nicht grundsätzlich unter der Aspiration von /s/ subsumieren (→ Guatemala, Costa Rica). Auch an der Küste Perus (Zone 6) ist implosives /s/, z.B. in Trujillo nördlich von Lima, weitgehend erhalten. Durch die Einbeziehung des *voseo* löst Montes Giraldo die in seiner Klassifikation zunächst angestrebte Verbindung mit Spanien schließlich wieder auf.

4.9 Ausblick

Die vorgestellten Ansätze zu einer diatopischen Gliederung des amerikanischen Spanisch sollten als Beispiele dienen und die Entwicklung sowie die grundlegenden Betrachtungen zu dieser Thematik erwähnen. Natürlich geht die Fachdiskussion mit neuen Vorschlägen weiter. Hiroto Ueda (1995, 64) unterscheidet im Rahmen seines Projektes Varilex (cf. Kap. 2.3.1) auf der Basis des Wortschatzes in großen Städten der hispanophonen Welt für Hispanoamerika folgende Zonen:

Sprachzonen Hispanoamerikas nach Varilex (Ueda 1995)		
ZONA-B	Caribe	La Habana, Santiago de Cuba, Santiago de los Caballeros, Santo Domingo, San Pedro de Macorís, San Juan, Dorado, Mayagüez
ZONA-C	México	Monterrey, Aguas Calientes y Ciudad de México
ZONA-D	Centroamérica, Colombia, Venezuela	Ciudad de Guatemala, San Salvador, Puerto Limón, Panamá, Santafé de Bogotá, Mérida y Caracas
ZONA-E	Andes	Quito, Lima, Arequipa, La Paz
ZONA-F	Cono Sur	Arica, Santiago de Chile, Concepción, Temuco, Asunción, Montevideo, Salta, Tucumán, Buenos Aires

Die begrenzte Aussagekraft dieses Ansatzes mag man daran ablesen, dass Spanien insgesamt in ZONA-A fällt. Man muss allerdings berücksichtigen, dass es hier um eine Einordnung nach dem Gebrauchswortschatz geht.

Wie bereits Canfield (1962, 96) feststellte, haben die Landesgrenzen für die diatopische Verbreitung von Varianten des amerikanischen Spanisch keine Bedeutung. Obwohl sich eine länderorientierte Einteilung für die varietätenlinguistische Beschreibung somit nicht eignet, wird sie in Überblicksdarstellungen aus praktischen Gründen oft vorgenommen (cf. Lipski 1994). In der Lexikographie folgt man mit der Erstellung landesspezifischer Wörterbücher aufgrund der größeren Regionalisierung im Wortschatz ebenfalls diesem Prinzip (cf. Kap. 1.4, Wörterbücher zum amerikanischen Spanisch). Das Vorgehen erfährt zudem eine gewisse Berechtigung durch die Tatsache, dass sich in Hispanoamerika landesspezifische Charakteristika in Verbindung mit Maßnahmen entwickeln, die vom politischen und gesellschaftlichen Handeln des Staates abhängen. Darunter fällt im Rahmen der Sprachpolitik die Normierung von Terminologien in Wirtschaft und Verwaltung, aber auch die Ausstrahlung, die vom Prestige einer Hauptstadt ausgeht. Hier zeigen sich zudem Einflüsse, die über den Wortschatz hinausgehen.

Dies wird z.B. in Mexiko sichtbar, wo sich die Tendenz zur Aspiration des implosiven /s/ in den Küstengebieten unter dem Einfluss der Hauptstadt reduziert. In Kolumbien gilt dies vergleichsweise für das Verhältnis zwischen den verhalten aspirierenden Küstenregionen und dem Prestige von Bogotá. In Venezuela hingegen scheint das sprachliche Vorbild der Metropole Caracas die Aspiration von /s/ in den Andengebieten zu fördern. Dies spiegelt in der Tat landesspezifische Entwicklungen, die mit den länderübergreifenden Zonen interferieren.

Das Ergebnis einer zonalen Darstellung Hispanoamerikas vergleicht Canfield mit der Zeichnung eines Leopardenfells (1981, 1). Dies liegt nach seiner Ansicht an der Besiedlung des Kontinents, die von Südspanien ausgehend unter vergleichbaren Voraussetzungen an zum Teil weit voneinander entfernten Punkten ansetzte. Daraus entwickelte Canfield eine diachronische Klassifizierung (cf. Kap. 7.6).

Eine diatopische Gliederung des amerikanischen Spanisch mit definitiver Klassifikation erweist sich letztlich als unmöglich. Der Versuch einer Gliederung kann somit nur dem Zweck dienen, die sprachlichen Zusammenhänge varietätenbezogen, historisch oder entwicklungsgeschichtlich weiter aufzuklären. Jede synchronische Einteilung führt zur Frage nach den Gründen für die Entstehung der ermittelten Konstellation. Insofern ergänzen sich synchronische und diachronische Gesichtspunkte bei der Lösung vieler Einzelfragen. Diesen komplementären Aspekt nehmen Kapitel 6 und 7 in Behandlung der Herausbildung des amerikanischen Spanisch auf. Ausgangspunkt der Entwicklungen ist die koloniale Expansion im folgenden Kapitel.

Aufgaben

1. Lesen Sie den Artikel Geckelers zur "Erforschung der regionalen Differenzierung des Spanischen in Amerika" (1994).
2. Vergleichen Sie die Einteilung nach *tierras altas* und *tierras bajas* mit der Unterscheidung in *tierras marítimas* und *tierras interiores*.
3. Untersuchen Sie die These Ronas (1964) englisch beeinflussten Zonen in Kuba und Puerto Rico. Nehmen Sie als Ausgangspunkt die in 1.4 (Länder- und regional orientierte Darstellungen) angegebene Literatur, berücksichtigen Sie Heft 3 der *Cuadernos bibliográficos* zu den Antillen (López Morales 1994ss.) und bibliographieren Sie weitere Titel in der *Romanischen Bibliographie* (cf. Kap. 1.4, Bibliographische Hilfsmittel).
4. Wie könnte man die bedingte Parallelität im Ergebnis der Einteilungen Henríquez Ureñas (1921) und Cahuzacs (1980) erklären?

5 Die koloniale Expansion

5.1 Allgemeine Voraussetzungen

Das Jahr 1492 verbindet sich in der Kulturgeschichte Spaniens mit einer Reihe von zentralen Ereignissen. Am Beginn stand der Sieg über die Mauren, deren über sieben Jahrhunderte währende Herrschaft (ab 711) mit dem Fall Granadas am 2. Januar jenes Jahres definitiv zu Ende ging. Eine unmittelbare Konsequenz aus dieser Niederlage war die Vertreibung der im Lande ansässigen Juden. Ihr Leben in der Diaspora bedingte sprachlich die Eigenentwicklung des Judenspanischen. Der Abschluss der Reconquista machte Spanien, das sich 1469 durch die Heirat von Isabella von Kastilien und Ferdinand von Aragonien als Nation konstituiert hatte, zu einem Land, dessen Interessen sich fortan nach außen richteten. Antonio de Nebrija legte 1492 mit seiner *Gramática castellana* die erste systematische Grammatik einer romanischen Volkssprache vor und unterstrich damit die schon im 13. Jh. unbestrittene Stellung des Kastilischen unter den spanischen Dialekten. Die in der Grammatik formulierte Maxime "siempre la lengua fue compañera del imperio" gewann noch im gleichen Jahr eine neue Dimension.

Mit der Entdeckung Amerikas verbreitete sich das Spanische in der Neuen Welt. Die sprachliche Tragweite dieses Prozesses ist mit der Bedeutung der antiken Romanisierung des westlichen Mittelmeerraumes durchaus vergleichbar. Zur Herausbildung der *Romania Nova* leistete in Südamerika auch das Portugiesische ab dem 16. Jh. durch seine Verbreitung in Brasilien einen maßgeblichen Beitrag (cf. Noll 2008).

In Zusammenhang mit den kolonialen Unternehmungen stellen sich zwei grundsätzliche Fragen: Welche Überlegungen standen am Anfang der Expansion der iberischen Mächte, und wie kam es zwischen Spanien und Portugal zur Aufteilung der entdeckten Gebiete?

Bereits im 9. Jh. trieben die Araber Handel mit Ostasien. In Europa begehrte Gewürze und Färbestoffe wurden über die arabische Halbinsel nach Syrien und Ägypten transportiert und in der Folge vor allem durch die italienischen Seerepubliken Genua und Venedig weiterverbreitet. Durch den Fortschritt in den geographischen und nautischen Kenntnissen rückte im 15. Jh. für Europa die Möglichkeit näher, die bestehenden Handelsrouten durch eine maritime Direktverbindung mit Asien zu umgehen. Der neue Weg führte entweder nach Süden um den afrikanischen Kontinent oder, wie Kolumbus meinte, nach Westen. Voraussetzungen für die Verwirklichung eines solchen Plans waren die Kenntnis der atlantischen Windverhältnisse und Strömungen, die Verwendung von Kompass und Astrolab sowie ein geeigneter Schiffstyp, über den die Portugiesen mit der neuen Karavelle um 1440 bereits verfügten.

Der Beginn der afrikanischen Unternehmungen lag in der Eroberung der auf der Südseite der Straße von Gibraltar gelegenen strategisch bedeutsamen Stadt Ceuta

https://doi.org/10.1515/9783110598445-005

durch die Portugiesen im Jahre 1415. 1434 umschifften die Kapitäne Heinrichs des Seefahrers (1394–1460) im tiefen Süden Marokkos das berüchtigte und lange als unüberwindlich geltende Kap Bojador. Die Kanarischen Inseln, deren Wiederentdeckung man dem Genuesen Lancellotto Malocello 1312 zuschreibt, wurden 1402 von dem Normannen Jean de Béthencourt für Kastilien zum Teil erobert (cf. Kap. 7.3.2). Durch die Anerkennung der spanischen Ansprüche auf den Archipel sicherte sich Portugal im Gegenzug die alleinige Kontrolle über die südlicher gelegenen Küsten Afrikas. Diese Abmachung fand in der päpstlichen Bulle *Romanus Pontifex* (1455) Ausdruck und wurde im Vertrag von Alcáçovas-Trujillo (1479) festgeschrieben. Die päpstliche Ägide in der Vermittlung zwischen Spanien und Portugal unterstreicht das christliche Sendungsbewusstsein und die Verpflichtung zur Missionierung der neu entdeckten Länder.

Mit dem Vorstoß nach Westafrika begann 1441 der portugiesische Sklavenhandel mit Río de Oro und Gebieten im Senegal. Die Gefangenen waren zunächst für Europa (Portugal, Spanien, Italien) bestimmt, wie dies bereits im 13. Jh. der Fall war, als der Sklavenhandel mit Südosteuropa und Kleinasien einen Aufschwung erlebte. Das neue von Portugal kontrollierte Geschäft mit Schwarzafrika wurde im 16. Jh. zur Grundlage für den Aufbau der Zuckerwirtschaft in der Neuen Welt. Zuckerrohr hatte man im 15. Jh. bereits auf Madeira und den Kanarischen Inseln angebaut. Wie viele Sklaven nach Hispanoamerika verbracht wurden, lässt sich nicht einmal annähernd ermitteln. Curtin (1970) spricht von über 1,5 Mio. Menschen. Die Sklaventransporte aus den durch die Portugiesen kontrollierten Gebieten Westafrikas führten sowohl nach Brasilien als auch in die Karibik, wo sie im 16. Jh. vor allem Hispaniola, Jamaika und Cartagena (Kolumbien) bedienten. Mit besonderen Lizenzen (*asientos*) konnten auch spanische Schiffe den Transport in Westafrika übernehmen. Um 1475 erschloss sich für die Portugiesen an der so genannten Goldküste (Ghana) im Golf von Guinea ein direkter Zugang zu den begehrten Goldreserven Afrikas, der zuvor nur mittelbar über Karawanenwege durch die Sahara bestanden hatte. Das Streben nach Gold wurde auch für Spanien zu einem zentralen Motiv seiner Ambitionen in Übersee. Auf der Suche nach dem Seeweg nach Indien hatten die Portugiesen zum Zeitpunkt der Entdeckung Amerikas das Kap der Guten Hoffnung umrundet (Bartolomeu Dias, 1487/1488).

Neben dem Vertrag von Alcáçovas trafen Spanien und Portugal auch eine Vereinbarung bezüglich der Ost-West-Ausdehnung ihrer Einflusssphären. Im Vertrag von Tordesillas (1494) wurde festgelegt, dass sich das von Portugal zu beanspruchende Gebiet 370 *leguas*[1] westlich der Kapverdischen Inseln erstreckte. Dies bedeutete den Einschluss Brasiliens, das sechs Jahre später offiziell entdeckt wurde (1500). Die Ausdehnung des brasilianischen Territoriums umfasste im Gegensatz zu heute zunächst

1 Sp. *legua* (pg. *légua*): historisch variables Längenmaß, das in der Nautik in der Regel drei Seemeilen (5,5 km) entspricht.

nur den Bereich, der von einer Senkrechten östlich der Amazonasmündung begrenzt wurde. Alle anderen Gebiete Mittel- und Südamerikas sollten nach Vermittlung des aus Spanien stammenden Papstes Alexander VI. Spanien zufallen.

5.2 Die Eroberung Mittel- und Südamerikas

Die spanische Landnahme in Mittel- und Südamerika vollzog sich in drei Etappen. Am Anfang stand die Erkundung der karibischen Inselwelt und der umliegenden Küsten im Vordergrund. Erste Niederlassungen wurden gegründet. Die Eroberung Mexikos (1519–1521) und seiner Hochkulturen (Azteken und Maya) leitete die zweite Phase ein. Der dritte Abschnitt begann mit der Eroberung der Andenhochländer (1531), in deren Zentrum das Inkareich lag.

Der offizielle Entdecker Amerikas, der Genuese Christoph Kolumbus, unternahm vier Reisen in die Neue Welt, die im Bordbuch (*diario de a bordo*) seiner ersten Fahrt und weiteren Berichten (*relaciones*) zum Teil dokumentiert sind (Colón 1992). Am 12. Oktober 1492 landete er im Bahama-Archipel auf der Insel Guanahaní (Watling Island), die er San Salvador nannte. Nachfolgend gelangte er nach Kuba und Haiti (Hispaniola, *La Española*). Die zweite Reise (1493–1496), auf der Puerto Rico und Jamaika entdeckt wurden, brachte bereits über 1.000 Siedler nach Hispaniola, das Sitz der ersten Kolonialverwaltung wurde (Santo Domingo, 1496). Auf der dritten Reise (1498–1500) berührte Kolumbus im Mündungsbereich des Orinoco die venezolanische Küste (Golf von Paria, Trinidad). Die vierte Reise (1502–1504) führte Kolumbus an die Küste Mittelamerikas, der er von Honduras bis Panama folgte.

Auch andere Seefahrer unternahmen zu jener Zeit Entdeckungsreisen für Spanien. Darunter befand sich Alonso de Ojeda, der mit Amerigo Vespucci die Nordküste Südamerikas von Guayana bis Kolumbien erkundete, die zunächst *Tierra Firme* genannt wurde. Am Golf von Darién (Panama) entstand die erste spanische Kolonie auf dem Festland, die später Ausgangspunkt für die Eroberung Südamerikas wurde. Vasco Núñez de Balboa überquerte 1513 die Landenge von Panama und entdeckte den Pazifik. Im gleichen Jahr landete Ponce de León in Florida. 1516 erreichte Juan Díaz de Solís auf dem Seeweg den Río de la Plata. Bereits im ersten Viertel des 16. Jhs. war die kartographische Aufnahme der atlantischen Küstengebiete abgeschlossen. 1520 fand der Portugiese Fernão de Magalhães (sp. Magallanes) auf einer im Auftrag Karls V. unternommenen Fahrt die nach ihm benannte Wasserstraße bei Kap Horn und umschiffte auf seiner Weltumsegelung damit den amerikanischen Kontinent.

Die Eroberung des Aztekenreiches (1519–1521) nahm der aus der Extremadura stammende Hernán Cortés von Kuba aus mit nur 500 Mann, wenigen Pferden und Geschützen in Angriff. Vorausgegangen waren in den Jahren 1517–1518 ein erster Kontakt mit den Maya auf der Halbinsel Yucatán sowie die Erkundung der Südostküste Mexikos. Dort gründete Cortés 1519 Veracruz und zog mit lokal ansässigen Indianerstämmen (Tlaxcalteken, Totonaken), die sich mit ihm verbündeten, nach

Tenochtitlán, der Hauptstadt des Aztekenreiches. In den nachfolgenden Wirren kam der Herrscher Moctezuma II. ums Leben, und Tenochtitlán wurde völlig zerstört. Auf seinen Ruinen entstand die Stadt Mexiko. Über die Ereignisse bei der Eroberung des Landes berichtet Bernal Díaz del Castillo in der *Historia verdadera de la conquista de la Nueva España* (1568).[2] Die erste Gesamtdarstellung der Entdeckungen und Eroberungen bis in jene Zeit verfasste der Mailänder Petrus Martyr de Anglería (Anghiera) mit *De Orbe Novo* ('Über die Neue Welt', 1516/1526).

1535 wurde Mexiko zum Vizekönigreich Neu-Spanien erhoben. Von großer wirtschaftlicher Bedeutung waren die 1546 in Zacatecas und Ende des 16. Jhs. in San Luis Potosí entdeckten Silbervorkommen, die die Erschließung des mexikanischen Nordens beschleunigten.

Nach den Azteken fielen die Maya, deren Gebiete sich vom Süden Mexikos bis nach Honduras erstreckten, unter spanische Herrschaft. Das 1523–1524 von Pedro de Alvarado eroberte Guatemala wurde zunächst Teil des Vizekönigreichs Neu-Spanien. Die Eroberung der Maya-Gebiete ging nur langsam vonstatten, da es sich im Gegensatz zu den zentralen Strukturen im Reich der Azteken (und der Inka) um politisch zersplitterte Stadtstaaten handelte. Während man die Halbinsel Yucatán bereits 1542 beherrschte, konnte Chiapas erst Ende des 16. Jhs. unterworfen werden. Die Stadt Tayasal (Flores, Guatemala) hielt sich sogar bis 1697.

Das Vorgehen der spanischen Eroberer stützte sich aus Gründen der formalen Legitimation in der Regel auf ein offizielles Friedensangebot (*requerimiento*) an die Indianer, das deren Unterwerfung und Bekehrung zum Christentum forderte. Oft wurde es den Betroffenen nicht übersetzt und hatte bei Ablehnung die Kriegserklärung zur Folge. Durch Verträge mit der Krone (*capitulaciones*) sicherten sich die Konquistadoren Titel über die neuen Länder. Dafür verpflichteten sie sich, einen Teil ihrer Gewinne abzuführen und für die Missionierung der Indianer zu sorgen.

Der Ansporn zu weiteren Expeditionen nach Süden lag in erster Linie in dem Verlangen nach Gold. Die Suche danach wurde vom Mythos des sagenhaften Goldlandes El Dorado gestützt, dessen Existenz mit dem in Kolumbien ansässigen Chibcha-Volk der Muisca in Verbindung steht. Der Überlieferung nach wurde der Herrscher von Guatavita (nördlich von Bogotá gelegen) bei der Häuptlingsweihe im Rahmen einer Opferzeremonie mit Harz bestrichen und Goldstaub gepudert ('der Vergoldete'). Das Gold wurde beim Eintauchen in die heilige Lagune anschließend abgewaschen.

Die Eroberung des Inka-Großreiches, das von seinen Bewohnern das "Reich der vier Weltgegenden" (Tahuantinsuyo) genannt wurde, begann 1531 unter dem Kommando des in Trujillo (Extremadura) gebürtigen Francisco Pizarro. Von seinem Stützpunkt in Panama segelte Pizarro mit Diego de Almagro nach Peru und wagte von

2 Von Cortés liegen die Briefberichte an Karl V. vor (*Cartas de relación*). Daneben ist die *Historia general de las Indias* (1552) von Francisco López de Gómara von Bedeutung, die inhaltlich allerdings nicht an Díaz del Castillos *Historia verdadera de la conquista de la Nueva España* heranreicht.

Tumbes mit knapp 170 Mann den Aufstieg in die Anden. Dort brachten die Spanier den Herrscher Atahualpa in ihre Gewalt, ermordeten ihn und nahmen 1533 die Hauptstadt Cuzco ein. Bolivien, das zu Peru gehörte (Alto Perú), wurde 1538 erobert. Reiche Silberfunde in Potosí (1545), die die Lagerstätten im Norden Mexikos übertrafen, führten zu einer beachtlichen Zuwanderung und machten das Gebiet für Spanien bis ins 17. Jh. zu einem bedeutenden Wirtschaftsfaktor.

Venezuela wurde 1527 dauerhaft in Besitz genommen. Von 1528 bis 1546 war das Land an das Augsburger Handelshaus der Welser verpfändet, die es zusammen mit spanischen Truppen erschlossen. Das Chibcha-Reich in Kolumbien eroberte Gonzalo Jiménez de Quesada in den Jahren 1536–1538. 1540 begann Pedro de Valdivia die Unterwerfung Chiles, die sich aufgrund des erbitterten Widerstandes der Araukaner südlich des Río Biobío letztlich bis zum Ende des 19. Jhs. hinzog. Am Río de la Plata konnte sich die erste Gründung von Buenos Aires durch Pedro de Mendoza (1536) nicht halten. Die Spanier waren gezwungen, sich nach Paraguay zurückzuziehen, wo sie ein Jahr später Asunción gründeten. Die Erschließung und die Wirtschaft Argentiniens basierten auf den Verbindungen mit Peru, Bolivien (Alto Perú) und Chile, da sich der Seeverkehr mit Spanien bis zur Mitte des 18. Jhs. auf zwei Schiffe im Jahr beschränkte. Mit der zweiten Gründung von Buenos Aires gelang 1580 die definitive Besetzung des Gebietes. Damit war die spanische Eroberung Amerikas weitgehend abgeschlossen. Gebiete, die Spanien vor den Unabhängigkeitsbewegungen an England und Frankreich verlor, sind Jamaika (1655) und Haiti (1697). 1898 fielen Kuba, Puerto Rico und die Philippinen unter die Kontrolle der USA (cf. Kap. 3).

5.3 Die koloniale Verwaltung

Die koloniale Verwaltung organisierte Spanien in Vizekönigreichen (*virreinatos*), Generalkapitanaten (*capitanías generales*) und Appellationstribunalen, die *audiencias* genannt wurden. Die oberste Behörde in Spanien bildete der Indienrat (*Consejo Real y Supremo de Indias*), den Karl V. 1524 einsetzte. Den Vizekönigreichen, die die größten kolonialen Verwaltungseinheiten darstellten, waren weitgehend autonome Generalkapitanate angeschlossen.[3] Die Audiencias, die von drei bis fünf Richtern (*oidores*) geführt wurden, fungierten als koloniale Justiz- und Verwaltungsbehörden. Zur wechselseitigen Kontrolle der Instanzen stand ihnen je nach Sitz offiziell ein Vizekönig, ein Generalkapitän oder ein Gouverneur vor.

Die Vizekönige, Gouverneure und Mitglieder der Audiencias stammten fast immer aus Spanien und kehrten nach Ende ihrer Amtszeit dorthin zurück. Von Bedeutung ist, dass die gesamte Macht im politischen und wirtschaftlichen Bereich in den Händen einer weißen, jeweils aus Spanien nachrückenden Oberschicht lag. Dies

3 Generalkapitanate: Guatemala (1542), Kuba (1764), Venezuela (1777), Chile (1778).

gereichte den in den Kolonien geborenen Spaniern (Kreolen) zum Nachteil (cf. Kap. 5.6.2), die im 19. Jh. schließlich den Prozess der Unabhängigkeit vorantrieben. Adel, Abstammung und das Prinzip der *limpieza de sangre* steuerten die kolonialen Machtstrukturen. Durch finanzielle Zuwendungen konnte man sich allerdings in den niederen Adelsstand (*hidalguía*) einkaufen und damit beispielsweise auch den Status des Mestizentums abstreifen (cf. Haring 1975, Kap. XI).

Sitz der ersten Audiencia wurde 1511 Santo Domingo. Nach der Einrichtung einer Audiencia in Mexiko-Stadt (1528) wurde das Vizekönigreich Neu-Spanien geschaffen (1535). In Mittelamerika entstanden das Generalkapitanat Guatemala (1542) und die Audiencia de los Confines (1544), deren Sitz zunächst in Gracias (Honduras) lag. Mit dem Wechsel nach Antigua entstand 1548 die Audiencia de Guatemala, die sich vom mexikanischen Chiapas bis nach Costa Rica erstreckte. Tabasco und Yucatán fielen 1560 an das Vizekönigreich Neu-Spanien, während Panama 1567 definitiv dem südamerikanischen Raum zugeordnet wurde und dementsprechend den Vizekönigreichen Peru und Neu-Granada (Kolumbien) unterstellt war.[4]

In der regionalen Zuordnung Panamas deutet sich die schon in präkolumbischer Zeit sprachlich und kulturell bedeutsame Südgrenze Mesoamerikas an. Der nach Paul Kirchhoff definierte mesoamerikanische Raum beginnt am nördlichen Wendekreis, wodurch er das Zentrum und den Süden Mexikos einschließt. Im Südwesten reicht er bis zu einer Linie, die vom karibischen Trujillo an der Nordküste von Honduras senkrecht über Nicaragua zum Golf von Nicoya an der Pazifikküste Costa Ricas verläuft und die drei Länder teilt. Das Gebiet östlich dieser Linie, das unter anderem das Valle Central Costa Ricas sowie Panama einbezieht, liegt außerhalb des mesoamerikanischen Raumes.

Das Vizekönigreich Peru (1542) fasste in der Verwaltung zunächst alle spanischen Territorien Südamerikas außer Venezuela zusammen, das von Santo Domingo abhing. Die bolivianischen Gebiete (Alto Perú) mit ihren bedeutenden Silbervorkommen formierten sich 1559 zur Audiencia de Charcas (Sucre). Im 18. Jh. erfolgte eine weitere Dezentralisierung. Es entstand das Vizekönigreich Neu-Granada (Nueva Granada, 1717/1739), das Kolumbien, Panama, Ecuador und Venezuela zusammenschloss. 1742 wurde Venezuela ein eigenständiges Generalkapitanat. Der La Plata-Raum wurde 1776 administrativ von Peru getrennt und bildete mit Argentinien, Uruguay, Paraguay und Bolivien das Vizekönigreich Río de la Plata.

---

4 Die Philippinen wurden 1583 dem Vizekönigreich Neu-Spanien unterstellt. Der Schiffsverkehr lief über Acapulco.

5.4 Handel

Den Personen- und Frachtverkehr mit der Neuen Welt (*Carrera de Indias*) kontrollierte ab 1503 die *Casa de la Contratación* in Sevilla. Expeditionen liefen meist von den südspanischen Häfen Sanlúcar de Barrameda, Cádiz und Sevilla aus. Sevilla war bis zum 18. Jh. über den Guadalquivir erreichbar und bildete einen Sammelpunkt für Neuweltsiedler. Eine Zwischenstation auf dem Weg nach Amerika bildeten die Kanarischen Inseln. Der Warenverkehr zwischen Spanien und Peru erfolgte über das mexikanische Veracruz. Von dort wurden die Güter nach Panama verschifft und von Nombre de Dios (Ende des 16. Jhs.: Portobelo) über die kontinentale Landenge zur weiteren Verladung nach Panama-Stadt an die Pazifikküste verbracht. Dieser als *camino real* bekannte Landweg war 250 Jahre lang die wichtigste Verbindung zwischen Spanien und Südamerika. Er diente auch dem Transport der Goldlieferungen aus Peru, die im Hafen von Callao verfrachtet wurden. Mexikanisches Gold und Silber wurden in Veracruz eingeschifft. Der Hafen Kolumbiens war Cartagena, das wegen der großen Goldvorkommen im Westen des Landes (vor allem Antioquia) Bedeutung erlangte und eine Drehscheibe des Sklavenhandels darstellte. Nach Santo Domingo wurde Havanna 1561 der zentrale Warenumschlagplatz auf dem Weg nach Spanien und Sammelpunkt für große Flottenverbände, die die wertvolle Fracht über den Atlantik brachten. Das Handelsmonopol für die Neue Welt hatten im 16. und 17. Jh. Sevilla und Cádiz. Spanien betrieb gezielt die wirtschaftliche Abschottung seiner Kolonien, deren Häfen im Rahmen einer Liberalisierung des Handels erst im 18. Jh. für ausländische Schiffe geöffnet wurden. Dies beendete vor allem auch die transatlantische Isolation von Buenos Aires.

Für die Zuckerwirtschaft und den Bergbau in den Kolonialgebieten wurden Arbeitskräfte benötigt. Deshalb richtete man bereits auf Hispaniola ein Zwangssystem ein, das sich auf die Zuweisung (*repartimiento*) von Land und indianischen Arbeitskräften an verdiente Soldaten und Beamte zu deren absoluter Verfügung gründete. Es wurde *encomienda* genannt, da die Indianer den Spaniern überantwortet waren und dafür im Glauben unterwiesen werden sollten. In Peru führte man die *encomienda* unter dem Namen des bereits unter den Inka bestehenden gemeinschaftlichen Arbeitsdienstes *mita* ein.

Beständige Übergriffe und Exzesse im Umgang mit der indianischen Bevölkerung, die der Dominikaner Bartolomé de las Casas in seiner *Brevísima relación de la destrucción de las Indias* (1542/1552) eindrücklich schildert, bewogen Karl V. zum Erlass der *Leyes Nuevas*. Bereits zuvor hatte sich die Krone wiederholt gegen die Versklavung der Indianer ausgesprochen (Gesetze von Burgos 1512). In den *Leyes Nuevas* (1542) wurden Knechtschaft und die Neuvergabe von *encomiendas* offiziell untersagt. Die Bestimmungen setzten sich jedoch nur langsam durch. An ihre Stelle trat ein auf Tributeinkünfte gestütztes Rentensystem ohne Leistung von Zwangsarbeit, das von Provinzgouverneuren (*corregidores*) beaufsichtigt wurde. Die zum Schutze der Indianer erlassenen *Leyes Nuevas* beförderten den Aufschwung des transatlantischen

Sklavenhandels. Schwarze Sklaven (abschätzig *piezas* genannt) waren bereits nach Erteilung der offiziellen Erlaubnis (1501) nach Hispaniola verbracht worden.

In den ersten Jahrzehnten nach der spanischen Eroberung kam es auf den Großen Antillen zu einer dramatischen Dezimierung der indianischen Urbevölkerung, deren Ursachen in verübten Grausamkeiten und der Verbreitung von Krankheiten lagen. In den Hochkulturen des Festlandes trat diese Entwicklung zunächst nicht ein, da Spanien auf lokaler Ebene eine Politik der indirekten Herrschaft verfolgte. In der zweiten Hälfte des 16. Jhs. setzte jedoch auch auf dem Festland ein indianisches Massensterben ein, das ebenfalls auf Unterdrückung, Zwangsarbeit, die Verbreitung eingeschleppter Krankheiten (Pocken) sowie den geduldeten Verfall der landwirtschaftlichen Infrastruktur zurückzuführen ist. Von geschätzten 12–25 Mio. Indianern Zentralmexikos im Jahre 1519 soll sich die Bevölkerung im Laufe eines Jahrhunderts auf etwa eine Million Menschen reduziert haben. Das 17. Jh. verzeichnete den Verfall der indianischen Kulturen (Katz 1993), während sich die demographische Entwicklung stabilisierte.

5.5 Die Verbreitung indianischer Völker und Sprachen

Die indianischen Völker unterschieden sich im 16. Jh. nach dem Stand ihrer Entwicklung in Hochkulturen (Azteken, Maya, Inka), Bauernkulturen (Taíno der Antillen) und Völker, die auf der Stufe von Jägern und Sammlern standen (Amazonasbereich). Im Zuge der Eroberung traten die Spanier mit diesen Kulturen und ihren Sprachen in Kontakt. Charakteristisch für die amerikanischen Gebiete ist die Vielfalt an Indianersprachen, die zu Beginn des 21. Jhs. in Mittelamerika noch ungefähr 300 (Nordamerika 230) und in Südamerika mehr als 400 Idiome umfasste (cf. Grinevald 2006, 176). Die genannten Zahlen sind relativ, denn die Trennung in Sprache und Dialekt sowie die jeweilige klassifikatorische Zuordnung erweisen sich oft als problematisch. Dies liegt sowohl an der zum Teil geringen Kenntnis der Sprachen selbst, als auch an deren weitgehender Schriftlosigkeit und der somit fehlenden historischen Perspektive bei der Beurteilung von Entwicklungen. Viele Idiome, z.B. im Amazonasbereich, werden heute nur noch von wenigen Dutzend bis einigen Hundert Menschen gesprochen. Eine große Zahl an Indianersprachen wird das 21. Jh. nicht überdauern, maximale Schätzungen gehen von einem Verlust von bis zu 90% der Idiome aus. Zur Zeit der Eroberung existierten in Mexiko ungefähr 120 Indianersprachen (in Kolumbien 300), heute werden offiziell noch 56 (in Kolumbien 67), nach Einschätzung von Linguisten 77 Sprachen gezählt (Zimmermann 2004, 421; 1997, 394). Ein illustratives Kartenwerk ist der *Atlas of Languages of Intercultural Communication in the Pacific, Asia and the Americas* (Wurm/Mühlhäusler/Tryon 1996).

5.5.1 *Lenguas generales*

Vor dem Hintergrund der Sprachenvielfalt maß man in der Kolonialzeit vor allem den Indianersprachen Bedeutung zu, die überregional verbreitet waren und deshalb *lenguas generales* genannt wurden. Dies betrifft in erster Linie das Nahuatl der Azteken und das Quechua in Südamerika. Daneben fungierten Chibcha (Kolumbien), Guaraní (Paraguay) und Mapuche (Chile) als *lenguas generales*.[5] Da diese Idiome die Verständigung in den sprachlich sehr heterogenen Gebieten erleichterten, förderten die Eroberer ihren Gebrauch und setzten sie in der Mission ein. So erreichten Nahuatl und Quechua unter Verdrängung lokaler Sprachen erst in spanischer Zeit ihre größte Verbreitung. Der Status dieser *lenguas generales* verband sich mit einem gewissen Prestige und förderte Entlehnungen. Der sprachliche Austausch wurde durch das System der *encomienda*, die Missionierung und die Mestizisierung der Bevölkerung intensiviert.

5.5.2 Die Aufnahme indigenen Wortschatzes

Das erste Wort aus einer Indianersprache verzeichnete Kolumbus im Bordbuch der Entdeckungsfahrt am 26. Oktober 1492 mit *canoa*, das aus dem karibischen Taíno stammt:

> Dixeron los indios que llevava que avía d'ellas a Cuba andadura de día y medio con sus almadías, que son navetas de un madero adonde no llevan vela (Estas son las canoas) [...] (Diario 1492–93: *Viernes, 26 de Otubre*).

Wenige Tage danach notierte er *hamaca* 'Hängematte':

> Vinieron en aquel día muchas almadías o canoas a los navíos a resgatar cosas de algodón filado y redes en que dormían, que son hamacas (Diario 1492–93: *Sábado, 3 de Noviembre*).[6]

Canoa wurde in der Folge als erste amerindische Entlehnung in Nebrijas spanisch-lateinisches Wörterbuch (um 1495) aufgenommen. In *De Orbe Novo* stellte Petrus Martyr de Anglería 1516 eine Liste von *vocabula barbara* mit Eigennamen und einigen Bezeichnungen aus dem indigenen Umfeld zusammen. Die Mitte des 16. Jhs. abgeschlossene *Historia general y natural de las Indias* von Gonzalo Fernández de Oviedo

5 Im Gegensatz zu den Verhältnissen im spanischen Herrschaftsbereich versteht man in Brasilien unter *língua geral* eine im Zuge der Mestizisierung der Bevölkerung modifizierte, vereinfachte indigene Sprachform. Sie basierte auf den Varietäten des ehemals vor allem in den brasilianischen Küstenregionen verbreiteten Tupi.

6 Da das Original des Bordbuchs verloren ging, ist man heute auf eine spätere Teilabschrift von Bartolomé de las Casas um 1552 angewiesen.

y Valdés enthält bereits an die 500 Indigenismen. So behandeln die ersten 15 Bücher namentlich Flora und Fauna der westindischen Inseln und des angrenzenden Festlands (cf. Fernández de Oviedo y Valdés 1855, III, 594–607). In zeitlichem Abstand reflektiert die erste Auflage des spanischen Akademiewörterbuches (*Diccionario de Autoridades*, 1726–39) die sprachlichen Einflüsse der Neuen Welt mit 168 Wörtern, von denen annähernd 100 amerindischer Herkunft sind. Auch in der spanischen Literatur des 16. und 17. Jhs. spiegelt sich der Kontakt mit Amerika. Dabei zeichnet sich vor allem das Theater Lope de Vegas (1562–1632) durch Entlehnungen aus den Indianersprachen aus (cf. Morínigo 1964).

Das Vokabular amerindischen Ursprungs lässt sich in Bezug auf seine Entwicklung und Verbreitung in verschiedene Kategorien einteilen. Neben Exotismen, die keine oder nur punktuelle Aufnahme ins Spanische fanden (z.B. *noçay* ‘Gold’, Diario 1492–93, 13 de enero) gibt es

- Wörter, die im Spanischen allgemein verbreitet sind (*cacique* ‘Häuptling’),
- amerikanische Regionalismen in unterschiedlicher Verbreitung wie *bohío* ‘Rohr-, Schilfhütte’ (Antillen) oder *camote* ‘Süßkartoffel’ (Mexiko, Mittelamerika, südl. Anden, Argentinien) und
- Wörter, die nach individueller Vertrautheit mit lokalen Verhältnissen Abstufungen im Bekanntheitsgrad verzeichnen wie *guacamole* (< Nah.) ‘Avocadodip’ als Beispiel für die Verbreitung der mexikanischen Küche oder *cupey*, *copey* (< Taíno) ‘Clusia, Balsamapfel(baum)’ (cf. Las Casas 1875, I, 308). Auch diachronische Verschiebungen sind zu berücksichtigen.

Inhaltlich bezieht sich der amerindische Lehnwortschatz überwiegend auf den natürlichen Lebensraum der Eingeborenen wie Flora (*guayaba* ‘Guave’, *yuca* ‘Maniok’), Fauna (*ocelote* ‘Ozelot’), Kleidung (*poncho*), Gebrauchsgegenstände (*jícara* ‘kleine Tasse’), Landschaftsformen (*cayo* ‘flache, sandige Insel’ → Florida Keys), *pampa* sowie Toponyme (*Oaxaca*, *Tehuantepec*) und Hydronyme (*Orinoco*). Mejías (1980, 19) weist in Texten des 17. Jhs. 29,2% der Entlehnungen der Flora, 14% dem sozialen Leben und 12,5% der Fauna zu.

Die Aufnahme dieser Wörter ins Spanische entsprach in der Regel dem Bestreben, die fremde Welt sprachlich möglichst präzise zu erfassen. Dabei griff man gelegentlich auch auf den heimischen Wortschatz zurück, indem man Bekanntes aus der Alten Welt auf das Unbekannte der neuen Umgebung übertrug. Sprachlich bedeutet dies den Rückgriff auf bestehende Signifikanten unter semantischer Erweiterung der damit verbundenen Signifikate (cf. Kap. 2.3.2). So wurden der Jaguar auch *tigre* und der Puma *león* (‘Berglöwe’) genannt. Die Ananas heißt im La Plata-Raum *ananás*. Andernorts führte die Ähnlichkeit ihrer äußeren Struktur mit Kiefernzapfen zu der Bezeichnung *piña*. Ebenso behauptete sich *pimienta* ‘Pfeffer’ in Spanien gegenüber den amerindischen Entlehnungen *ají* (Antillen, Südamerika) und *chile* (Mexiko, Mittelamerika).

Die im Spanischen zunächst durch Entlehnungen aus dem Taíno belegten Stellen im Wortschatz wurden in späterer Zeit zum Teil regional durch Vokabular anderer Indianersprachen ersetzt. Das bereits im Bordbuch des Kolumbus belegte *ají* (vom 15.1.1493), das von den Antillen stammt und auch in Südamerika gebräuchlich ist, wurde in Mexiko und Mittelamerika von *chile*, das aus dem Nahuatl kommt, verdrängt. Ende des 16. Jhs. zählt José de Acosta in der *Historia natural y moral de las Indias* die unterschiedlichen Bezeichnungen auf:

> [...] en Castilla llaman pimienta de las Indias, y en Indias por vocablo general tomado de la primera tierra de Islas que conquistaron, nombran ají, y en la lengua del Cuzco se dice uchu, y en la de Méjico *chili* (Friederici 1960, s.v. *chile*).

Bei Torquemada heißt es 1609: "Axi ó *Chile*, que llaman los Españoles Pimientos de las Indias" (Friederici 1960, s.v. *chile*).

Für das antillanische *sabana* verwendet man auf dem amerikanischen Festland sp. *llano* und im La Plata-Raum *pampa* aus dem Quechua. *Maní* wurde in Mexiko von nah. *cacahuate* verdrängt und gelangte in der Variante *cacahuete* nach Spanien. Im restlichen Hispanoamerika ist *maní* jedoch fast überall gebräuchlich. Die Avocado, *aguacate*, stammt aus dem Nahuatl und wurde auf die Antillen, nach Mittel- und in das nördliche Südamerika verbreitet. Von Ecuador nach Süden hat sich allerdings *palta* aus dem Quechua durchgesetzt. Dieses Beispiel verdeutlicht die Einflusssphären zwischen Nahuatl und dem in Südamerika ausstrahlenden Quechua. Regional treten Entlehnungen aus dem Nahuatl und dem Quechua in höherer Frequenz als Elemente aus dem Taíno auf. Diese wiederum erfuhren allgemein meist eine weitere Verbreitung.

Nachfolgend werden die wichtigsten Indianersprachen Hispanoamerikas, die in unterschiedlichem Maße Einfluss auf das Spanische ausgeübt haben, vorgestellt. Beiträge zu Indigenismen sind unter "Geschichte des Wortschatzes – Indigenismen" (Kap. 1.4) aufgeführt. Historisch-etymologisch ausgerichtet ist Friederici (1960), eine numerische Ausrichtung in der Synchronie bieten Sala et al. (1982).

5.5.3 Charakteristik einzelner Indianersprachen

5.5.3.1 Arawak (Taíno) und Caribe

Auf den Großen Antillen und den Bahamas lebten im 15. Jh. Taíno-Indianer (*taínos*), die sprachlich zur großen südamerikanischen Familie des Arawak (*arahuaco*) gehören. Sie waren die ersten amerindischen Eingeborenen, die mit den Spaniern in Kontakt traten. Die Taíno-Indianer hatten die ursprünglich auf den Antillen beheimateten Siboneyes zu Beginn der spanischen Eroberung in die westlichen Gebiete Hispaniolas und Kubas zurückgedrängt. Beide Volksgruppen wurden auf den Großen Antillen durch Krankheit und Gewalteinwirkung innerhalb weniger Jahrzehnte völlig dezimiert. Vom Leid der Indianer berichtet Bartolomé de las Casas kurze Abhandlung *Brevísima relación de la destrucción de las Indias* (1542/52):

> La isla de Cuba es cuasi tan luenga como desde Valladolid a Roma: está hoy cuasi toda despoblada. [...] La causa porque han muerto y destruido tantas y tales y tan infinito número de ánimas los cristianos ha sido solamente por tener por su fin último el oro y henchirse de riquezas en muy breves días [...] (Las Casas 2006, 15; 17).
>
> [Hatuey], pensando un poco, preguntó al religioso si iban cristianos al cielo. El religioso le respondió que sí, pero que iban los que eran buenos. Dijo luego el cacique, sin más pensar, que no quería él ir allá, sino al infierno, por no estar donde estuviesen y por no ver tan cruel gente (ib., 37).

In der Karibik leben Arawak heute nur noch im Grenzbereich zwischen Kolumbien und Venezuela. An der Küste zwischen Belize, Guatemala und Honduras entstand aus der Verbindung von Indianern und afrikanischen Sklaven eine Ethnie, die man als schwarze Kariben kennt und die eine arawakische Sprache (*garífuna*) spricht.[7]

Da die Missionierung der Eingeborenen Hispaniolas auf Spanisch betrieben wurde, stehen Grammatiken und Wörterbücher, die für die Sprachen des Festlandes in großer Zahl erstellt wurden, für das Taíno aus der Kolonialzeit nicht zur Verfügung. Angaben zu Sprache und Vokabular der Taíno enthalten die *Historia general y natural de la Indias* (1535/1557) von Gonzalo Fernández de Oviedo y Valdés und die *Historia general de las Indias* (1552/1559) von Bartolomé de Las Casas:

> [...] por todas estas islas, como sea toda ó cuasi toda una lengua, llamaban bohío á las casas en que moraban, y á esta gran isla Española, nombraban Hayti [...] (Las Casas 1875, I, 315).
>
> [...] porque *nacan* quiere decir, en la lengua destas islas, medio ó en medio, y así componian este nombre Cubanacan, de Cuba y nacan, tierra ó provincia que está en medio ó cuasi en medio de toda la isla de Cuba (ib., 324).
>
> [...] hablaban no sólo como bombres [sic], sino como aves cantaban [...] (ib., 298).

Den Angaben bei Las Casas kann man auch entnehmen, dass das Taíno nicht unbedingt die einzige Sprache der Großen Antillen war ("toda ó cuasi toda una lengua"). Zweifellos dominierte sie aber (cf. Granberry/Vescelius 2004, 7–9).

> [...] oro, á quien ellos llaman nucay; aunque yo creo que los cristianos no entendian, porque como todas estas islas hablasen una lengua, la desta isla Española donde llaman el oro caona, no debian decir los indios nucay (Las Casas 1875, I, 326).

Die Kleinen Antillen wurden von kriegerischen Kariben bevölkert, die im 13. Jh. von Guayana eingewandert waren und sich zum Teil noch bis Mitte des 18. Jhs. gegen die

7 Sprecher des Arawak leben außerdem in den Guayanas und weit verstreut im Einzugsbereich Amazoniens (bis nach Bolivien).

Europäer behaupten konnten. Sie standen auf einer weniger entwickelten Kulturstufe als die Taínos und waren als Kannibalen gefürchtet. Die Bezeichnungen "Kariben" und "Kannibalen" sind Varianten eines Wortes, wie bereits Kolumbus in seinem Bordbuch feststellte ("en algunas [islas] le llamavan Caniba, pero en la Española Carib"; Diario 1492–93, *13 de enero*).

Die karibischen Sprachen (*caribe*) bilden in Südamerika eine große Familie, die im Küstenbereich des zirkumkaribischen Festlandes (Honduras, Kolumbien, Venezuela) verbreitet war und sich über Guayana bis zur Mündung des Amazonas fortsetzte. Heute leben Nachfahren der Kariben nur noch im Osten Venezuelas am karibischen Meer.[8]

Die Entlehnungen aus der Karibik stammen überwiegend aus dem Taíno, können jedoch nicht immer eindeutig zugeordnet werden, da es auf den Inseln "unter dem Winde" Überschneidungen in der Besiedlung gab und die Kariben auf ihren Raubzügen Arawak-Frauen entführten, die das Taíno beibehielten.

Entlehnungen aus dem Taíno und dem Caribe (car.)

ají	'Pfeffer'	*hamaca*	'Hängematte'
areito	'indianischer Tanz; Fest'	*huracán*	'Orkan'
arepa (car.)	'Maisfladen'	*iguana*	'Leguan'
barbacoa	'Bratrost'	*jaiba*	'Krebs'
batata	'Süßkartoffel'	*loro* (car.)	'Papagei'
bejuco	'Liane'	*macana*	'Keule'
bohío	'fensterlose Rohrhütte'	*maíz*	'Mais'
boniato (car.)	'Süßkartoffel'	*manatí*	'Seekuh'
butaca (car.)	'Lehnstuhl'	*maní*	'Erdnuss'
carey	'Karettschildkröte, Schildpatt'	*mangle*	'Mangrove'
cacique	'Häuptling'	*mico* (car.)	'Affe'
caimán	'Kaiman'	*miraguano*	'Kapokpalme'
caoba	'Mahagoni'	*nigua*	'Sandfloh'
cayo	'flache, sandige Insel'	*papaya*	'Papaya'
cazabe	'Maniokfladen'	*piragua* (car.)	'Einbaum'
colibrí (car.)	'Kolibri'	*sabana*	'Grassteppe'
enaguas	'Unterrock'	*tiburón*	'Hai'
guayaba	'Guave'	*yuca*	'Maniokknolle'

8 Ferner leben Kariben in den Guayanas und Brasilien, südlich des Amazonas (Rio Xingu).

Im Vergleich der Indianersprachen hat das Taíno dem Spanischen die meisten überregional bekannten Entlehnungen vermittelt. Dies ist darauf zurückzuführen, dass auf den Großen Antillen im Gegensatz zur linguistischen Zersplitterung der amerikanischen Festlandgebiete im Wesentlichen nur eine Sprache verbreitet war. So entdeckten die Eroberer das Fremde der Neuen Welt in den ersten 25 Jahren über die Taíno-Indianer und übernahmen deren Bezeichnungen. Die Entlehnungen aus der Karibik verbreiteten sich später zum Teil unter lokalen semantischen Verschiebungen auf dem amerikanischen Festland (cf. *canoa* 'Schüssel', Kolumbien). Einige gelangten als Wanderwörter auch ins Portugiesische (→ pg. *cacique, louro, tubarão*). Das spanische Akademiewörterbuch verzeichnet 38 Entlehnungen aus dem Taíno gegenüber 46 Wörtern, die dem Caribe (*caribe, cumanagoto*) zugeschrieben werden (DRAE 2014).

5.5.3.2 Nahuatl

Nahuatl ist die Sprache der ursprünglich in Zentralmexiko ansässigen Tolteken sowie der Azteken, die im 13. Jh. von Norden in das Hochland von Mexiko einwanderten. Bis zum 16. Jh. schufen die Azteken ein Imperium, das sich mit tributpflichtigen Stämmen bis nach Guatemala erstreckte. Ihr Ursprungsland nannten sie *Aztlán* (nah. *aztatl* 'weißer Reiher'), von dem sich das Ethnonym *aztecatl*, Pl. *azteca* ableitet.

Nahuatl (*nahua, náhuatl*) gehört zur Familie des Uto-Aztekischen, das sich entsprechend der Herkunft der Stämme bis in den Südwesten der USA erstreckt. Als Handels- und Verwaltungssprache war Nahuatl schon vor der Ankunft der Spanier weiter nach Mittelamerika vorgedrungen. Angesichts der Vielfalt an indigenen Idiomen wurde die in der Kolonialzeit *lengua mexicana* genannte Sprache deshalb auch als *lengua general* in der Mission eingesetzt und bis zum Ende des 16. Jhs. bis nach Nicaragua weiterverbreitet. Davon zeugen unter anderem über das genuine Nahuatl-Gebiet hinaus belegte Toponyme (*Tegucigalpa*, Nicaragua). In den Maya-Gebieten (Guatemala, Yucatán) konnte sich das Nahuatl jedoch nicht als *lengua general* etablieren.

Die Azteken verfügten über eine rudimentäre Hieroglyphenschrift, die sich ohne etabliertes Zeicheninventar auf die Angabe von Namen, Kalenderdaten, Waren und Mengen beschränkte. In spanischer Zeit wurde das Nahuatl in Lateinschrift notiert, wodurch die klassische Sprachform gut belegt ist (cf. Arellano Hoffmann/Schmidt 1999).

Die erste gedruckte Grammatik stammt von Andrés de Olmos (*Arte para aprender la lengua mexicana*, 1547):

> Quanto a lo primero es de notar que en esta lengua no ay declinaciones de manera que aya variacion de todos los casos. [...] Ay unos pronombres que se anteponen a nombres y verbos y tienen el mesmo significado que Ios primeros, aunque mas parecen particulas que denotan las primeras y segundas personas en el verbo (Olmos 1875, 13–14, 17).

Olmos versucht nicht, das lateinische Modell auf das Nahuatl zu übertragen, sondern weist auf die Unterschiedlichkeit der Systeme hin. Bemerkenswert ist auch die Einordnung der pronominalen Präfixe. Das erste Wörterbuch des Nahuatl verfasste Alonso de Molina (*Vocabulario en lengua castellana y mexicana*, 1555/1571). Von besonderer Bedeutung für die Kenntnis der aztekischen Kultur ist die *Historia general de las cosas de Nueva España*, die der Franziskaner Bernardino de Sahagún in jahrzehntelanger Arbeit zusammentrug. Er redigierte sie zunächst lateinschriftlich in Nahuatl und fertigte danach eine zweisprachige Version an (1569/1579).

> Hay un monte muy alto, que humea, que está cerca de la provincia de *Chalco*, que se llama *Popocalepetl*, quiere decir monte que humea; es monte monstruoso de ver, y yo estuve encima de él (Sahagún 1938, III, 297).

> Hay otra que se llama *mamaxtli*, (que) es de comer cruda y cocida la hierba; la raíz es medicinal para los tropezones de los pies; hácese en las ciénegas (ib., 252).

Nahuatl ist wie viele Indianersprachen eine agglutinierende (mit Affixen operierende) sowie inkorporierende Sprache. Am Beispiel des Nahuatl führte Wilhelm von Humboldt 1836 in seinem Werk *Über die Verschiedenheit des menschlichen Sprachbaues* diese vierte unter den typologischen Klassen ein (inkorporierend 'einverleibend'). Beschrieben waren bis dato der in heutiger Terminologie bezeichnete isolierende, der agglutinierende und der flektierende Typ. Inkorporierende Sprachen sind morphologisch sehr komplex, da sie Subjekt- und Objektbezüge in das Verb integrieren, das sich dann als Satzwort generiert. Zudem können in diesem Prozess phonetische Anpassungen auftreten, die die Einzelkomponenten hinsichtlich der Segmentierung etwas verschleiern.

Das klassische Nahuatl verfügt über acht Vokalphoneme mit einer grundsätzlichen Unterscheidung von Kürze und Länge. Kurzes und langes [u] sind Allophone von /o/, /o:/, wodurch auch in manchen der heutigen Varietäten eine Alternanz von [o]/[u] besteht. Die Betonung liegt meist auf der Paenultima (z.B. *tepetl* 'Berg', cf. Lanczkowski 1970, 3). In der Notation sind folgende Lautentsprechungen zu beachten: <x> [ʃ], <z, $c^{e,i}$, ç> [s], <ch> [tʃ], <tz> [ts], <ll> [l] (also nicht wie sp. [ʎ]). Das Substantiv weist in seiner verbundenen Grundform, dem so genannten Absolutiv, die charakteristischen Suffixe *-tl* , *-tli* und *-lli* auf, die im Spanischen vereinfacht werden (*chocolatl* > *chocolate*, *tamalli* > *tamal* 'Maiskuchen'). Bei den Toponymen fallen die Bildungen mit den Lokativsuffixen *-tlán* 'bei' (*Tenochtitlán*) und *-co* 'auf, in' (*Xochimilco*) auf.

Nahuatl wird heute von ca. 1,5 Mio. Menschen vor allem in Zentralmexiko und in El Salvador (Pipil) gesprochen. In Mexiko leben die meisten Sprecher in den Bundesstaaten Puebla, Veracruz und Hidalgo. Entlehnungen aus dem Nahuatl sind *aguacate* 'Avocado', *cacahuete* 'Erdnuss' (mex. *cacahuate*), *cacao*, *camote* 'Süßkartoffel', *chicle* 'Kaugummi', *chile* 'Chilipfeffer', *chocolate* (< nah. *xocoatl*), *coyote* 'Kojote', *hule*

'Kautschuk', *jícara* 'kleine Tasse' (< Kürbisschälchen), *mezcal* 'Meskalagave, Meskalschnaps', *ocelote* 'Ozelot', *petaca* 'Zigarettenetui', *petate* 'Palmenmatte', *tiza* 'Kreide', *tomate*. Das spanische Akademiewörterbuch verzeichnet 424 Entlehnungen aus dem Nahuatl (DRAE 2014). In der Wortbildung fällt das deonomastische Suffix *-eco* auf (< *-écatl*), das auf den Einfluss des Nahuatl zurückgeht (*guatemalteco*, *yucateco*), heute jedoch nicht mehr produktiv ist.

5.5.3.3 Maya

Der Kulturraum der Maya umfasst zum einen das Hochland von Chiapas, Guatemala und Honduras, zum anderen erstreckt er sich über das Tiefland von Tabasco, El Petén (Guatemala) und Yucatán. Sprachlich gliedert sich das Maya in eine westliche Gruppe (z.B. Tzeltal, Chiapas), eine östliche Gruppe (z.B. Quiché, Hochland von Guatemala), Yukatekisch (östliche Tieflandgebiete) und Huastekisch (östliches Zentralmexiko) mit insgesamt 30 Sprachen. Die ehemalige territoriale Zersplitterung in Stadtstaaten spiegelt sich heute in der Existenz zahlreicher Varietäten (Prem/Dyckerhoff 1986, 374). Die Blütezeit der Maya-Kultur begann um 250 n. Chr. und ging gegen 900 n. Chr. zu Ende (cf. Coe 2000).

Die Maya rechneten mit einem vigesimalen Zahlensystem, das die Null beinhaltet, und erstellten mit Hilfe ihrer außergewöhnlichen astronomischen Kenntnisse einen präzisen Kalender. Als einziges Volk Altamerikas verfügten sie über eine komplexe, vollständig entwickelte Schrift,[9] die aus über 1.000 logographisch und silbisch basierten Hieroglyphen besteht, von denen 200 bis 300 in Gebrauch waren. Die Kombination von Logogrammen und Silbenzeichen folgte bei der Beschriftung von Stelen und Monumenten ästhetischen Gesichtspunkten, die einen großen Variationsreichtum hervorbrachten.

Die Maya-Schrift ist nicht nur in epigraphischen Zeugnissen erhalten, sondern es existierten auch zahlreiche Codices, die jedoch bis auf vier (Dresden, Madrid, Paris, Mexico-Stadt) im religiösen Eifer der Eroberer dem Feuer zum Opfer fielen (cf. Arellano Hoffmann/Schmidt 1999). Der Franziskaner Diego de Landa erwies sich dabei als besonders fanatischer Inquisitor. Als Bischof von Yucatán verfasste er indes selbst eine ausführliche Abhandlung über die Maya (*Relación de las cosas de Yucatán*, 1566), die sich unter anderem eingehend mit dem Kalender befasst, die Schrift jedoch nur streift. Ausgehend von der lateinischen Tradition bemühte er sich, ein Alphabet zusammenzustellen, das den silbischen Charakter der Maya-Schrift letztlich verkennt. Die Schrift wurde erst im 20. Jh. entziffert.

9 Die hier dargestellten Emblemhieroglyphen stehen in Reihe für die Maya-Städte Tikal (Guatemala), Copán (Honduras) und Palenque (Mexiko).

> [...] que no usaban de seis letras nuestras que son D, F, G, Q, R y S que para cosa ninguna las han menester; pero tienen necesidad de doblar y añadir otras para entender las muchas significaciones de algunos vocablos, porque *Pa* quiere decir abrir, y *PPa,* apretando mucho los labios, quiere decir quebrar; y *Tan* es cal o ceniza, y *Than,* dicho recio, entre la lengua y los dientes altos, quiere decir palabra o hablar; (Diego de Landa 2017 [1566], 148).

In spanischer Zeit zeichneten die Maya bedeutende Werke ihrer Kultur in Lateinschrift auf, wodurch sie vor der Vernichtung bewahrt blieben. Darunter befinden sich die Geschichtschroniken *Chilam Balam* ('Jaguarpriester') und das heilige Buch *Popol Vuh* ('Buch des Rates'), das Religion, Mythologie und Geschichte der Maya behandelt. Das erste Wörterbuch des Maya von Yucatán wird Luis de Villalpando zugeschrieben (*Diccionario de la lengua maya*, 1571), dessen Grammatik ebenfalls verschollen bleibt. Grammatiken einzelner Maya-Sprachen des Hochlandes entstanden ab 1550.

Heute leben in Chiapas, Tabasco, Yucatán, Guatemala und Belize über 6 Mio. Maya-Sprecher. Die einzige Maya-Entlehnung von Verbreitung ist möglicherweise *cigarro* > *cigarrillo* 'Zigarette'. Ob *huracán*, das dem Taíno zugeschrieben wird, letztlich auf das Maya zurückgeht, ist nicht geklärt. Das spanische Akademiewörterbuch verzeichnet 15 Entlehnungen aus dem Maya (DRAE 2014). Dazu gehört auch *cenote*. Cenotes sind in Yucatán auf natürliche Weise entstandene tiefe Wasserspeicher, die sich durch den Einbruch von Höhlen im Kalkstein formierten und aufgrund der nur wenigen Flüsse eine wichtige Stellung in der Wasserversorgung sowie im Übrigen auch kultische Bedeutung hatten. Eine regional begrenzte Entlehnung aus dem Maya in Yucatán ist *chichí* 'Großmutter' (cf. Suárez 1979). Generell bestehen im regionalen Spanisch der Maya-Gebiete vergleichsweise nur wenige lexikalische Entlehnungen. Der Kolonialliteratur entstammt *cu* 'Altar, Tempel'.

5.5.3.4 Chibcha

Die Familie der Chibcha-Sprachen erstreckte sich ursprünglich über ein unzusammenhängendes Gebiet, das von Honduras über Kolumbien bis nach Ecuador reicht. Zur Zeit der spanischen Eroberung war das Reich der Muisca in der Ostkordillere der Anden zwischen Bogotá und Tunja (Boyacá) von zentraler Bedeutung. Es steht auch mit der Legende des *El Dorado* in Verbindung (cf. Kap. 5.2). In Kolumbien fungierte Chibcha zeitweilig als *lengua general*. Eine Grammatik verfasste Bernardo de Lugo 1619 (*Gramática en la lengua general del Nuevo Reino, llamada mosca*). Die eigentliche Hauptsprache des Chibcha, das Muisca, ist im 18. Jh. ausgestorben.

> [...] porque en esta lengua no ay la variedad de generos, que en la Latina. Al tal nombre añadiremos otro nombre substantivo que declare su significacion, como este nombre substantivo. Muysca, significa la persona en comun, ora sea varon, ora sea hembra (Bernardo de Lugo 1619, 3).

Heute sprechen zwischen Honduras und Ecuador ca. 250.000–300.000 Menschen Varietäten des Chibcha. Die Eingruppierung des Miskito (Honduras, Nicaragua) in die Chibcha-Familie ist umstritten. Eine verbreitete Entlehnung aus dem Chibcha ist wohl *chicha* 'Maisbier'. Das spanische Akademiewörterbuch verzeichnet fünf Entlehnungen aus dem Chibcha (DRAE 2014).

5.5.3.5 Quechua

Das Imperium der Inka (quech. *inka* 'Herr, König'), das auch *Tawantinsuyu* ('Reich der vier Weltgegenden') genannt wurde, umfasste das Andengebiet von Ecuador, Peru, Bolivien und Mittelchile unter Einschluss der vorgelagerten Küstenzonen. Wie bei den Azteken handelte es sich um ein Eroberungsreich, das seine größte Ausdehnung erst im 15. Jh. erreichte.

Abb. 5: Quipu aus der *Primer nueva corónica y buen gobierno* des Guamán Poma de Ayala von 1615

Die Verwaltungssprache des Reiches, dessen Zentren zur Zeit der spanischen Eroberung in Tomebamba (Ecuador; heute Cuenca) und im Hochtal von Cuzco lagen, war Quechua (*quechua*, Ecuador: *quichua*). Quechua diente weitläufig auch als Handelssprache, denn in Gebieten wie dem Norden Perus und der Region um Trujillo waren andere autochthone Sprachen verbreitet. Das Wort *quechua* bezeichnet ursprünglich wohl die gemäßigten Klimazonen der Anden. Zur Übermittlung von Nachrichten dienten den Inka Quipu genannte Knotenschnüre (quech. *khipu* 'Knoten'), die durch verschiedenfarbige Knüpfungen Zahlen darstellten und der Buchhaltung dienten. Ob die Quipu weitere, nicht numerische Informationen enthielten, ist umstritten.

Nach der spanischen Eroberung diente Quechua als *lengua general* in der Mission, wobei es sich nach 1600 zu Lasten des Aimara und sowie anderer Sprachen im bolivianischen Hochland verbreitete und diese auch beeinflusste. Darüber hinaus drang Quechua in das Amazonasgebiet Ecuadors sowie in den Nordwesten Argentiniens vor, wo es heute nur noch in Santiago del Estero einen festen Stand hat. Die erste Grammatik und das erste Wörterbuch des Quechua stammen von Domingo de Santo Tomás (*Gramática o arte de la lengua general de los indios de los Reinos del Perú*, 1560; *Lexicón o vocabulario de la lengua general del Perú*, 1560). Eine der interessantesten Quellen der Inkakultur ist die *Crónica del Perú* (1553), in der Pedro Cieza de León nach eigener Beobachtung die Eroberung und nachfolgenden Machtkämpfe beschreibt.

> [...] ordenaron y mandaron, so graves penas que pusieron, que todos los naturales de su imperio entendiesen y supiesen la lengua del Cuzco generalmente, así ellos como sus mujeres [...] Llaman al hombre en esta lengua *luna* [runa], y á la mujer *guarare* [huarmi], y á el padre *yaya* [...] (Cieza de León 1880, 96).

Quechua ist mit 8,5–9 Mio. Sprechern zahlenmäßig die bedeutendste Indianersprache. Ihr Verbreitungsgebiet erstreckt sich vorwiegend auf den Andenraum zwischen Ecuador und dem Nordwesten Argentiniens. Das Kerngebiet bildet Peru (> 4,5 Mio.; (cf. Calvo Pérez 2008, 192).

Diatopisch unterscheidet man eine Dialektgruppe im zentralen Hochland von Peru (Regionen Ancash, Huánuco, Pasco, Junín), das so genannte Quechua I, und die wesentlich weitläufigeren und zum Teil unzusammenhängenden Dialektgebiete des Quechua II (A, B, C) nördlich bzw. südlich der zentral gelegenen Zone. In Peru finden die zum Quechua II zählenden Varietäten des *ayacuchano* und des *cuzqueño* die größere Verbreitung. Nach der Verfassung ist Quechua in Peru seit 1975 kooffizielle Sprache (16,6% Sprecher).

Die heutigen Varietäten des Quechua zeigen sich stark dialektalisiert, was die Verständigung unter den Mitgliedern verschiedener Sprechergruppen sehr einschränken kann. Quechua ist vorwiegend auf dem Land verbreitet, durch Zuwanderung leben heute aber auch viele Sprecher in den Großstädten (z.B. Lima). Gerade im Bereich der peruanischen Zentralanden hat die Sprache im 20 Jh. stark an Boden verloren. So gab es im Bezirk Junín 1940 noch 75% Quechua-Sprecher, 1993 hingegen waren es bereits weniger als 10% (cf. Adelaar/Muysken 2004, 258).

Quechua verfügt nur über drei Vokalphoneme (/i/, /a/, /u/), in uvularer Umgebung (/q/) treten allophonisch aber auch *e* und *o* auf. Das Phoneminventar beinhaltet /ʎ/, kennt jedoch keine Lenisplosive. Entlehnungen aus dem Quechua sind *cancha* 'Sportplatz', *carpa* 'Zelt', *chacra* 'kleines Landgut, Hof', *china* 'Indianermädchen', *coca* 'Kokapflanze', *cóndor*, *guano* 'Vogeldung', *guagua* 'Kleinkind', *guarapo* 'Zuckerrohrsaft', *palta* 'Avocado', *pampa*, *papa* 'Kartoffel', *puma*, *soroche* 'Höhenkrankheit', *vicuña* 'Vikunja' (Kamelart, die wie das Lama Wolle liefert). Bemerkenswert ist, dass quech. *guarapo*, das Wort für den aus Zuckerrohr gewonnenen Saft, auf die Antillen wanderte, für die Zuckerrohr heute eher als typisch gilt. Das frühe Aussterben des Taíno und der verzögerte Aufbau der Zuckerwirtschaft auf den Antillen dienen als

Erklärung. Das spanische Akademiewörterbuch verzeichnet 226 Entlehnungen aus dem Quechua (DRAE 2014).

5.5.3.6 Aimara

Die Bezeichnung Aimara (*aimara*) bezieht sich auf eine indigene Volksgruppe Südamerikas und auf deren Sprache.[10] Das Einzugsgebiet des Aimara erstreckt sich vom Süden Perus entlang des Titicaca-Sees und südlich über den bolivianischen Altiplano bis in den Nordosten Chiles. Die Aimara sprechenden Stämme etablierten ihr Machtzentrum im 13. Jh. im nördlichen Teil des Hochplateaus und wurden im 15. Jh. von den Inka beherrscht.

Ursprünglich war das Aimara bis weit in den Süden Perus verbreitet (cf. Adelaar/Muysken 2004, 260). Nach 1600 verlor die Sprache auch im Osten und Süden des bolivianischen Hochlandes Gebiete an das Quechua. Aufgrund der langen Koexistenz von Aimara und Quechua, deren Sprachgebiete sich in den Regionen westlich und nordwestlich des Titicaca-Sees überschneiden und dementsprechend bilinguale Zonen aufweisen, bestehen vielfältige Interferenzen, die die eindeutige Zuordnung von Entlehnungen oft unmöglich machen. Beide Sprachen teilen 20% ihres Vokabulars. Die erste Grammatik und das erste Wörterbuch des Aimara stammen von Ludovico Bertonio (*Arte de la lengua aimara*, 1603; *Vocabulario de la lengua aimara*, 1612):

> Este verbo Satha, vel Stha, syncopado, significa Dezir, Pensar Querer, y casi todos los verbos que comunmente llaman del animo: y lo que se dixere del en una significacion, se entendera de todas (Bertonio 1612, 38).

Heute leben in Bolivien, Peru, Chile und Argentinien ca. 2,2 Mio. Sprecher. Kerngebiet ist der Nordwesten Boliviens. In Peru ist Aimara nach der Verfassung kooffizielle Sprache (3–5% Sprecher). Aimara ist vornehmlich agglutinierend und verfügt wie Quechua nur über drei Vokalphoneme (/i/, /a/, /u/), wobei in uvularer Umgebung (/q/) allophonisch auch *e* und *o* auftreten. Das Phoneminventar beinhaltet ebenfalls /ʎ/ und kennt keine Lenisplosive. Entlehnungen aus dem Aimara sind *alpaca* 'Kamelziege, Alpaka', *chuspa* 'Tasche', *llama* 'Lama'. *Alpaca* und *llama* werden wie viele weitere regional verbreitete Wörter auch dem Quechua zugeordnet. Das spanische Akademiewörterbuch verzeichnet 20 Entlehnungen aus dem Aimara (DRAE 2014).

5.5.3.7 Mapuche

Im mittleren und südlichen Chile sowie auf der Insel Chiloé siedelte das Volk der Araukaner, die als Jäger und Sammler mit kleiner Landwirtschaft lebten. Der Volksname (*araucano*) ist eine aus dem Quechua adaptierte und weiterverbreitete Form

---

10 Mitunter tritt auch die endbetonte Variante *aimará* auf, die nicht genuin ist. In traditioneller Schreibung findet man *aymara*.

(*awqa* 'wild'), die sich ursprünglich auf die Eingeborenen im Kerngebiet zwischen dem Río Biobío und dem Río Toltén bezog. Aufgrund ihres kriegerischen Wesens blieben die Araukaner sowohl von den Inka als auch vom spanischen Kolonialreich weitgehend unabhängig. Ihren Kampf gegen die spanischen Eroberer heroisierte im 16. Jh. Alonso de Ercilla y Zúñiga in seinem Epos *La Araucana* (1569/1589). Eine Grammatik der Sprache verfasste 1606 Luis de Valdivia (*Arte y gramática general de la lengua que corre en todo el Reino de Chile*).

Unter dem Druck der hispanophonen Siedlerbevölkerung wichen die Araukaner im 18. Jh. auch auf argentinisches Gebiet aus und drangen dabei sogar bis in den Osten des Landes in ein Gebiet südwestlich von Buenos Aires vor. In Chile wurden sie südlich des Río Biobío erst Ende des 19. Jhs. endgültig unterworfen. Die heute geläufige Bezeichnung für das Volk wurde vom Namen des führenden Stammes der Mapuche, der bereits im 16. Jh. genannt wird, übernommen und bezieht sich auch auf die Sprache (*mapudungun*).

Heute sprechen ca. 600.000 Menschen Mapuche. Über 90% von ihnen leben in Chile und verteilen sich dort vornehmlich auf das Gebiet um Santiago sowie im Süden in der Region um die Stadt Temuco (*Región de la Aracaunía*). In Argentinien konzentriert sich das Mapuche auf die westliche Provinz Neuquén.

Mapuche verfügt über sechs Vokale (fünf wie im Spanischen sowie /ɨ/) und im Konsonantismus auch über /ʎ/.

> Lo primero que se ha de notar es que ay en esta lengua vna vocal demás de las cinco que tienen las lenguas Española, y Latina, porque estos Indios pronuncian vn sonido medio entra la 'e, y la 'u, [...] (Valdivia 1606, 1).

Eine weiter verbreitete Entlehnung aus dem Mapuche ist *pilcha* 'Klamotten'. In Chile kennt man *malón* 'Überraschungsparty', das sich aus der auf die Raubzüge der Araukaner bezogenen Bedeutung ('Überfall') ableitet. Wörter wie *pudú* 'Gemshirsch' und *ruca* 'Hütte' treten nur regional auf, da Charakteristika aus Flora und Fauna im Spanischen oft schon durch Bezeichnungen aus dem Taíno und dem Quechua (z.B. *pampa*, *puma*) besetzt waren. Gerade das Quechua hat das Mapuche auch lexikalisch beeinflusst. Das spanische Akademiewörterbuch verzeichnet 87 Entlehnungen aus dem Mapuche (DRAE 2014), die sich meist auf Chile sowie zum Teil Argentinien beschränken und aus Flora und Fauna stammen.

5.5.3.8 Guaraní

Guaraní (*guaraní*) bildet zusammen mit dem ehemals vor allem in den brasilianischen Küstengebieten verbreiteten Tupi (*tupí*) eine Gruppe von verwandten Dialekten, die man als Tupi-Stamm unter der Bezeichnung Tupi-Guaraní zusammenfasst. Der angestammte Siedlungsraum der Guaraní sprechenden Indianer lag an der brasilianischen Küste südlich des heutigen Bundesstaates São Paulo und erstreckte sich im Landesinneren bis nach Paraguay unter Einschluss von Gebieten in Bolivien, Uruguay und Nordostargentinien (Misiones, Corrientes).

Von 1609 an wurden in Paraguay Jesuiten in der Mission tätig, die die Indianer in Dörfern (*reducciones*) zusammenzogen und in Guaraní unterwiesen. Dies geschah wie an anderen Orten in der Absicht, die Indianer zu isolieren, aber auch, um sie vor Schaden zu bewahren, der ihnen von den brasilianischen *bandeirantes* drohte. Diese drangen im 17. Jh. auf der Suche nach Gold und Sklaven über das Hinterland von São Paulo ein. 1767 wurden die Jesuiten entmachtet und mussten die spanischen Gebiete verlassen.

Die bedeutendste Grammatik des Guaraní der Kolonialzeit verfasste in Verbindung mit einem Wörterbuch Antonio Ruiz de Montoya (*Arte y vocabulario de la lengua guaraní*, 1640). Es überrascht nicht, dass als Modell für die Beschreibung der Indianersprachen jener Zeit das Lateinische fungiert, was im nachstehenden Auszug durch die Nennung der Kasus zum Ausdruck kommt. De facto regelt das Guaraní seine Bezüge maßgeblich durch Agglutination und nicht durch Flexion.

TESORO
DE LA LENGVA
GVARANI.
COMPVESTO POR EL PADRE
Antonio Ruiz, de la Compañia de
IESVS.
Dedicado a la Soberana Virgen
MARIA
PECADO ORIGINAL
CONCEBIDA SIN
MARIA DE

N.	Nde.	Tu.
G.	Ndembaé	Las cosas de ti, tus cosas.
D.	Ndébe,	A ti, para ti.
Ac.	Nde.	A ti.
Ab.	Ndehegui, nde pipe, nde rehe. nderí. (Montoya 1640, 4)	

Abb. 6: Antonio Ruiz de Montoya, *Arte y vocabulario de la lengua guaraní*

Das heutige Paraguay-Guaraní entstand unter dem Einfluss der fortschreitenden Mestizisierung der Bevölkerung und der jesuitischen Mission. Es stellt also nicht die direkte Fortführung des *guaraní tribal* oder des *guaraní jesuítico* dar. Im Vergleich mit anderen Indianersprachen hat sich Guaraní mit einer Verbreitung von 90% unter den Einwohnern Paraguays anteilig am erfolgreichsten behauptet.

In Paraguay, dessen Bevölkerung heute zu 95% aus Mestizen besteht, ist Guaraní seit 1992 zweite Amtssprache und wird als Muttersprache von 5 Mio. Menschen gesprochen. Dabei liegt die Einsprachigkeit im ländlichen Raum zum Teil über 50%. Allerdings ist in den letzten Jahren eine Tendenz zur Ausweitung der Zweisprachigkeit erkennbar. Das Guaraní Paraguays präsentiert sich mit einem starken spanischen Einschlag, eine Form der Sprachmischung, die man als *yopará* (*jopará*) bezeichnet.

Da Paraguay im Tripel-Allianz-Krieg (1864–70) gegen Brasilien, Argentinien und Uruguay einen großen Teil seines Staatsgebietes verlor, erstreckt sich das Sprachgebiet des Guaraní heute auch auf Nordostargentinien sowie angrenzende Teile Brasiliens (Mato Grosso do Sul, Paraná) und Boliviens (*guaraní boliviano* bzw. *chiriguano*). Entlehnungen aus dem Guaraní sind *ananá(s)* (im La Plata-Raum anstatt *piña*), *ara* 'Papagei', *jaguar*, *mandioca* 'Maniok', *maraca* 'Kürbisrassel', *ñandú* 'Nandu'. Das spanische Akademiewörterbuch (DRAE 2014) verzeichnet 49 Entlehnungen aus dem Guaraní.

5.5.4 Kleine chronologische Auswahl kolonialen Schrifttums

Es folgt an dieser Stelle eine kurze Aufstellung kolonialen Schrifttums, die einerseits Berichte zur Eroberung der Neuen Welt durch die Spanier berücksichtigt, andererseits wichtige Werke zu den amerindischen Sprachen aus früher Zeit.

Berichte	
1492–93/1552	Cristóbal Colón, *Diario de a bordo*
1516	Petrus Martyr de Anglería, *De Orbe Novo*
1519/1526	Hernán Cortés, *Cartas de relación de la conquista de México*
1535/1557	Gonzalo Fernández de Oviedo y Valdés, *Historia general y natural de las Indias*
1542/1552	Bartolomé de las Casas, *Brevísima relación de la destrucción de las Indias*
1552/1559	Bartolomé de las Casas, *Historia general de las Indias*
1552	Francisco López de Gómara, *Historia general de las Indias*
1553	Pedro Cieza de León, *Crónica del Perú*
1566	Diego de Landa, *Relación de las cosas de Yucatán*
1568	Bernal Díaz del Castillo, *Historia verdadera de la conquista de la Nueva España*
1569/1579	Bernardino de Sahagún, *Historia general de las cosas de Nueva España*
1590	José de Acosta, *Historia natural y moral de las Indias*

Werke zu den indigenen Sprachen	
1547	Andrés de Olmos, *Arte para aprender la lengua mexicana*
1555/1571	Alonso de Molina, *Vocabulario en lengua castellana y mexicana*
1560	Domingo de Santo Tomás, *Gramática o arte de la lengua general de los indios de los Reinos del Perú*
1560	Domingo de Santo Tomás, *Lexicón o vocabulario de la lengua general del Perú*
1571	Luis de Villalpando, *Diccionario de la lengua maya*
1603	Ludovico Bertonio, *Arte de la lengua aimara*
1606	Luis de Valdivia, *Arte y gramática general de la lengua que corre en todo el Reino de Chile*

Werke zu den indigenen Sprachen	
1607	Diego González Holguín, *Gramática y arte nueva de la lengua general de todo el Perú, llamada lengua Qquichua, o lengua del Inca*
1608	Diego González Holguín, *Vocabulario de la lengua general de todo el Perú llamada lengua Qquichua, o del Inca*
1612	Ludovico Bertonio, *Vocabulario de la lengua aimara*
1619	Bernardo de Lugo, *Gramática en la lengua general del Nuevo Reino, llamada mosca*
1640	Antonio Ruiz de Montoya, *Arte y vocabulario de la lengua guaraní*

5.6 Die Hispanisierung Amerikas

5.6.1 Katechese und Sprache

Die Hispanisierung Amerikas begann 1493 mit der Besiedlung Hispaniolas und ist gebietsweise bis heute nicht abgeschlossen. Als Kolumbus und seine Gefolgsleute auf die Eingeborenen trafen, mussten sie sich durch Zeichen und Gesten verständigen. Später konnte man sich der Vermittlung von Dolmetschern (*lenguas*) bedienen, bei denen es sich oft um Indianer handelte, die man zuvor zum Spracherwerb für einige Zeit nach Spanien gebracht hatte:

> [...] pareció al Almirante que debía llevar á Castilla, desta isla de Cuba, ó tierra firme, según él ya estimaba, algunos indios para que aprendiesen la lengua de Castilla [...] (Las Casas 1875, I, 334).

Bei ihren Vorstößen an der westafrikanischen Küste waren die Portugiesen im 15. Jh. sprachlich gleichermaßen verfahren. Für die Erkundung der amerikanischen Küstengebiete hingegen erwies sich diese Methode aufgrund der bestehenden Sprachenvielfalt für die Spanier jedoch als wenig geeignet.

Der in der Geschichte Hispanoamerikas spektakulärste Fall einer Verdolmetschung trug sich bei der Eroberung Mexikos zu. An der Südküste war Cortés auf den Schiffbrüchigen Jerónimo de Aguilar getroffen, der viele Jahre unter den Maya gelebt und ihre Sprache erlernt hatte. Bevor Cortés zu seinem Eroberungszug nach Tenochtitlán aufbrach, erhielt er von seinen indianischen Verbündeten in Tabasco eine Sklavin namens Malinche (sp. Doña Marina), die aztekischer Herkunft war und sowohl Nahuatl als auch Maya beherrschte. Die Möglichkeit, über zwei Dolmetscher mit den Azteken verhandeln zu können, war ein entscheidendes Kriterium für das Gelingen seines Unternehmens.

Während man auf den Antillen zunächst mit geringem Erfolg versucht hatte, den mit der Eroberung verbundenen Auftrag zur Missionierung auf Spanisch durchzuführen, erfolgte die Unterrichtung der Eingeborenen auf dem Festland nach einer Zeit der Verdolmetschung auch in den lokalen Sprachen. Dazu wurden Katechismen verfasst. In der Zeit zwischen 1524 und 1574 sind aus Neu-Spanien über 100 Werke bekannt, die als Hilfsmittel für die Beschäftigung mit den Indianersprachen dienten (Ricard 1986, 122). Die meisten betreffen das Nahuatl, daneben liegen Werke für Taraskisch, Huastekisch, Otomí, Mixtekisch, Zapotekisch, Totonakisch und Zoque vor. Durch die Verwendung der Lateinschrift für die Aufzeichnung der bis auf das Maya agraphischen Indianersprachen wurde einerseits der damalige Sprachstand einheimischer Idiome übermittelt. Andererseits konnten wichtige Zeugnisse des bis dahin überwiegend oralen indigenen Kulturguts in Schriftform überführt und somit bewahrt werden (cf. Kap. 5.5.3.2, 5.5.3.3).

Um die Unterweisung der Indianer im Glauben zu fördern, bediente man sich in Anlehnung an einheimische Gebräuche bei Festivitäten auch der Musik sowie einfacher Theateraufführungen. Der Schulunterricht, in den indianische Kinder, vorzugsweise die Nachkommen der Häuptlinge, einbezogen waren, erfolgte auf Spanisch, Latein (Gebete) und in einheimischen Sprachen.

Der Buchdruck wurde um 1530 in Mexiko eingeführt. Das erste bekannte Werk erschien 1539 unter dem Titel *Breve y más compendiosa doctrina cristiana en lengua mexicana y castellana*. Spanien richtete in der Neuen Welt auch Universitäten ein, deren Zahl in der Kolonialzeit auf ungefähr 30 Anstalten anstieg. Die ersten Gründungen waren Santo Domingo (1538), Mexiko (1551) und Lima (1551). Im südlichen Südamerika blieb Córdoba (1613, Argentinien) lange Zeit die einzige höhere Anstalt. Mit den Hochschulen und dem Buchdruck verfügten die spanischen Kolonien bereits im 16. Jh. über Bildungseinrichtungen, die in Brasilien vergleichsweise erst ab dem 19. Jh. aufgebaut werden konnten.

In der Sprachenfrage verfolgte die spanische Krone keine konsequente Politik. Sie befürwortete sowohl die Unterrichtung der Indianer in den autochthonen Sprachen als auch die Katechese auf Spanisch. Für die Unterweisung im Spanischen, die Karl V. 1550 anordnete, wurden Tausende von Fibeln (*cartillas*) bereitgestellt. 1580 bestimmte Philipp II., dass Priester die in ihrem Wirkungsbereich vorherrschende Indianersprache erlernen sollten, so dass sie die Predigt halten konnten. In Gebieten mit großer Sprachenvielfalt wie z.B. Nueva Galicia (Mexico: Jalisco, Zacatecas, Sinaloa) erfolgte die Mission in der jeweiligen *lengua general* (hier: Nahuatl). 1580 wurden in Mexiko und Lima Lehrstühle für Nahuatl und Quechua eingerichtet. Bogotá erhielt 1582 einen Lehrstuhl für Chibcha. 1619 wurde bestimmt, dass Priester ohne taugliche Sprachkenntnisse von ihrer Stellung abzuberufen seien. Dessen ungeachtet ergingen weiterhin Erlasse (*cédulas*), die regelmäßig auf die Notwendigkeit hinwiesen, die Indianer in Schulen auch im Spanischen zu unterrichten.

Die 1580 verfügte obligatorische Missionierung in den Indianersprachen bedeutete im kirchlichen Leben Amerikas eine Trennung der Volksgruppen (Konetzke 1964, 82). Auch durften Mitglieder der Indiobevölkerung zunächst keine Priesterweihe empfangen. Vor allem in Paraguay (ab 1609) wurden Indianer umgesiedelt und in Dörfern zusammengezogen. Zu diesen *reducciones* hatten nur Geistliche Zutritt.

Gegen die Katechese in den Indianersprachen regte sich außerhalb der Missionsorden bereits im 16. Jh. Widerstand. Es hieß, es gebe nicht genug geeignete Priester, die Sprachenvielfalt in einigen Provinzen sei zu groß und die Indianersprachen prinzipiell nicht vollkommen genug, um die christlichen Glaubensinhalte adäquat wiederzugeben. Dazu komme die Abhängigkeit von schlechten Übersetzern. Dies waren gewichtige Argumente, die Verbreitung des Spanischen voranzutreiben. Um in der indianischen Bevölkerung den politischen Anreiz zu setzen, sich um das Spanische zu bemühen, erging 1690 eine Verfügung an den Vizekönig von Neu-Spanien, öffentliche Ämter wie in Gemeinderäten (*cabildos*) nur an Vertreter zu vergeben, die das Spanische beherrschten. Im 18. Jh. setzte sich auf Betreiben der Geistlichkeit die Erkenntnis durch, dass die Vielfalt an indianischen Sprachen und Gebräuchen in der Bevölkerung der spanischen Herrschaft abträglich sei. So wandte sich 1769 der Erzbischof von Mexiko, Antonio de Lorenzana, brieflich wie folgt an den König von Spanien:

> El mantener el idioma de los indios [...] es mantener en el pecho una ascua de fuego, un fomento de discordia y una piedra de escándalo, para que se miren con aversión entre sí los vasallos de un soberano (zit. nach Ricard 1960, 289).

Karl III. bestimmte daraufhin 1770 in der *Cédula de Aranjuez*, es sollten Maßnahmen ergriffen werden, die Indianersprachen auszulöschen, so dass fortan nur noch Spanisch gesprochen werde:

> [...] para que de una vez se llegue a conseguir el que se extingan los diferentes idiomas de que se usa en los mismos dominios, y sólo se hable el castellano (zit. nach Solano 1991, 261).

Eine solche Einsprachenregelung hatten die Portugiesen bereits 1757 für Brasilien getroffen. Im Zuge politischer Entwicklungen und der Säkularisierung des Unterrichtswesens wurden die Jesuiten, die sich in besonderem Maße um die Indianersprachen bemühten, 1767 aus Hispanoamerika verbannt. Davon waren vor allem die *reducciones* in Paraguay und im Nordosten Argentiniens betroffen. Unter dem Eindruck des Túpac Amaru Aufstandes (1780–81) gegen die koloniale Unterdrückung in Peru wollte man den Gebrauch des Quechua verbieten. In der Praxis fanden die Bestimmungen zum Verbot der Indianersprachen jedoch keine Umsetzung.

In Zusammenhang mit den Maßnahmen zur Durchsetzung des Spanischen ist zu berücksichtigen, dass es auch zu Beginn der nationalen Unabhängigkeitsbewegungen (um 1810) immer noch deutlich weniger Sprecher des Spanischen gab als Sprecher von Indianersprachen, nämlich schätzungsweise nur 35% der Bevölkerung bei lediglich 0,5% Alphabetisierung (Hidalgo 2001, 59). Dies änderte sich erst im folgenden Jahrhundert. 1864 waren noch 89% der Bewohner Costa Ricas Analphabeten (Quesada Pacheco 1990, 21), heute sind es knapp 5%. Eine vergleichsweise hohe Zahl an Analphabeten (> 10%), vor allem unter der weiblichen Bevölkerung, haben heute noch Bolivien (Frauen 13,2%, 2009, EBO) und die mittelamerikanischen Staaten El

Salvador, Honduras und Nicaragua, besonders aber Guatemala (Männer, 19,5%; Frauen, 29,7%, 2010, EBO).

Ein zentraler Faktor für die Hispanisierung Amerikas lag in der Mestizisierung (*mestizaje*) der Bevölkerung, die zur Entwicklung entscheidender beitrug als das Unterrichtswesen. Die Heirat von Spaniern und Indianerinnen wurde aufgrund der vergleichsweise geringen Einwanderung spanischer Frauen schon früh befürwortet und 1514 offiziell autorisiert. Die Mestizen (*mestizos*) waren zunächst zweisprachig und beherrschten in späterer Zeit meist nur noch Spanisch. Die Rolle des Mestizentums kommt unter anderem in der präzisen Terminologie für die Nachkommenschaft zum Ausdruck. Abkömmlinge aus der Verbindung von Mestizen und Spaniern bezeichnete man z.B. als *castizos* (cf. Alvar 1987, *s.v.*). Die Bedeutung des Mestizentums spiegelt sich auch in der heutigen Bevölkerungszusammensetzung. Abgesehen von den Großen Antillen, Costa Rica, Peru, Argentinien und Uruguay bilden Mestizen überall die Mehrheit. In den Andengebieten werden sie unter anderem *cholos* genannt, in Mittelamerika heißen sie *ladinos*.

5.6.2 *Bozales, ladinos, criollos*

Das Wort *ladino* bezog sich in der Kolonialzeit auf die Fertigkeit meist afrikanischer Sklaven, Spanisch (oder Portugiesisch) zu sprechen und wurde adjektivisch verwendet. Anfänglich wurden die Afrikaner über Spanien und Portugal in die Neue Welt verbracht, so dass eine gewisse Gelegenheit zur sprachlichen Anpassung bestand. Ab 1518 wurden Lizenzen (*asientos*) erteilt, die den Amerikahandel direkt von der westafrikanischen Küste aus ermöglichten, wo ein portugiesisches Pidgin als Mittel der Verständigung verbreitet war. Neuankömmlinge, die des Spanischen nicht mächtig waren, nannte man in Hispanoamerika (*negros*) *bozales*. Als wissenschaftlicher Terminus bezieht sich *habla bozal* auf die Sprachform der jeweils ersten Generation von Schwarzen in den Kolonialgebieten.

Eine gesonderte Bezeichnung bestand auch für diejenigen, die in den Kolonialgebieten geboren waren. Im Unterschied zu den aus Spanien eintreffenden Beamten und Siedlern (*chapetones*) wurden sie *criollos* (Kreolen) genannt. Diese von *criar* 'aufziehen' abgeleitete und sehr wahrscheinlich aus dem Portugiesischen entlehnte Bezeichnung beinhaltet im Spanischen die Bedeutung 'de la tierra' (Noll 2004). Sie bezog sich ursprünglich ohne Unterschied auf Schwarze, Weiße und die aus der Verbindung beider Gruppen nachgeborenen Mulatten. Nur die indianische Bevölkerung war ausgenommen. In Kontexten, die das europäische Erbe gegenüber dem indianischen hervorheben, bezieht sich *criollo* vorwiegend auf die in den Kolonien geborenen Weißen.

Zur Sprachbeherrschung der in Amerika geborenen *negros criollos* liegen nur wenige metasprachliche Aussagen vor. So heißt es 1607 in einem Dokument aus Panama: "[...] los españoles hablan la lengua castellana; los negros entre sí, los de cada tierra la suya; también hablan castellano, pero muy mal, si no son los que dellos son criollos" (*Descripción de Panamá* 1607, 162). Dies ist ein klarer Hinweis auf eine getroffene Unterscheidung zwischen mangelnder Sprachkompetenz bei den *negros bozales* einerseits und der offensichtlich guten Beherrschung des Spanischen bei den *criollos* andererseits. Mitte des 18. Jhs. charakterisiert Nicolás Joseph de Ribera in der *Descripción de la Isla de Cuba* die Sprachkompetenz der *negros criollos* deutlicher:

> Criollos son los que nacen en la Ysla, y bozales los que vinieron ya nacidos. Aquellos hablan como españoles el castellano q$^{e.}$ es el unico idioma de toda la Ysla (Ribera 1756, 141–142).

Im gleichen Sinne äußert sich Esteban Pichardo 1849 im Vorwort seines kubanischen *Diccionario provincial*, denn er stellt keine sprachlichen Unterschiede zwischen den im Lande geborenen Schwarzen und Weißen fest: "Los Negros Criollos hablan como los blancos del pais de su nacimiento o vecinidad" (1953, LIV). Dieser Umstand erklärt wohl auch, warum die zahlreichen königlichen Verfügungen zur Sprachpolitik in den Kolonien nur Bezug auf die Indianer nehmen, die Schwarzen im Allgemeinen jedoch nicht erwähnen. Der *Código Negro Carolino* aus Santo Domingo von 1784 thematisiert lediglich das Verbot des Gebrauchs afrikanischer Sprachen in Verbindung mit synkretistischen Riten (cf. Solano 1991, LXXXIV). Ritualisierter afrikanischer Sprachgebrauch ist heute noch in kubanischen *santerías* üblich.

Nach den Belegen ist davon auszugehen, dass sich die *negros criollos* als Nachgeborene auf natürliche Weise in das hispanophone Umfeld eingliederten. Insofern wird eine an der Hautfarbe orientierte Einteilung der Sprachbeherrschung bereits in den Nachfolgegenerationen obsolet. Deshalb ist auch das allgemeine Zahlenverhältnis zwischen Schwarzen und Weißen, auf das in Untersuchungen zur Kreolisierung (cf. Kap. 7.5.2.1) bisweilen abgehoben wird, in Hispanoamerika sprachlich nicht aussagekräftig, da es den Anteil der hispanophonen *negros criollos* nicht berücksichtigt. Die Sprachenvielfalt, die sich die Kolonialherren durch Zusammenführung von Menschen regional unterschiedlicher Herkunft zunutze machten, verhinderte in Hispanoamerika die Kontinuität afrikanischer Sprachen außerhalb ritueller Praktiken.

Sprachliche Auffälligkeiten weist das Spanische der *negros bozales* auf, die in großer Zahl z.B. in Cartagena (Kolumbien) eintrafen und insbesondere durch den Aufschwung der Zuckerwirtschaft im 19. Jh. in massiven Sklavenimporten nach Kuba kamen (cf. Kap. 7.5.2.2). Eine gruppenspezifische Sprachform, die dem "Black English" vergleichbar wäre, ist dem Spanischen und dem Portugiesischen in Amerika heute fremd.

5.7 Hispanisierung heute

Während sich die Bevölkerung ursprünglich afrikanischer Abstammung in Hispanoamerika in der Regel sprachlich völlig assimiliert hat, besteht für die indigene Bevölkerung in der Gegenwart eine andere Situation. Bei der statistischen Erfassung der

Populationen, ihrer Sprachen sowie der Zweisprachigkeit mit dem Spanischen ergeben sich diverse Probleme. Obwohl die ethnischen Übergänge fließend sind, bestehen klare soziale Abgrenzungen. Der "Indio" wurde schon immer auf die unterste Stufe der gesellschaftlichen Hierarchie verwiesen. Für die Kolonialzeit bedeutete dies eine Rangfolge, an deren Spitze die Spanier des Mutterlandes standen, die die Macht innehatten, sowie die in den Kolonialgebieten geborenen Weißen (Kreolen). Eine mittlere Stellung nahmen die Mestizen ein. Indios waren den aus Afrika eingeführten Sklaven, die für ihre Herren einen "Handelswert" darstellten, nachgeordnet. So ist begreiflich, dass man sich in den Ländern Hispanoamerikas auch heute, vor allem bei direkter Befragung, lieber den Mestizen zurechnet als den Indios, zumal viele Menschen indianischer Abstammung nur Spanisch beherrschen.[11] Aus diesem Grund schwanken die Angaben zum Bevölkerungsanteil der Indios auch in neueren Referenzen erheblich.

Nach den statistischen Schätzungen aus dem letzten Jahrzehnt (TWF 2018) ist der amerindische Bevölkerungsanteil in Costa Rica (1%), Kolumbien (1%), Venezuela (1%), Paraguay (2%), Argentinien (3%) und Chile (4%) minimal. Auf den Großen Antillen und in Uruguay leben keine Indios mehr. Über den im Verhältnis größten Anteil an indigener Bevölkerung verfügen – wenn die jeweils angegebene Relation zur Gruppe der Mestizen stimmt – Peru (45%), Guatemala (39%), Bolivien (20%), Mexiko (18%) und Ecuador (14%). Nach der Bevölkerungszahl leben die meisten Indios in Mexiko und Peru (cf. Kap. 1.2). In der Tat stellt man fest, dass 2001 für Ecuador statistisch 45% Indios und 37% Mestizen angegeben wurden, 2010 hingegen waren es plötzlich nur noch 14% Indios und 72% Mestizen. Für Bolivien verlagerte sich die Relation von 55% Indios und 30% Mestizen im Jahr 2002 auf lediglich 20% Indios und 70% Mestizen 2010 (cf. TWF 2018).

In manchen Gebieten wie in Bolivien oder im Süden Mexikos (Chiapas) tritt das indigene Element in der öffentlichen Wahrnehmung besonders hervor, was die Lage gesellschaftspolitisch zum Teil günstig beeinflusst. Die Förderung der Urbevölkerungen und ihrer Kultur war lange kein primäres Anliegen der Regierenden in Hispanoamerika. Vor allem zur Zeit der Diktaturen, so z.B. in den 1970er Jahren in Guatemala, hatte die indianische Bevölkerung einen sehr schweren Stand. Den ersten Schritt zur Anerkennung einer pluriligualen Gesellschaft unternahm 1975 die Regierung Perus, als sie Quechua zur kooffiziellen Sprache erklärte. In diesem Zusammenhang ist auch zu berücksichtigen, dass die Anzahl der Sprecher amerindischer Sprachen im 20. Jh. im Verhältnis zu den Spanischsprachigen stark abgenommen hat, selbst wenn die Bevölkerungszahl an sich und damit auch die absolute Zahl an Sprechern amerindischer Sprachen gestiegen ist. 1940 sprach noch über die Hälfte

---

11 In Paraguay ist allerdings zu berücksichtigen, dass die Bevölkerung, die zu 95% aus Mestizen besteht, im Gegensatz zu den Verhältnissen in anderen Gebieten Hispanoamerikas überwiegend Guaraní spricht.

der Bevölkerung Perus eine indigene Sprache, in der 1980er Jahren war es nur noch ein Viertel (Klee/Caravedo 2006, 94).

Im letzten Viertel des 20. Jhs. wurde man sich von offizieller Seite der kulturellen Bedeutung des indianischen Erbes stärker bewusst und formulierte (z.B. in den Verfassungen) die Absicht, dieses zu schützen, zu bewahren und zu fördern. 2003 stärkte Mexiko mit der "Ley general de los derechos lingüísticos de los pueblos indígenas" die Rechte der indigenen Bevölkerung. Das Gesetz bezeichnet die amerindischen Sprachen als Nationalsprachen und erklärt sie auf dem Territorium, auf dem sie gesprochen werden, als dem Spanischen ebenbürtig. 2005 nahm in Mexiko das neu gegründete *Instituto Nacional de Lenguas Indígenas* seine Arbeit auf. Bolivien erklärte in der Verfassung von 2009 insgesamt 36 Indianersprachen zu kooffiziellen Sprachen.

Der Grad der Hispanisierung variiert in Hispanoamerika auch heute noch beträchtlich, wobei natürlich auch innerhalb der Länder regionale Schwankungen auftreten. Nach den Schätzungen erreicht die Zahl der Spanischsprecher in Mexiko 98,5%. Nur Guatemala, Peru, Bolivien und Paraguay liegen in der Quote unter 90%. Auffällig sind die Schwankungen für Guatemala (65–86%), Panama (77–93%) und Paraguay (55–70%) in den Angaben bei Moreno Fernández/Otero Roth (2007; Zensus 2000–2005) und Otero (1999). Bei der Beurteilung der vorliegenden Zahlen wäre zu beachten, dass die Angabe eines höheren Prozentsatzes an Hispanisierung für ein Land auch eine Frage des Prestiges sein kann.

Die Anzahl der als zweisprachig Einzustufenden lässt sich ebenfalls nicht immer leicht ermitteln. Zu präzisieren wäre, dass es eine völlig gleichgewichtete individuelle Zweisprachigkeit eigentlich nicht gibt. Man unterscheidet Bilinguale, bei denen die Sprachbeherrschung eher ausgeglichen ist (*bilingües fluidos/equilibrados*), und solche, die ihre muttersprachliche Kompetenz in einer indigenen Sprache mit mehr oder weniger entwickelten Kompetenzen im Spanischen als Lernersprache (L2) verbinden. Hier gibt es Abstufungen nach eingeschränkten oder lediglich passiven Kenntnissen im Spanischen (*semihablantes*; *cuasipasivos*). In diesem Segment sind sprachliche Interferenzen am höchsten. Natürlich gibt es auch Sprecher indigener Herkunft, deren Muttersprache das Spanische ist und die die jeweilige amerindische Sprache nur noch oberflächlich beherrschen.

Was sprachpolitische Maßnahmen betrifft, muss man beachten, dass in Gebieten wie dem Hochland von Guatemala Kinder erst mit Eintritt in die Schule Spanisch lernen, da in ihrem täglichen Umfeld Maya gesprochen wird. Eine reguläre zweisprachige Schulausbildung gibt es in Guatemala erst seit 1984, so dass bis dahin einsprachige Schüler indianischer Herkunft in ihrer Ausbildung besonders benachteiligt waren. Ein weiterer Faktor ist die zum Teil verkürzte Schulzeit, gerade im ländlichen Raum, und der frühe Eintritt in das Erwerbsleben.

Neue Konstellationen des Sprachkontaktes und mögliche Herausforderungen für eine adaptierte Sprachpolitik entstehen im Großraum Buenos Aires, wo sich Sprecher des Guaraní und des Quechua ansiedeln, die nicht nur aus den entsprechenden

Heimatregionen Argentiniens stammen, sondern zu einem guten Teil auch aus den Nachbarländern Paraguay, Bolivien und Peru einwandern. Langfristig ist jedoch davon auszugehen, dass die indigenen Sprachen aus den Metropolen Hispanoamerikas, wie z.B. Lima, verschwinden werden.

Aufgaben

1. Verfolgen Sie die koloniale Expansion anhand des *Atlas histórico cultural de América* (Morales Padrón 1988).
2. Ergänzen Sie die Ausführungen zu den Indianersprachen durch die Lektüre des Artikels "Amerikanische Sprachen und Romanisch" (Dietrich 1998).
3. Lesen Sie den Beitrag Zimmermanns (2004) zur Sprachensituation in Mexiko.
4. Ermitteln Sie im Internet den Text der "Ley general de los derechos lingüísticos de los pueblos indígenas" in Mexiko und kommentieren Sie die Regelungen.
5. Vollziehen Sie die zentralen Stationen der spanischen Sprachpolitik in Amerika anhand der bei Solano (1991) zusammengestellten Dokumente nach.

6 Die Ausbildung struktureller hispanoamerikanischer Merkmale

Dieses Kapitel lehnt sich im Aufbau an die in Kapitel 2 beschriebenen strukturellen Besonderheiten des amerikanischen Spanisch in Phonetik/Phonologie (2.1) sowie in der Morphosyntax (2.2) an und ergänzt sie mit Angaben zur sprachhistorischen Entwicklung. Dabei wird auch auf die Verbreitung von Charakteristika in Spanien und anderen Gebieten der Romania verwiesen.

Die allgemeinen sprachgeschichtlichen und diatopischen Verhältnisse im europäischen Spanisch lassen sich anhand von Cano (2004), Lapesa (1986), Zamora Vicente (1985) und Alvar (MDH-E 1996) gut verfolgen. Speziellen Bezug auf die Varietäten Andalusiens, die gewisse Parallelen mit Merkmalen der *tierras bajas* aufweisen (cf. Kap. 2.1, 4.2, 6.1, 7.4.3, 7.4.5, 7.5.1), nehmen die Werke von Mondéjar (*Dialectología andaluza*, 1991), Frago Gracia (*Historia de las hablas andaluzas*, 1993) und Narbona/Cano/Morillo (*El español hablado en Andalucía*, 1998). Als Einstieg eignet sich in synchronischer und diachronischer Perspektive mit Kartenmaterial *El andaluz* (Jiménez Fernández 1999). Zur Herausbildung des amerikanischen Spanisch vergleiche man die unter 1.4 ("Geschichte des amerikanischen Spanisch") angegebene Literatur.

6.1 Phonetik und Phonologie

Im Zeitalter der Entdeckungen befand sich das Spanische in einer Phase phonetisch-phonologischen Wandels, der im engeren Sinne das 16. und 17. Jh. betrifft, in seiner Anlage aber bis ins 14. Jh. zurückreicht. Bei der Lektüre spanischer Fachliteratur ist im Bereich der Sprachgeschichte zu beachten, dass zum Teil Zeichen verwendet werden, die von der IPA-Lautschrift abweichen: ŝ [ts], ẑ [dz], ŷ [dʒ], ž [ʒ]. Eine umfassende Beschreibung findet man bei Lapesa (1986, 9–12).

Bisweilen treten in den Darstellungen auch historische Graphien auf. So repräsentiert <ç> entsprechend seiner Realisierung im Altspanischen [ts], <x> steht bis zum Wende des 16./17. Jhs. unter anderem für [ʃ] und bleibt mit dem neuen velaren Lautwert [x] in der Graphie bis zum Anfang des 19. Jhs. erhalten.

Eine Beschreibung der phonetischen Entwicklungen im amerikanischen Spanisch, die sich nach Manuskripten auf die Verhältnisse in Mexiko im 16. Jh. stützt, bietet Parodi (1995). Einen allgemeinen diachronischen Überblick gibt Fontanella de Weinberg (1992).

https://doi.org/10.1515/9783110598445-006

6.1.1 Vokalismus

6.1.1.1 Vokalschwächung

Die in den Hochlandgebieten manifeste Schwächung unbetonter Vokale ist zum Teil mit dem indianischen Substrat in Verbindung gebracht worden. Zur Diskussion cf. Kap. 7.5.1.

6.1.1.2 Vokalalternanz

Die im amerikanischen Spanisch in verschiedenen Konstellationen beobachtete Alternanz von unbetontem [e]/[i] und [o]/[u] findet in Spanien mit vortonigen Schwankungen im Vokalismus vom Mittelalter bis ins 17. Jh. eine Parallele (cf. Lapesa 1986, § 91.2). In den stärker von der gesprochenen Sprache geprägten Kolonialgebieten hielt dieser Zustand bei den Palatalen, die davon wesentlich häufiger betroffen sind, sogar bis zum Ende des 18. Jhs. an. Aus Honduras liegen 1547 aus einem bischöflichen Brief an den König die Formen *cerimonia* (*ceremonia*) und *sirvía* (*servía*) vor. Mit *escrebí* (*escribí*) und *mesmo* (*mismo*) sind auch entgegengesetzte Entwicklungen belegt (Nieto Segovia 1995, 16). Quesada Pacheco weist in Dokumenten aus Costa Rica zwischen dem Ende des 16. und des 18. Jhs. Alternanzen von [e > i], [i > e], [o > u], [u > o] nach (1990, 30–31). Dokumente aus Guayaquil (Ecuador) belegen, dass die Hebung von /e/, /o/ im Auslaut nicht an indianisches Umfeld gebunden ist (Reynaud Oudot 2014, 125). Sie ist darüber hinaus im Nordwesten der Extremadura, im Portugiesischen ab dem 16. Jh. und im brasilianischen Portugiesisch (<-e> [-i]) bekannt.

6.1.1.3 Vokalöffnung

Die leichte Öffnung der Endvokale /e/ und /o/, die sich in den Tieflandgebieten in Zusammenhang mit dem Ausfall des finalen /s/ einstellen kann, tritt auch in Andalusien auf. Allerdings ist hiervon nur der Osten der Region betroffen (cf. Karte Jiménez Fernández 1999, 21), der nicht im Zentrum der amerikanischen Erstbesiedelung stand (cf. Kap. 7.4.4). Der Westen Andalusiens gleicht die Numerusunterscheidung bei Ausfall des Sibilanten (cf. Kap. 6.1.2.3) vokalisch nicht aus ([-o^h] > [-o]). Insofern könnte die Entwicklung im amerikanischen Spanisch auf ein minoritäres andalusisches Phänomen zurückgehen oder, was wahrscheinlicher ist, eine amerikanische Eigenentwicklung darstellen. Schließlich besteht theoretisch die Möglichkeit, dass die Öffnung im 16. Jh. auch im Westen Andalusiens verbreitet war und sich zurückbildete. In diesem Falle wäre die andalusische Genese wiederum plausibler, es liegen dazu allerdings keine einschlägigen Belege vor.

6.1.1.4 Vokallängung

Hinsichtlich der Längung von Vokalen in offener Silbe, die varietätenbezogen prosodisch bedingt sind, können keine sprachhistorischen Aussagen getroffen werden, da zur Entwicklung der Prosodie und Intonation in den hispanoamerikanischen Gebieten die Grundlage fehlt. Im Falle eines erfolgten Konsonantenausfalls wie z.B. des intervokalischen /d/ liegt jedoch ein nachvollziehbarer Grund vor.

6.1.1.5 Nasalierung

Die Nasalierung in Verbindung mit der Velarisierung von /n/ [-ŋ] tritt in Varietäten des Spanischen in unterschiedlicher Intensität auf. Auf den Antillen ist sie im Vergleich ausgeprägter und mit andalusischen Verhältnissen vergleichbar.

6.1.1.6 Hiate

Der Ausfall von intervokalischem [j̥] (*sello* ['seo]) in mittelamerikanischen Gebieten und die gegenläufige Epenthese von [j̥] in der Sprache einfacher Leute (*sea* ['sej̥a]) veranschaulichen die Parallelität antagonistischer Tendenzen in der Sprachentwicklung. Während der Ausfall eine konsequente Fortsetzung der Abschwächung [ʎ] > [j] > [–] darstellt, folgt der Einschub der allgemeinen Tendenz zur Vermeidung von Hiaten (cf. sp. *sea*, pg. *seja*). Er ist im 17. und 18. Jh. z.B. in Costa Rica belegt (Quesada Pacheco 1990, 33).

6.1.2 Konsonantismus

6.1.2.1 Der *seseo*

Die Entstehung des *seseo* ergibt sich aus den sprachlichen Verhältnissen, die sich ab dem 14. Jh. auf der Iberischen Halbinsel einstellten. Das Spanische unterschied im Mittelalter im Bereich der Sibilanten vier Phoneme (zwei Affrikaten und zwei Frikative) in jeweils stimmhafter und stimmloser Ausprägung: /dz/, /ts/, /z̺/, /s̺/ (*fazer* [dz], *cielo* [ts], *casa* [z̺], *passar* [s̺]).

Entscheidend für das Verständnis der sprachhistorischen Entwicklungen ist, dass das genuine spanische (kastilische) /s/ im Vergleich zum deutschen oder französischen als apikoalveolares [s̺] artikuliert wird und somit palatal in die Nähe von [ʃ] verschoben ist. Das dem deutschen klanglich verwandte /s/, das für den Süden Andalusiens und für das amerikanische Spanisch typisch ist, liegt hingegen näher am dentalen Bereich und wird als prädorsales /s̪/ bezeichnet.

Im 15. Jh. reduzierten sich im Kastilischen zunächst die beiden altspanischen dentalen Affrikaten /dz/, /ts/ zu prädorsalen Frikativen (> [z̪], [s̪]). Diese kontrastierten phonologisch weiterhin mit den beiden apikoalveolaren Frikativen (→ vier Phoneme: /z̪/, /s̪/ vs. /z̺/, /s̺/). Als in der ersten Hälfte des 16. Jhs. die Desonorisierung voranschritt, kam es zur Dephonologisierung, so dass letztlich nur zwei Phoneme fortbestanden, nämlich das prädorsale /s̪/ (< /dz/, /ts/) und das apikoalveolare /s̺/ (</z̺/, /s̺/). Beide Entwicklungen traten zuerst im Norden Kastiliens auf und breiteten sich nach Süden aus. Juan de Córdoba, der 1540 Francisco Vázquez de Coronado auf

seiner Expedition nach Neumexiko begleitete (cf. Kap. 3.1), kommentierte bezüglich der abgestuften Stimmhaftigkeit: "[...] los de Castilla la vieja dizen haçer, y en Toledo hazer" (1886, 121).

14. Jh.	15. Jh.	um 1530	Ende 16. Jh.	
z̺	z̺	s̺		Kastilisch
s̺	s̺		s̺	
dz	> z̪	(z̪)		
ts	> s̪	s̪	> θ	
↳	> s̪, z̪	> s̪ s̪	s̪	Andalusisch

Abb. 7: Die Entwicklung der spanischen Sibilanten (Kastilisch — Andalusisch)

Auch das Andalusische reduzierte – bis zur ersten Hälfte des 15. Jhs. – die Affrikaten /dz/, /ts/ zu prädorsalen Frikativen (> [z̪], [s̪]). In der folgenden Stufe fielen diese mit den apikoalveolaren Frikativen (/z̺/, /s̺/) in der prädorsalen Artikulation zusammen (→ zwei Phoneme: /z̪/, /s̪/). Als sich die Desonorisierung durchsetzte, die Frago Gracia (1994, 19) zumindest in kolumbinischen Texten bis 1504 belegen konnte, war von den ursprünglich vier Phonemen nur noch das stimmlose prädorsale /s̪/ erhalten.

Den Verlust der Unterscheidung von prädorsalem und apikoalveolarem /s/ im Andalusischen bezeichnet man als historischen *seseo*. In metasprachlichen Kommentaren der Zeit wird dieser *seseo* de facto allerdings *çeçeo* genannt, weil man die prädorsale andalusische Aussprache auf die graphischen Formen mit <ç> bezog (*çielo* [ts] > [s̪]). In Andalusien trat der *seseo* bereits zu Beginn der Eroberung Hispanoamerikas auf. Seine transatlantische Verbreitung ist das Ergebnis eines nivellierenden Prozesses gegenüber dem apikoalveolaren [s̺], das in Amerika ebenfalls präsent war (cf. Kap. 6.1.2.2).

Bezeichnend für den zeitlichen Ablauf der Entwicklung der Aussprache ist z.B. ein Kommentar bei Bernal Díaz del Castillo, der in seiner *Historia verdadera de la conquista de la Nueva España* (1568) einen Soldaten aus Sanlúcar sprachlich mit "*çeçeaba un poco como sebillano*" charakterisiert (Alonso 1969, 54). Die spezifische Erwähnung legt nahe, dass der *seseo* in Hispanoamerika zumindest zur Zeit der Eroberung Mexikos (1519–21) noch als Besonderheit auffiel.

Einen weiteren interessanten Beleg liefert Arias Montano, Theologe und Orientalist aus Badajoz (1527–1598), der ab 1546–47 in Sevilla lebte und studierte. Er berichtet, dass es zu Beginn seines Studiums keinen Unterschied in der Aussprache von Sevillanern und Kastiliern gegeben habe. Die Verwechslung von "zz", "ç" und "s" sei erst 20 Jahre später, also um 1566, offenkundig gewesen (Alonso 1969, 48). Man kann daraus ableiten, dass sich der *seseo* in Sevilla vor der Mitte des 16. Jhs. kaum wirklich generalisiert hatte und noch weniger bereits zu Beginn des Jahrhunderts. Dies soll nicht bedeuten, dass die Verwechslung der Sibilanten zuvor nicht auftrat, denn Sprachwandel ist in der Regel keine Angelegenheit von 20 Jahren. Dass der *seseo* um 1500 zu Beginn der kolonialen Expansion ein typisches Merkmal der Sprache Sevillas gewesen sein soll, wird jedoch etwas relativiert.

Im Hinblick auf die Durchsetzung des *seseo* in Hispanoamerika ist entscheidend, dass auch das Kastilische im 16. Jh. einen festen Anteil an Formen mit prädorsalem /s̪̺/ besaß. Dies betraf alle Wörter, deren Lautung aus den altspanischen Affrikaten hervorgeht (*c̲ielo* [ts > s̪̺], *hac̲er* [dz > z̪̺ > s̪̺]). *Cielo* wurde im 16. Jh. also sowohl im Andalusischen als auch zunächst im Kastilischen ['s̪̺jelo] gesprochen. Somit entstand der amerikanische *seseo* aus einem Prozess der Konvergenz prädorsaler Artikulationen unterschiedlicher regionaler Herkunft (z.B. Kastilien, Andalusien) und gewiss nicht allein auf südspanischer Basis.

In der zweiten Hälfte des 16. Jhs. verlagerte das Kastilische das aus den Affrikaten hervorgegangene prädorsale [s̪̺] weiter nach vorn. So entstand der interdentale Frikativ [θ], der sich im ersten Drittel des 17. Jhs. generalisierte und somit die amerikanischen Gebiete bereits nicht mehr beeinflussen konnte. Der Sprachwandel wurde durch die Nachbarschaft der beiden Artikulationen ausgelöst (cf. Kap. 6.1.2.2, Abb. 8). Man kann sagen, dass sich die instabile phonologische Unterscheidung in prädorsales /s̪̺/ und apikoalveolares /s̺/ in Hispanoamerika auflöste, während sie sich in Kastilien auf die substantiellere Opposition von apikoalveolarem /s̺/ und interdentalem /θ/ (*casa* [s̺] : *caza* [θ]) verschob.

Das Andalusische, das nur noch einen Sibilanten kannte, bildete auf der Basis des prädorsalen /s/ [s̪̺] bis zum 18. Jh. regional ein koronales [s̻] aus. Im Süden Andalusiens setzte sich die Sprachentwicklung in den Zonen des prädorsalen und koronalen /s/ bis zum Ende des 18. Jhs. zum Teil fort und führte schließlich zu einem in der Regel interdentalen Frikativ [θ] (→ Süden Huelvas, Cádiz, Sevilla (ohne Stadt), Málaga, Südwesten Granadas, äußerster Südwesten Almerías; cf. Karte Jiménez Fernández 1999, 34). Man beachte, dass damit auch andalusische Varietäten mit Verzögerung den Endpunkt der kastilischen Entwicklung (→ /θ/) erreicht haben.

Das Fehlen der für das Kastilische relevanten Opposition von /s/ : /θ/, die in Sevilla und im amerikanischen Spanisch in /s/ zusammenfallen, bezeichnet man in der Gegenwart als *seseo*. In den andalusischen Gebieten, in denen der Zusammenfall zu [θ] führte, spricht man von *ceceo*. Insofern ist terminologisch zwischen dem historischen *seseo* (= *çeçeo*), der die Auflösung der Opposition von prädorsalem /s̪̺/ und apikoalveolarem /s̺/ bedeutete, und dem heutigen *ceceo* [θe'θeo], der sich auf den regionalen Zusammenfall in /θ/ bezieht, klar zu differenzieren.

Die gelegentliche interdentale Realisierung von /s/ in begrenzten ländlichen Gebieten Hispanoamerikas stellt mit ihrem unregelmäßigen Auftreten wohl eine Eigenentwicklung dar (cf. Caravedo 1992), die eine Parallele im andalusischen *ceceo* findet, selbst wenn in Cuzco (Peru) z.B. auch Zahlwörter wie *once* ['onθe] mit etymologischer Relevanz betroffen sind.

6.1.2.2 Prädorsales und apikoalveolares /s/

Die überwiegende Verbreitung des prädorsalen [s̪] im amerikanischen Spanisch findet wie der *seseo* in den sprachlichen Verhältnissen auf der Iberischen Halbinsel im 15. Jh. und 16. Jh. ihren Ursprung (cf. Kap. 6.1.2.1). Neben dem genuinen spanischen apikoalveolaren /s̻/, das in /z̻/ ein stimmhaftes Pendant besaß, entstanden durch die Deaffrizierung der altspanischen Affrikaten /dz/, /ts/ prädorsales /s̪/ und /z̪/. Mit der im 16. Jh. voranschreitenden Desonorisierung setzte sich im Kastilischen letztlich nur die Opposition zwischen den beiden stimmlosen Phonemen /s̻/ : /s̪/ fort.

Nach einer Studie von Lope Blanch (1985), der in Briefen die Sprache des aus der Provinz Zamora stammenden Konquistadors Diego de Ordaz untersuchte, war die Sonorität des prädorsalen Sibilanten /z̪/ um 1530 noch bewahrt, während sie der apikoalveolare bereits verloren hatte (/z̻/ > /s̻/). In der zweiten Hälfte des 16. Jh. verschob sich das mittlerweile ebenfalls stimmlose prädorsale /s̪/, das im Vergleich zum apikoalveolaren mit vorverlagerter Zungenstellung artikuliert wird, weiter in den dentalen Bereich und wurde zu einem interdentalen Frikativ (> /θ/), eine Entwicklung, die um 1630 abgeschlossen war (/s̻/ : /θ/).

(inter)dental	alveolar	präpalatal
θ ←	← s̪	s̻

Abb. 8: Die Verschiebung des prädorsalen [s̪] im Kastilischen

Im Andalusischen trat diese Entwicklung nicht ein, sondern die apikoalveolaren und die prädorsalen Sibilanten fielen in der prädorsalen Artikulation zusammen. Nach Eintritt der Desonorisierung war von den ursprünglich vier Phonemen nur das prädorsale /s/ erhalten. In Hispanoamerika setzte sich das prädorsale [s̪], das auch für einen Teil der kastilischen Sibilanten typisch war, im Zuge einer Nivellierung gegen das apikoalveolare [s̻] durch und bedingte dadurch die Generalisierung des *seseo* (cf. Kap. 6.1.2.1).

Die Existenz des apikoalveolaren [s̻] im Varietätenspektrum Hispanoamerikas (cf. Cock Hincapié 1969) belegen unter anderem spanische Entlehnungen in Indianersprachen, die /s/ im 16. Jh. zum Teil mit [ʃ] wiedergeben (z.B. *mesa* [meʃa]). Der Grund hierfür kann nur in der Natur des apikoalveolaren (kastilischen) [s̻] liegen, das klanglich mit dem präpalatalen [ʃ] assoziiert wurde (cf. Canfield 1934, 201–202; Parodi 2001, 44). Kalifornische Indianersprachen, die erst im 18. Jh. mit dem Spanischen in Berührung kamen, nahmen diese Substitution nicht mehr vor, da das Spanische Mexikos zu jener Zeit nur noch das prädorsale [s̪] kannte.

In Mexiko weist die Graphie in Dokumenten darauf hin, dass die Verwechslung der Sibilanten, die den *seseo* voraussetzt, in der ersten Hälfte des 17. Jhs. in der karibischen Golf-Region lediglich 26% der Okkurrenzen betrifft. Erst in der zweiten Hälfte des 17. Jhs. werden im Altiplano 52% erreicht (Hidalgo 2016, 290). Natürlich ist dies nur ein relativer Indikator, denn die Graphie folgt einer gewissen Normierung, die sich individuell sehr wohl von der tatsächlichen Aussprache unterscheiden kann. Trotzdem erstaunt der zunächst geringe Prozentsatz an Verwechslungen in der eher andalusisch beeinflussten Golf-Region.

Bei dem im amerikanischen Spanisch heute regional vertretenen apikoalveolaren [s̺] (z.B. Antioquia, Kolumbien) handelt es sich möglicherweise um einen Archaismus. Das koronale [s̻], das sich bis zum 18. Jh. ausbildete und heute in Andalusien zwischen dem apikoalveolaren [s̺] im Norden und dem prädorsalen [s̪] im Süden sprachgeographisch eine mittlere Position einnimmt (cf. Karte Jiménez Fernández 1999, 35), stellt in Hispanoamerika in seiner begrenzten Verbreitung wohl eine parallele Entwicklung dar.

6.1.2.3 Kombinatorische Allophone von /s/

Die Tendenz, implosives /s/ in den *tierras bajas* zu aspirieren oder zu elidieren, steht zunächst mit der allgemeinen Schwächung des implosiven /s/ in der Romania in Zusammenhang. So hat das Ostromanische (Italienisch, Rumänisch) auslautendes /s/ verloren. Im Französischen besteht es in der Graphie fort und wird oft nur als Teil des pluralischen Artikels in der Liaison realisiert (*les amis* [leza'mi]).

Während Amado Alonso als Vertreter der Antiandalucismo-These (cf. Kap. 7.4.3) davon ausging, dass die Aspiration frühestens im 18. Jh. einsetzte (1976, 264), kennt man mittlerweile aus dem 16. Jh. Belege für den Ausfall in Sevilla (Frago Gracia 1994, 18). Auch Hinweise auf den Verlust von /s/ im kolonialen Schrifttum des 16. Jhs. wie im Manuskript der *Historia general de las Indias* des aus Sevilla stammenden Bartolomé de Las Casas (Frago Gracia 1994, 91) scheinen anzudeuten, dass es sich im karibischen Raum um ein südspanisch beeinflusstes Phänomen handelt. Darüber hinaus wurde der Ausfall auch mit dem Einfluss afrikanischer Sklavenbevölkerungen in Verbindung gebracht (cf. Kap. 7.5.2.2). Lipski (2011, 74) weist darauf hin, dass die frühesten systematischen Hinweise für Schwächung und Ausfall des finalen /s/ in Nachahmung eines von Afrikanern gesprochenen Spanisch im 16./17. Jh. auftreten. Dies erlaubt allerdings keine Rückschlüsse auf die Sprache von Autochthonen.

Grundsätzlich erweist sich die sprachliche Situation bereits in Südspanien als sehr komplex. Trotz früher Hinweise auf den Ausfall von [-s] – auch aus Toledo – findet man im Andalusischen erst im 18. Jh. Belege, die das implosive /s/ graphisch mit <h> oder <j> [h] wiedergeben, was für Aspiration steht (cf. Narbona/Cano/Morillo 1998, 69ss.). In Buenos Aires ist der Ausfall im 16. Jh. und in den ersten Jahrzehnten des 17. Jhs. nur sporadisch dokumentiert. Die Verbreitung des Phänomens, das sich in Buenos Aires heute in der Regel als aspiriertes /s/ darstellt, fällt wiederum ins 18. Jh. (Fontanella de Weinberg 1992, 93). In Spanien ist die Entwicklung für Andalusien, die Extremadura, Murcia und die Kanaren typisch, wird aber auch im Zentrum bis ins südliche León und Neukastilien spürbar (cf. Fernández Sevilla 1980, 472).

Die in Oaxaca (Mexiko) vor stimmlosen Plosiven beobachtete Verschiebung von /s/ zu [ʃ] (*buscar* [buʃ'kar]) entspricht einer für diesen Nexus nicht ungewöhnlichen phonetischen Entwicklung. In vergleichbarer Konstellation ist sie auch im Portugiesischen (Portugal, Rio de Janeiro, brasilianischer Nordosten), in italienischen Dialekten und nicht zuletzt im Deutschen <st-> vertreten. Die regionale Aspiration von an- und inlautendem /s/ (*la semana* [lahe'mana], *presidente* [prehi'δente]) ist in Andalusien belegt.

Ob die regionale Sonorisierung von /s/ (*los amigos* [loza'miɣos], *cosa* ['koza]) vor dem Hintergrund des in der ersten Hälfte des 16. Jhs. im Spanischen zum Teil noch stimmhaften [z] für einen Archaismus steht oder eine neue Entwicklung repräsentiert, kann nicht ohne weiteres entschieden werden. Es ist zu beachten, dass auch das Kastilische das Allophon [z] vor stimmhaftem Konsonant kennt (*mismo* ['mizmo]).

6.1.2.4 *Yeísmo* und *žeísmo* (*šeísmo*)

Der *yeísmo* basiert auf der Delateralisierung von [ʎ] > [j̞]. Die Verbindung zu [j̞] liegt darin, dass [ʎ] im Spanischen (wie im europäischen Portugiesisch) mit einer an den unteren Schneidezähnen anliegenden Zungenstellung gebildet wird. In Spanien trat der *yeísmo* vereinzelt schon Ende des 14. Jhs. in der Region von Toledo auf (*ayo* für *hallo*). Aus Jaén stammt ein (durch Hyperkorrektion bedingter) Beleg von 1492 (*sullo* für *suyo*; Lapesa 1986, § 93.1).

In Amerika liegen Belege durch Fehlschreibung aus Honduras (1526: *ay* für *allí*; Nieto Segovia 1995, 44) und Mexiko (1527) vor. Bei Auswertung 15 mexikanischer Dokumente des 16. Jhs. stellte Arias Álvarez (1997, 37–38) allerdings keine graphischen Verwechslungen fest. Kania (2016) untersuchte im mexikanischen Korpus von Company Company (1994) 279 Texte der Zeit von 1525–1800. Bis 1650 treten nur zwei Fälle von *yeísmo* auf, 1651–1700 sind es vier, im 18. Jh. dann 15 Verwechslungen. Spanische Entlehnungen in mexikanischen Indianersprachen dokumentieren im 16. Jh. [ʎ] (nah. *ʃila*, huastekisch (Veracruz) *ʃiila* < sp. *silla*, cf. Parodi 2009, 28–29). In Andalusien generalisieren sich die Belege für den *yeísmo* erst im 18. Jh. (cf. Narbona/Cano/Morillo 1998, 74). Ob der *yeísmo* im karibischen Raum mit dem Südspanischen in enger Verbindung steht oder aber die Entwicklung der antillanischen Koine des 16. Jhs. progressiver war als die Südspaniens, bleibt offen.

Auch in Buenos Aires ist der *yeísmo* nicht vor 1700 belegt (Fontanella de Weinberg 1987: 25), in Santa Fe (Ostargentinien) kann er im 17. Jh. als inzipierend eingestuft werden (Donni de Mirande 2004, 84). Angesichts der heutigen Verbreitung des *yeísmo* in Hispanoamerika und Spanien unterstreicht diese Tatsache, dass es sich um ein Phänomen handelt, das in seiner Progression nicht auf äußere Faktoren angewiesen ist. Nach Cuervo war /ʎ/ ehemals in Bogotá und im kolumbianischen Binnenland verbreitet: "[...] en Bogotá y buena parte de lo interior es la *ll* bien y oportunamente pronunciada, al paso que en Antioquia y lugares de la Costa es exclusiva la *y*" (Cuervo [5]1907 [1867], 527). Gegenwärtig tritt /ʎ/ in Bogotá nur noch vereinzelt auf, obwohl die Stadt wie viele Metropolen Lateinamerikas kontinuierlich Zuwanderer aus verarmten ländlichen Gebieten aufnimmt.

Der in Argentinien verbreitete *žeísmo* ist ein städtisches Phänomen, das sich wohl bereits im 18. Jh. ausbildete und um 1820 durch folgende Feststellung des Briten Alexander Caldcleugh für Buenos Aires definitiv belegt ist (cf. Noll 2001b):

> The Spanish spoken in Buenos Ayres is colonial, or rather provincial, any thing but pure Castilian. Many of the words in most common use are sadly altered from their true pronunciation. Cavallo is pronounced Cavadjo, Calle Cadje, and yo jo (Caldcleugh: 1825, I, 173).

Der *žeísmo* entwickelt sich in der Regel auf der Basis von [ʝ]. Dabei stellt die Affrizierung [dʒ], die heute noch im argentinischen Chaco auftritt, gewiss die erste Stufe der Entwicklung dar, auf die der Verlust des plosiven Elements folgt. Für Gebiete in Mexico (Oaxaca, Puebla, Orizaba) liegt aus dem Jahr 1910 ein Beleg vor, der den dortigen *žeísmo* erwähnt (Revilla 1910, 370, n. 3).

Funktional entstand der *žeísmo* aus der Artikulationsspannung bei der Realisierung von /ʝ/. Auch der kastilische Standard weist eine Parallele aus, da er /ʝ/ anlautend und nach [n], [l] leicht affriziert: *yo* [ᵈʒo]. Ferner tritt in Teilen Neukastiliens und Andalusiens auch intervokalisches /ʝ/ als [ʒ] auf (cf. Navarro Tomás 1985, §§ 121, 124). Für seinen *žeísmo* bekannt ist Mérida (Extremadura).

Nach der Deaffrizierung [dʒ] > [ʒ], die sich nach den Beispielen Alexander Caldcleughs (“Cadje”, “jo”) möglicherweise schon um 1820 entwickelte, trat der *žeísmo* in Argentinien mit der Desonorisierung (> [ʃ]) in ein weiteres Stadium ein. Die stimmlose Variante ist seit 1915 belegt (Selva 1915, 300). Mitte der 1950er Jahre war das Allophon [ʃ] in Buenos Aires bereits weit verbreitet.

Der Erhalt der Opposition /ʎ/ : /ʝ/ in Nordargentinien, Paraguay und diversen Andengebieten kann als Relikt der aus Spanien nach Amerika getragenen Formen gewertet werden. Darüber hinaus wurde /ʎ/ in Paraguay mit dem Einfluss des Guaraní in Verbindung gebracht (cf. Kap. 7.5.1).

6.1.2.5 Die Allophone [h] und [x]

Der sporadische Erhalt des anlautenden [h-] (aus lat. /f-/) in Hispanoamerika ist ein Archaismus, der dem im 16. Jh. fortschreitenden Ausfall widerstanden hat. In Spanien drang die Entwicklung nur verzögert nach Süden vor. Dies deutet Juan de Córdoba an: “[...] Y dizen [los de Castilla la vieja] yierro y en Toledo hierro” (1886, 121; cf. Kap. 6.1.2.1). Anlautendes [h] ist heute vor allem der Extremadura, Andalusien (ohne Nordosten; cf. Karte Jiménez Fernández 1999, 49) und den Kanaren volkssprachlich erhalten.

Die Glottalisierung von [x] > [h] entspricht der allgemeinen konsonantischen Schwächung in den *tierras bajas*. In der zweiten Hälfte des 16. Jhs. fielen im Kastilischen die seit dem Mittelalter bestehenden Phoneme /ʒ/ (*mujer* [mu'ʒɛr]) und /ʃ/ (*dixo* [diʃo] > *dijo*) infolge der Desonorisierung in /ʃ/ zusammen (> [mu'ʃɛr]). Der Kommentar Juan de Córdobas weist hier auf einen wiederum von Norden nach Süden fortschreitenden Prozess hin: “[...] los de Castilla la vieja [...] dizen xugar, y en toledo jugar”

(1886, 121). Gemeint sind die Realisierungen *xugar* [ʃ] und älteres *jugar* [ʒ]. Die Verschiebung des präpalatalen Frikativs /ʃ/ zu velarem [x] ([mu'xɛr]) begann im letzten Drittel des 16. Jhs. und war um 1630 abgeschlossen.

In den Gebieten, in denen im 16. Jh. anlautendes [h-] (aus lat. /f-/) erhalten war (Andalusien, Extremadura), ist davon auszugehen, dass die Entwicklung von [ʃ] nicht über den Velar [x] lief, sondern direkt zu [h] führte (> [mu'hɛr]). Der erste Beleg hierfür stammt 1479 aus Andalusien: *hoya* [hoʝa] (cf. *joya* [ʒ-] > [ʃ-] > [h-]; Lapesa 1985, 47). In Puerto Rico treten entsprechende graphische Ersetzungen bzw. Verwechslungen Ende des 16. Jhs. auf (*ovehas* für *ovejas*, *hornal* für *jornal*, *Xiguey* für *Higüey*; Álvarez Nazario 1982, 82). Die Graphie <Xiguey> belegt den Zusammenfall von <x> → [ʃ] und [h]. In Costa Rica weist <almojada> (*almohada*) 1610 darauf hin, dass auch <j> (→ [ʃ], [x]) mit der Aussprache [h] assoziiert wurde. Heute ist die Glottalisierung von /x/ [h] in Andalusien bis auf Jaén, den Osten Granadas und Almería allgemein verbreitet (cf. Karte Jiménez Fernández 1999, 54). Auch die Extremadura und die Kanaren sind einbezogen.

Im karibischen Raum verweist die Realisierung [h] für /x/ einerseits auf eine Verbindung mit dem Südspanischen, wenn auch die späten Belege für Puerto Rico Ende des 16. Jhs. hier relativieren. Andererseits sind auch eigenständige Entwicklungen der Abschwächung von /x/ möglich wie z.B. die in späterer Zeit im peruanischen Amazonastiefland aufgetretene. Artikulatorisch bewegt sich der Übergang des velaren Frikativs [x] zum glottalen [h] auf einer Linie. Dies erklärt auch den entgegengesetzten Vorgang, der in Zusammenhang mit der Aspiration des implosiven /s/ (cf. Kap. 2.1.2.5) das Allophon [h] vorkonsonantisch zu [x] verstärkt (*fantástico* [fan 'ta^{h}tiko] → [fan'taxtiko]).

6.1.2.6 Die Neutralisierung von implosivem /r/, /l/

Die Phoneme /r/, /l/ sind als Liquide in ihrer alveolaren Bildung homorgan. Dies führt im Romanischen, wie sich anhand vieler Beispiele belegen lässt, oft zur Dissimilation (lat. AR̲BOR̲ > sp. *ár̲bol̲*) oder stellungsbedingt (implosiv) zur Neutralisierung. Schon im Altspanischen assimilierten die Pronomen *lo, la* das auslautende /r/ des Infinitivs (*perderlos* > *perdellos* [ʎ]). Diese Entwicklung hielt sich bis ins 17. Jh. und hat sich im Portugiesischen durchgesetzt (*perdê-los*).

Die Neutralisierung von /r/, /l/ ist in Toledo schon 1161 belegt, in Andalusien liegt aus den Jahren 1384–1392 die Form *abril* für *abrir* vor (Lapesa 1986, §§ 93.2). In Puerto Rico kann man die andalusische Entwicklung [l] > [r] 1511 nachweisen (*ervañil* für *albañil*; Álvarez Nazario 1982, 84). Heute ist die Neutralisierung in Spanien volkssprachlich in Andalusien, der Extremadura, Murcia, in Gebieten Neukastiliens und Leóns (cf. Karte Berschin/Fernández-Sevilla/Felixberger 2005, 64) sowie auf den Kanaren verbreitet, wo es sich allerdings um ein Phänomen neuerer Zeit handelt.

Im Spanischen der Karibik ist das Ergebnis der Neutralisierung vorkonsonantisch und im Auslaut in der Regel /l/ (*cuerpo* ['kwelpo], *mar* [mal]). Im Südspanischen hingegen führt die Neutralisierung vorkonsonantisch überwiegend zu [r], während beide Konsonanten im Auslaut zum Ausfall neigen. Lediglich der Norden der Extremadura weist in auslautender Stellung tendenziell [l] auf. Somit besteht zwischen den Varietäten Südspaniens und denen der Karibik nur im Vorgang der Neutralisierung Parallelität, nicht aber im Ergebnis der Realisierungen, das sich als divergent erweist. Die Präferenz für die Entwicklung [r] > [l] in der Karibik ist möglicherweise darauf zurückzuführen, dass sich /r/ vor dem Hintergrund einer allgemeinen Schwächung des Konsonantismus als Vibrant für den Silbenschluss weniger eignet als /l/. Die Problematik des Vibranten zeigt sich z.B. auch in der finalen Assibilierung (cf. Kap. 6.1.2.7). In der Karibik ist die Neutralisierung zu [l] auch mit dem Einfluss afrikanischer Sklavenbevölkerungen in Verbindung gebracht worden (cf. Kap. 7.5.2.2, 7.5.2.3).

Die im Westen der Dominikanischen Republik auftretende Vokalisierung von /r/ und /l/ im ländlichen Raum (*carbón* [kai̯'βõŋ], *golpe* ['goi̯pe]) ist 1591 in Costa Rica belegt (*caigo* für *cargo*; Quesada Pacheco 1990, 46). Mitte des 19. Jhs. wird sie in Havanna und Matanzas (Kuba) beobachtet, wo sie heute allerdings nicht mehr auftritt (Pichardo 1953, LIV). Die Entwicklung ist auch in Spanien aus Murcia, Andalusien und von den Kanaren bekannt (Lapesa 1986, § 130.4).

Die in ländlichen Gebieten Zentralkubas durch regressive Assimilation ausgelöste Gemination in der Verbindung von /r/, /l/ mit nachfolgendem Plosiv (*puerta* ['pwetta]) findet im Osten Andalusiens in Zusammenhang mit der Aspiration des implosiven /s/ eine phonetische Parallele (cf. *pesca* ['pekka]). In Kuba dürfte es sich um eine spontane Entwicklung handeln.

6.1.2.7 Die Realisierung von /r̄/, /r/

Die Assibilierung des alveolaren /r̄/ [ʒ] ist in Zusammenhang mit einer Schwächung der Vibration zu sehen, die letztlich in eine Blockade mündet. Dabei wird die Artikulationsspannung in die präpalatale Spirans umgesetzt. Bei der Entwicklung des finalen /r/ führt der Absatz der Artikulation zur Assibilierung. Die damit verbundene Desonorisierung (> [ʃ]) ist ein normaler phonetischer Vorgang, den man im Deutschen vergleichsweise in Form der Auslautverhärtung kennt (z.B. *Wind* [-t]). Auslautendes /d/ wird im Kastilischen entsprechend meist zu [-$^{\theta}$]. Assibilierungen von /r̄/ und /r/ sind auch aus dem Norden Spaniens bekannt, wo sie in der Rioja, in Navarra und im Baskenland auftreten (cf. Lapesa 1986, §§ 118.4, 131).

Die Assibilierung des finalen /r/ [ʃ-]] ist möglicherweise 1786 durch eine Form in Costa Rica belegt (*alquilés* für *alquiler*; Quesada Pacheco 1990, 54). Die Assibilierung des Nexus *-tr-* (*otro* ['otʃo]) kann man sich unter dem Einfluss eines leicht retroflexen /r/ → [tɹ] vorstellen.

Der Ausfall des finalen /r/ ist ein im Romanischen verbreitetes Charakteristikum, das vor allem die Formen des Infinitivs im Französischen, Katalanischen und in der brasilianischen Umgangssprache betrifft. Der Ausfall tritt gleichermaßen im Andalusischen auf und ist 1547 belegt (*llorá* für *llorar*; Lapesa 1986, § 93.1). Darüber hinaus erscheint er als typisches Merkmal des Verbs in den romanischen Kreolsprachen.

Auch die Velarisierung von /r̄/ [x] im Spanischen Puerto Ricos ist im Romanischen nicht außergewöhnlich (cf. Französisch, Varietäten des Portugiesischen). Sie scheint in Puerto Rico erstmals im ausgehenden 19. Jh. aufgetreten zu sein (cf. de Granda 1978, 23–24).

Die retroflexe Variante für /r̄/ und /r/ [ɹ] in Costa Rica entwickelte sich wahrscheinlich gegen Ende des 18. Jhs. (Quesada Pacheco 1990, 54). Sie ergibt sich aus der Schwächung der Vibration, bei der sich die Artikulationsspannung im Gegensatz zur Assibilierung nicht frikativ, sondern retroflex löste.

6.1.2.8 Die Realisierung der Lenisplosive /b/, /d/, /g/

Bis zum 16. Jh. hatten /b/, /d/, /g/ im Spanischen in der Regel keine frikativen Allophone. Frikativ realisiert wurde lediglich das auf lat. <v> [w] zurückgehende /β/ [β] (*lavar*). Zudem war intervokalisches /d/ im Personalsuffix der 2. Pers. Pl. in paroxytoner Stellung (z.B. *-ades* ['aδes]) schon im 14. Jh. frikativ geworden und fiel im 15. Jh. aus (cf. Kap. 6.2.1.1.1). Die allgemeine Spirantisierung der Lenisplosive in stimmhafter Umgebung trat im Spanischen erst im 16. Jh. ein.

Der Verlust von Frikativen in intervokalischer Stellung (überwiegend von /d/) ist im 16. Jh. in Hispanoamerika belegt (Boyd-Bowman 1975, 2, 10). Der bevorzugte Ausfall von /d/ z.B. in *-ado* basiert auf der Frequenz des Morphems und der damit verbundenen Exposition des Frikativs. Dies führt auch in Andalusien, auf den Kanaren und selbst im Westen Kastiliens häufig zur Elision. Der Ausfall ist im Spanischen ein regionales, darüber hinaus aber auch ein diastratisches Phänomen. Zu Beginn des 18. Jhs. wurde der Verlust des intervokalischen /d/ bei dreisilbigen Partizipien ("*matao*") selbst am Hofe von Madrid als geläufig beschrieben (cf. Alonso 1967, I, 77).

Die in Gebieten Hispanoamerikas begrenzt auftretende plosive Realisierung von /b/, /d/, /g/ in stimmhafter Umgebung ist wohl ein Archaismus des 16. Jhs. Bei Zweisprachigen kann die plosive Realisierung auch auf der Interferenz mit einer Indianersprache beruhen. Dies ist z.B. in Yucatán der Fall.

6.1.2.9 Diverse konsonantische Entwicklungen

Die Velarisierung des implosiven /n/ [ŋ] und sein Ausfall stehen in Zusammenhang mit einer Schwächung des Konsonantismus. Der Ausfall des Nasals stellt eine fortgeschrittene Stufe des Prozesses dar, die in abweichenden Konstellationen auch das Französische und das Portugiesische betrifft. In Costa Rica ist der Ausfall 1591 belegt (*provicia* für *provincia*; Quesada Pacheco 1990, 53). In Spanien tritt die Velarisierung des implosiven /n/ im Andalusischen (mit sporadischem Ausfall), darüber hinaus aber auch im Asturianischen und Leonesischen auf.

Die Deaffrizierung von /tʃ/ > [ʃ] (*muchacho* [mu'ʃaʃo]) folgt einer allgemeinen phonetischen Tendenz in der Entwicklung von Affrikaten, die auch in Andalusien belegt ist. Aus dem Altspanischen kennt man die Deaffrizierung von [dʒ] > [ʒ] (*mujer*). Die chilenische Variante /tʃ/ [tˢ] veranschaulicht, dass [tʃ] im Spanischen (im Gegensatz zum Italienischen) ohne Lippenrundung gesprochen wird. Deshalb zeigt die frikative Komponente eine Affinität zu [s].

Die in Chile bei der Realisierung von /x/ vor vorderen Vokalen auftretende Palatalisierung (*ginebra* [çi'neβra]) entwickelt die phonetische Disposition des Konsonanten in Abhängigkeit von seinem vokalischen Umfeld konsequent weiter. So unterscheidet auch die Realisierung von /x/ im Spanischen zwischen einer stärker velaren Artikulation vor dunklen (velaren) Vokalen und einer in Richtung des Palatums verschobenen vor hellen Vokalen.

6.2 Morphosyntax

6.2.1 Anrede

Die Herausbildung der Anredeformen im amerikanischen Spanisch fußt auf den sprachhistorischen Verhältnissen im europäischen Spanisch. In der vertrauten Anrede ergaben sich sowohl im Singular als auch im Plural ab dem 15. Jh. Veränderungen, die von der semantischen Entwicklung der Form *vos* ausgelöst wurden. Die heute im amerikanischen Spanisch für die 2. und 3. Pers. Plural gebräuchliche Form *ustedes* ist 1612 erstmals belegt (CORDE, *s.v.*). Insofern kann die Übereinstimmung mit dem für die vertraute Anrede (2. Pers. Pl.) heute in Andalusien verwendeten Subjektpronomen nicht mit einer südspanischen Entwicklung in Verbindung gebracht werden.

6.2.1.1 Der *voseo*

Das Subjektpronomen *vos* (< lat. VŌS) wurde im Altspanischen für die 2. Pers. Pl. verwendet (*vos hablades* 'ihr sprecht) und diente darüber hinaus als formelle Anrede Höhergestellter ('Ihr sprecht'), was bereits im *Cantar de Mio Cid* (ca. 1140/1180) belegt ist. Als sich die mittelalterliche Ständegesellschaft auflöste, verlor singularisches *vos* an Formalität und griff bis zum 15. Jh. in den informellen Bereich über. Dies betrifft insbesondere die Anrede von Subalternen, für die zuvor *tú* verwendet worden war. Dadurch konnte *vos* auch eine despektierliche Konnotation anhaften. In der Folge wurde *vos* für die respektvolle Anrede durch *vuestra merced* ersetzt, für das 1572–74 im Singular erstmals die Kurzform *usted* vorliegt (CORDE, *s.v.*).

Entscheidend ist, dass *vos* im informellen Bereich sowohl singularische als auch pluralische Bedeutung erlangt hatte. Um hier eine Unterscheidung zu ermöglichen (Disambiguierung), verband sich pluralisches *vos* 'ihr' mit *otros* zu *vosotros* und etablierte sich ab dem 15. Jh. im spanischen Sprachraum. Im Westen Andalusiens (cf.

Karte Jiménez Fernández 1999, 76), auf den Kanaren (außer La Gomera, El Hierro und z.T. La Palma) sowie im amerikanischen Spanisch wurde *vosotros*, *-as* als Pronomen der 2. Pers. Pl. bis spätestens zum 19. Jh. durch *ustedes* ersetzt. Der Gebrauch von *ustedes* im amerikanischen Spanisch mit der Verbform der 3. Pers. Pl. in höflicher sowie vertrauter Anrede entspricht den Verhältnissen im Osten Andalusiens, während man im Westen *ustedes queréis* und *ustedes quieren* differenziert.

Vos, das im informellen Bereich mit *tú* konkurrierte, wurde in Spanien bis zum Beginn des 18. Jhs. von *tú* verdrängt und ist heute regional nur im Leonesischen erhalten. Die Abkehr von *vos* betrifft auch eine Reihe hispanoamerikanischer Gebiete. Nach allgemeiner Erklärung handelt es sich um die Regionen, die mit Spanien in engerer Verbindung standen wie der karibische Raum sowie die Vizekönigreiche Mexiko und Peru, welche heute überwiegend *tuteo*-Gebiet sind. Stärker isolierte Regionen, die man linguistisch als Randgebiete klassifiziert, wie Mittelamerika und der La Plata-Raum hingegen behielten *vos* bei.

In Argentinien lassen sich im 19. Jh. in der vertrauten Anrede noch städtischer Gebrauch von *tú* und ländliche Verwendung von *vos* unterscheiden. In Chile war *tú* im ersten Drittel des 19. Jhs. in der Volkssprache möglicherweise nicht mehr präsent. Durch das Bildungswesen und die Bestrebungen der Mittel- und Oberschicht, sich sprachlich abzusetzen, kam *tú* jedoch wieder in Gebrauch, so dass sich der verbale *voseo* mit *tú* heute in weiten Teilen der chilenischen Gesellschaft etabliert hat. In Argentinien verwandte die Oberschicht noch im 19. Jh. *tú*, das in der gewählten Schriftsprache und im formellen mündlichen Gebrauch, so z.B. in der Schule, selbst im 20. Jh. beibehalten wurde, obwohl dies der sprachlichen Realität im Lande widersprach. Erst 1982 erkannte die Academia Argentina de Letras die Verwendung von *vos* an.

Die regionale Verschiebung von *usted* in den Bereich der vertrauten Anrede (Andengebiete Kolumbiens und Venezuelas, Costa Rica) setzt einen Ausgleich fort, der mit der Verschiebung von *vos* in den Bereich der vertrauten Anrede begonnen hatte. Eine gewisse Parallele bietet das brasilianische Portugiesisch mit der Verbreitung von *você* (< pg. *vossa mercê*) für ‘du, Sie’. Im Übrigen war auch in Spanien für die Anrede der Eltern bis ins 20. Jh. hinein *usted* nicht ungebräuchlich. In den genannten hispanoamerikanischen Gebieten hat sich *usted* erhalten, nur steht es heute zwischen Eltern und Kindern, nahen Angehörigen und Freunden für eine informelle Anrede. Das unter anderem aus Kolumbien bekannte *sumercé* reflektiert eine archaische Form, die auch in Südspanien noch im 19. Jh. gebräuchlich war.

6.2.1.1.1 Polymorphie der Verbformen

Die Polymorphie der Verbformen, die sich in unterschiedlicher regionaler Distribution mit *vos* verbinden (*vos tomás*, *tomáis*, *tomas*), erklärt sich phonetisch und funktional. Im Laufe des 15. Jhs. verstummte das intervokalische /d/ in den paroxytonen Personalsuffixen der 2. Pers. Pl. (z.B. *-ades*). Als Verbalsuffixe waren diese Formen, zumal unter dem Hauptton, stark exponiert und schliffen sich ab (*hablades* > **habla-es*, *tenedes* > **tenees*, *salides* > **salíes* (cf. Kap. 6.1.2.8). Im europäischen Paradigma (→ *habláis, tenéis, salís*) wurde bei den frequenten Verben auf *-ar* der durch den Ausfall von /d/ entstandene Hiat ['a-e] in der weiteren Entwicklung durch Hebung des zweiten Vokals (→ [i̯]) in einen Diphthong überführt (**hablaes* > *habláis*). Hiate tendieren im Romanischen oft zur Auflösung. Die Verben auf *-er* folgten dabei dem Modell der *a*-Konjugation, was man als analogen Formenausgleich bezeichnet (**tenees* → [te'nes] > *tenéis*).

Die im La Plata-Raum und in Mittelamerika geläufigen undiphthongierten *voseo*-Formen (*tomás, querés, salís*) sind das Ergebnis einer historischen, auch in Spanien belegten Entwicklung. Diese orientierte sich offensichtlich an den Verben auf *-er* (**tenees*), für die die phonetisch naheliegende Auflösung des gleichvokaligen Hiats ['e-e] in der Kontraktion der Vokale (Synärese) > [e] (*tenés*) lag. Die Verben auf *-ir*, die sowohl in Spanien als auch in *voseo*-Gebieten auf *-ís* enden, sind ebenfalls das Ergebnis einer Synärese, denn das nachtonige Element des Hiats ['i-e] wurde elidiert (> *salís*). In den meisten *voseo*-Gebieten übertrug sich dieses Modell auf die Formen der *a*-Konjugation (> *hablás*). Dabei mag auch die Tatsache, dass *vos* singularische Bedeutung angenommen hatte, eine Rolle gespielt haben, denn Diphthonge verbinden sich im Spanischen in den Verbalendungen der 2. Pers. mit dem Plural, während die 2. Pers. Sg. undiphthongiert ist. Im 19. Jh. sind in Argentinien auch diphthongierte Formen noch belegt.

Analoger Formenausgleich kam bei der in Chile und im Hochland von Ecuador vorherrschenden *voseo*-Variante (→ *vos ten*<u>*ís*</u>) erneut zum Tragen, denn dort orientierten sich die Verben auf *-er* an den Verben auf *-ir*. Die Variationsbreite der Entwicklungen wird klar, wenn man die chilenische Form *habl*<u>*áis*</u> heranzieht, die (bis auf den Ausfall von [-s]) wiederum mit der in Spanien übereinstimmt.

Mitte des 16. Jhs. bildeten sich die Präferenzen für das jeweilige Verbalparadigma heraus (z.B. *-áis* vs. *-ás*), auf denen die heutige Variation beruht. Der pronominale *voseo* (*vos hablas*) und der verbale *voseo* (*tú hablás*) unterscheiden zudem das Pronomen.

6.2.2 Weitere morphosyntaktische Besonderheiten

6.2.2.1 Substantiv

Bei den im amerikanischen Spanisch regional auftretenden Abweichungen im Genus (*la mar, la puente*) handelt es sich zum Teil um Archaismen. So ist *puente* regional auch in Spanien feminin (cf. pg. *a ponte*). *Mar* ist als Femininum in den Verbindungen *alta mar, hacerse a la mar, la mar (de bueno)* gemeinspanisch. Bei *radio* f./m. kommt es auf die Bezugsform an (< *radiodifusión, receptor de radio*). Die volkssprachlich ausgeweitete Bildung femininer Formen (*la estudianta*) erklärt sich durch die Tendenz zu analogen Bildungen, die aufgrund einer weniger ausgeprägten Norm oder Progressivität vordringen.

Das im karibischen Raum verwendete Pluralallomorph *-se(s)* (**cafese* vs. *cafés*) könnte man im Prinzip als Kompensation der durch den Ausfall des finalen /s/ bedingten defektiven Pluralbildung begreifen (cf. Kap. 2.1.2.3), die sich restrukturiert. Mit *maravedises* (*maravedís*) liegt allerdings bereits 1539 eine solche Form in einem Brief an Karl V. aus Honduras vor (Nieto Segovia 1995, 81).

6.2.2.2 Diminutivbildung

Die Ausweitung der Diminutivbildung (*dositos hijos, corriendito, detrasito*) ist Ausdruck einer Tendenz zur allgemeinen Steigerung der Expressivität in der gesprochenen Sprache, die sich wortklassenübergreifend auswirkt. Bello bemerkte dazu 1847 in seiner *Gramática de la lengua castellana destinada al uso de los americanos*:

> En Chile, como en algunos otros paises de América, se abusa de los diminutivos. Se llama *señorita*, no solo a toda señora soltera, de cualquier tamaño i edad, sino a toda señora casada o viuda [...] (Bello 1891, 62, Fn.).

Die Diminutivbildung auf *-ico* (*un momentico*) in Kuba, Costa Rica und Kolumbien spiegelt eine regionale Präferenz wider. In Honduras ist 1544 *narangicos* 'Orangenbäumchen' belegt (Nieto Segovia 1995, 128). Im 16. Jh. war das Suffix in Kastilien produktiv und ist in Spanien auch heute regional vertreten (z.B. Aragonien).

6.2.2.3 Pronomina

Die erhöhte Frequenz der Subjektpronomen im karibischen Raum entspricht einerseits dem Streben nach Steigerung der Expressivität, die semantisch zum Verlust der Emphase geführt hat. Andererseits mag der häufige Ausfall des finalen /s/ (cf. Kap. 2.1.2.3) der 2. Pers. Sg. eine ausgleichende Kennzeichnung gegenüber der 3. Person Sg. erfordern.

Die Verwendung der Pronomen *lo/los* für den Akkusativ des Maskulinums, die auch in Andalusien und auf den Kanaren geläufig ist (Lapesa 1986, § 124.2), entspricht der lateinischen Etymologie der Formen. Allerdings tritt bereits im *Cantar de Mio Cid* ebenso *le* auf. Der Gebrauch von *le/les* schritt im 15. Jh. voran und beherrschte in der ersten Hälfte des 16. Jhs. die Schriftsprache in Altkastilien und León (Lapesa 1986, § 97.7). Diese Entwicklung steht ohne Zweifel in gewisser Verbindung mit der Verwendung des präpositionalen Akkusativs (*encontré a mi amigo → le encontré*). Der Tendenz zum Gebrauch von *le* folgte z.B. auch das mexikanische Spanisch, das diese Form im 17. Jh. in zwei Dritteln, regional sogar in 80% der Fälle einsetzte. Erst im 18. Jh. wurde in Mexiko *lo* mehrheitlich verwendet (Hidalgo 2016, 297; 325).

In Paraguay, im Nordosten Argentiniens und in Ecuador reflektiert der akkusativische Gebrauch von *le/les* gegebenenfalls das Kastilische des 16. Jhs. In manchen Fällen kann abweichender Pronominalgebrauch auch ein amerindisch bedingtes Sprachkontaktphänomen sein.

Die Präferenz der pronominalen Linksversetzung bei Infinitiven (*te la voy a dar* vs. *voy a dártela*), für die auch Cervantes Beispiele liefert, führt im amerikanischen Spanisch die Tendenz zur Proklise (Voranstellung) der Objektpronomen fort. Enklitische Stellungen, die eine Erststellung unbetonter Pronomen vermeiden sollen, entsprechen im Romanischen dem mittelalterlichen Sprachstand und wurden weitgehend aufgelöst.

6.2.2.4 Zeitenbildung und Verb

Die Tendenz zur periphrastischen Futurbildung besteht im gesprochenen Spanisch allgemein und ist gerade auch für das Andalusische typisch. Sie folgt dabei einer romanischen Entwicklung zur Futurperiphrase (auch das heutige synthetische Futur war ursprünglich eine Periphrase mit Infinitiv + eine Form von lat. HABĒRE. Im gesprochenen brasilianischen Portugiesisch hat sich diese Struktur ebenso bereits weitgehend durchgesetzt.

Die Wahl des Indefinido für Handlungen mit Gegenwartsbezug (*Mario todavía no llegó*) entspricht dem älteren Sprachgebrauch. Dieser Archaismus ist auch in Galicien, Asturias, León und auf den Kanaren verbreitet (Lapesa 1986, § 133.3). Die Verwendung des zusammengesetzten Perfekts für abgeschlossene Handlungen (*lo he encontrado ayer*) stellt hingegen eine Innovation dar, die sich auch das Französische und das Standarditalienische zu eigen gemacht haben. In Spanien ist sie in Andalusien verbreitet und betrifft weite Gebiete in Cádiz und Málaga (Jiménez Fernández 1999, 78). Durch die Vermeidung unregelmäßiger Indefinido-Formen kann man diese Entwicklung als sprachökonomisch charakterisieren.

Als sprachliche Vereinfachung lässt sich ferner die Präferenz für eine präsentische Zeitenfolge in konjunktivischen Nebensätzen einordnen (*quería que lo *hagamos* [*hiciéramos*]), die sich im modernen Französisch ebenfalls durchgesetzt hat.

Eine Tendenz zur Simplifizierung des Systems entspricht auch der weitgehende Verlust der Formen des Konjunktivs Imperfekt auf *-se* zugunsten von *-ra*. Während die ursprüngliche Verwendung als Plusquamperfekt Indikativ (*cantara* 'había cantado') im Spanischen an Bedeutung verlor, verlagerte sich der Gebrauch — parallel zu den Formen auf *-se* — auf den Konjunktiv. Die Frequenz von *-ra* erhöhte sich zudem durch den Einsatz in Konditionalsätzen, die im 14. und 15. Jh. vorwiegend nach dem Muster *si tuviera, diera* ('daría') konstruiert wurden. Im amerikanischen Spanisch weitete sich der Gebrauch von *-ra* schließlich auf die konjunktivischen Nebensätze aus. Bereits in der zweiten Hälfte des 18. Jhs. überwogen im Hochland von Mexiko die Formen auf *-ra* mit 70% der Okkurrenzen (Hidalgo 2016, 330). Der vormalige Gebrauch der Formen für das einfache Plusquamperfekt (*hiciera* 'había hecho') entspricht der Etymologie und findet heute noch in der portugiesischen Schriftsprache gelegentlich Anwendung.

Infinitivkonstruktionen, die auf den Antillen, in Panama, Kolumbien und Venezuela in Haupt- und Nebensatz unterschiedliche Subjekte zulassen (*antes de yo llegar habían hecho las maletas*), stellen eine Ausweitung der syntaktischen Möglichkeiten dar, die dem Bedürfnis nach Sprachökonomie entspringt. Auf diese Weise wird die konjunktivische Hypotaxe vermieden (→ *antes de que yo llegara, habían hecho las maletas*). Es besteht eine Parallele zum Portugiesischen, das diese Konstruktion in Zusammenhang mit dem so genannten persönlichen Infinitiv einsetzt.

Die im karibischen Raum ohne Inversion gebildete Frageform (*¿qué tú quieres?*) ist im Hinblick auf die strukturelle Regularisierung der SV-Stellung mit afrikanischen Einflüssen in Verbindung gebracht worden. Ein Nachweis ist hier kaum zu führen. Diese Satzstellung tritt auch im Norden Leóns, in Palencia und auf den Kanaren auf (Buesa Oliver/Enguita Utrilla 1992, 191–201). Darüber hinaus wird sie in der französischen Umgangssprache vorgezogen (*Comment tu vas?*).

Die Numerusangleichung bei den Verben *haber* und *hacer* in unpersönlicher Verwendung (*habían dos mil personas*; *hacen diez años*) stellt sich als eine Interferenz des neutralen Subjekts mit dem konkreten Objekt dar. Demgegenüber beziehen Sprecher bei der Passivumschreibung (*se vende libros*) das Verb offensichtlich auf ein virtuelles Agens, das seinerseits singularisch neutral eingestuft wird.

Das Personalsuffix der 1. Pers. Pl. *-nos*, das im karibischen Raum (z.B. Venezuela) und im Spanischen der USA belegt ist, erklärt sich aus einer Interferenz mit dem Objektpronomen *nos*. Man vergleiche im Deutschen dialektales *mir* für *wir*. Der im Kontrast zum Kastilischen reflexive Gebrauch einiger Verben im amerikanischen Spanisch (*regresarse*, *tardarse*) ist in Spanien historisch belegt (cf. *http://corpus.rae.es/cordenet.html*). Unterschiede ergeben sich auch im Sprachvergleich: sp. *levantarse* vs. bras. pg. *levantar* 'aufstehen'.

6.2.2.5 Präpositionen

Die bevorzugte Setzung des einfachen *que* gegenüber der Verbindung *de que* in Kompletivsätzen (*el hecho que*) entspricht dem historischen Sprachgebrauch, der die Präposition in dieser Struktur bis zum 16. Jh. nicht setzte. In anderen Fällen liegen Interferenzen mit dem Englischen vor (cf. Kap. 3.4.3).

6.3 Historische Zeugnisse sprachlicher Differenzierung

Historische Hinweise auf Besonderheiten des amerikanischen Spanisch lassen sich in verschiedene Kategorien einordnen. Am Anfang stehen Hinweise zum Wortschatz, die aus dem Bordbuch des Kolumbus hervorgehen (cf. Kap. 5.5.2). In Sprachkontaktsituationen (hier: amerindische Sprachen) ist zunächst das Vokabular betroffen.

Wurden Wörter als Entlehnungen in das permanente Lexikon des Spanischen aufgenommen, sind sie der Herkunft nach Amerikanismen (cf. Kap. 1.3.1). Viele sind es auch dem Gebrauch nach, soweit sie in Spanien nicht verwendet werden. Bis zum Beginn des 17. Jhs. beschränkte man sich hinsichtlich der Existenz von Amerikanismen in der Regel auf die Erwähnung der "voces de Indias".

Hinweise auf strukturelle Eigenheiten des amerikanischen Spanisch in Phonetik und Morphologie finden sich mit größerem zeitlichen Abstand. Die Phonetik, die sich zum Nachweis sprachlicher Veränderungen besonders gut eignet, erfährt als Quelle in diesem Fall jedoch eine gewisse Einschränkung, denn die markanten phonetisch-phonologischen Veränderungen des 16./17.Jhs. betreffen sowohl Spanien als auch die hispanoamerikanischen Gebiete. Darunter fallen die Desonorisierung der Sibilanten (/z̺/ > /s̺/; /z̻/ > /s̻/) (cf. Kap. 6.1.2.2), die Velarisierung von /ʒ/ > [ʃ] > /x/ [x]) (cf. Kap. 6.1.2.5) sowie die Spirantisierung der Lenisplosive in stimmhafter Umgebung ([b d g] > [β ð ɣ]) (cf. Kap. 6.1.2.8). Nur in der fehlenden Differenzierung von /s̺/ und /s̻/ (cf. Kap. 6.1.2.2) weichen die hispanoamerikanischen Gebiete ab, allerdings mit einer Parallele in Varietäten des Andalusischen, so dass auch in diesem Punkt kein klarer kontinentaler Gegensatz bestand.

So liegen bis ins 17. Jh. metasprachliche Hinweise auf das Spanische in Mexiko oder auch Peru (*limeño*) vor, die der Sprache löbliche Attribute wie *puro*, *pulido*, *cortesano* zubilligen (cf. Quesada Pacheco 2003, 16–19). Dies steht gewiss mit der Tatsache in Verbindung, dass die höheren Kolonialbeamten aus Kastilien stammten, wo der spanische Hof ansässig war, dessen Sprachgebrauch somit gleichermaßen gepriesen wurde. Da die Einstellung jener Zeit das Spanische auch im Sinne von Nebrijas Diktum "siempre la lengua fue compañera del imperio" (cf. Kap. 5.1) als Sprache eines Kolonialreichs sah, als dessen Bindeglied sie fungierte und deren Reinheit (*pureza*) sich mit der Vorstellung von Einheit verband, mussten varietätenlinguistische Betrachtungen möglicherweise in den Hintergrund treten.

Bernardo de Aldrete, der Autor der ersten spanischen Sprachgeschichte, widmet in seinem Werk *Del origen o principio de la lengua castellana* (1606) den amerikanischen Gebieten zwar Raum (Aldrete 1606, 143–147), geht aber nicht auf eventuelle sprachliche Besonderheiten ein. Von indianischen Häuptlingen und Abkömmlingen spanischer Abstammung berichtet er summarisch, sie sprächen wie in Kastilien:

> Algunos Indios principales lo pronuncian tambien como los nuestros, lo mismo hazen todos los que tienen raça de Españoles, por cualquier via que sea, que hablan como en Castilla (Aldrete 1606, Kap. XXII, 146).

In einem Brief von 1616 charakterisiert Bernardo de Aldrete das Spanische in Amerika dann allerdings als regional diversifiziert:

> Diferentes son los dialectos, i frases i pureza de nuestra lengua que se usan en Madrid de las de México, i Lima; no tan lexos de Córdoba a Sevilla ai en muchas cosas diferencia (zit. nach Martínez Ruiz 1970, 308).

Die hier getroffene Feststellung ist interessant, denn Aldrete unterscheidet sprachlich die Städte México und Lima. Auf die Reinheit der Sprache (*pureza*) bezieht sich wiederum die Aussage des Bischofs Fernández de Piedrahita, der 1676 die Aussprache der Bewohner von Cartagena (Kolumbien) rügt und sie mit der an den andalusischen Küsten verbreiteten vergleicht (cf. Kap. 7.4). Als Gegenstück zu *pureza* fungiert in Kommentaren ein *español corrompido* oder *chapurr(e)ado*, *adulterado*, das oft die Sprache von Indigenen oder schwarzen Sklaven (*negros bozales*) charakterisiert.

Man muss auch berücksichtigen, dass manche Phänomene im amerikanischen Spanisch vergleichsweise spät auftraten oder gegebenenfalls mit Verzögerung zur Kenntnis gebracht wurden. Reiseberichte stellen grundsätzlich eine wichtige Quelle für sprachliche Beobachtungen dar. So belegt der Brite Alexander Caldcleugh um 1820 durch einen Aussprachevergleich den *žeísmo* für Buenos Aires, der wohl auf das 18. Jh. zurückgeht (cf. Kap. 6.1.2.4).

Auf die Problematik klarer Abgrenzung von amerikanischen und europäischen Charakteristika wurde bereits hingewiesen. Die Tatsache, dass das Diminutivsuffix *-ico* in Honduras 1544 belegt ist (cf. Kap. 6.2.2.2), könnte bei einem in Amerika geborenen Sprecher im Prinzip auf die Verwendung hinweisen, die heute für Kuba, Costa Rica und Kolumbien typisch ist. Allerdings besteht eine Einschränkung darin, dass besagtes Suffix im 16. Jh. in Kastilien produktiv war. Die Typisierung für die genannten Länder muss somit wohl zu einem späteren Zeitpunkt eingetreten sein.

Ein ähnliches Problem ergibt sich für den morphologisch markanten *voseo* (cf. Kap. 6.2.1.1). Solange *vos* in Spanien gebräuchlich war, konnte es für Hispanoamerika nicht als typisch gelten, zumal es dort in unterschiedlichen Konstellationen nur regional auftritt. In Chile war die Konkurrenzform *tú* z.B. erst zu Beginn des 19. Jhs. (vorübergehend) außer Gebrauch gekommen. So bleibt es eher dem Zufall überlassen, ob sich Zeitgenossen sprachvergleichend kontrastiv oder auch im Sinne von sprachlicher Parallelität metalinguistisch äußern. Ein solcher Fall liegt in folgendem Beispiel vor: In der literarischen Zeitschrift *El Mosaico*, die zwischen 1858 und 1872 in Bogotá erschien und auch sprachliche Themen behandelte, berichtete 1865 (Bd. 16) José Joaquín Borda von einer Reise nach Costa Rica:

> Alli como en estas tierras se acostumbra acentuar los imperativos, usar el *vos* en lugar de *tú* i convertir en diptongos, vocales que deben pronunciarse separadas y con distinto acento. *"Poné ái los báules*, decía un amigo al peón del puerto, *mirá que vos sos muy descuidao"* (Borda 1865, 123, zit. nach Quesada Pacheco 2003, 18).

Das Zitat belegt für Costa Rica den *voseo* im Imperativ, die *voseo*-Form von *ser*, die Auflösung von Hiaten sowie den intervokalischen Verlust von /d/.

Die vorangegangenen Beispiele weisen darauf hin, dass sprachgeschichtliche Ansätze im amerikanischen Spanisch am besten auf regionaler Basis verfolgt werden. Dabei geht es natürlich auch um die systematische Auswertung schriftlicher Zeugnisse, die u.a. aufgrund ihrer Graphie (→ Verwechslungen) Hinweise auf sprachliche Veränderung geben. Auf diese Weise ermittelte z.B. Fontanella de Weinberg, dass der *yeísmo* in Buenos Aires nicht vor 1700 belegt ist (cf. Kap. 6.1.2.4). Hidalgo wiederum stellte fest, dass im Spanischen Mexikos der zunächst mehrheitliche akkusativische Gebrauch des Objektpronomens *le* im Maskulinum erst im 18. Jh. der Verwendung von *lo* wich (cf. Kap. 6.2.2.3).

Aufgaben

1. Stellen Sie die Merkmale des amerikanischen Spanisch, die sich möglicherweise mit Andalusien in Verbindung bringen lassen, chronologisch zusammen.
2. Stellen Sie fest, welche Sprachatlanten zu Spanien in Ihrem Seminar zur Verfügung stehen und verfolgen Sie unter Berücksichtigung der Kanarischen Inseln die in Spanien regional belegten phonetischen Charakteristika des amerikanischen Spanisch anhand von Beispielen auf den Karten.

7 Die Herausbildung des amerikanischen Spanisch

7.1 Allgemeine Betrachtungen

Die Herausbildung des amerikanischen Spanisch entspricht einer komplexen Form des Sprachwandels. Die Faktoren, die Sprachwandel auslösen oder begleiten, können vielfältiger Natur sein (cf. Coseriu 1974, Keller 2014). Im hispanoamerikanischen Kontext spielen folgende Punkte eine besondere Rolle:

Primäre Faktoren für die Herausbildung des amerikanischen Spanisch	
(1)	die räumliche Distanz der Sprachgebiete (Spanien – Amerika)
(2)	der zeitliche Abstand vom Beginn der territorialen Eigenentwicklung (1493 + x)
(3)	die neue Bevölkerungszusammensetzung: Andalusier, Extremeños, Murcianos, Kastilier, Leonesen, Gallegos, Kantabrer, Aragonesen, Basken, Katalanen in unterschiedlichen Zahlenverhältnissen
(4)	die Existenz von Substraten und Adstraten (indianische und afrikanische Sprachen)
(5)	die regionale Anbindung (isoliert vs. verkehrsgünstig)

Oft sind mehrere Faktoren an einer Entwicklung beteiligt, ohne dass im Einzelnen entschieden werden kann, welches Gewicht einem bestimmten Faktor unter Umständen zufällt.

Darüber hinaus verfügt jede Sprache über eine immanente Tendenz zur Veränderung, die Edward Sapir als *drift* bezeichnete: "It is exceedingly doubtful if a language will ever be spoken over a wide area without multiplying itself dialectally" (1949, 151). Veränderungen ohne erkennbare äußere Einflüsse betrachtet man als spontanen Sprachwandel.

Ein weiteres Kriterium ist, dass verwandte Sprachen wie die romanischen häufig analoge Entwicklungen aufweisen, die sich offensichtlich unabhängig in Raum und Zeit wiederholen und zu ähnlichen oder gar gleichen Ergebnissen führen können. Dies trifft insbesondere auf Varietäten ein und derselben Sprache zu. So sind die Protagonisten der sprachlichen Entwicklung in Hispanoamerika eng miteinander verbunden: das Andalusische ist ein sekundärer Dialekt des Kastilischen und im Zuge der Reconquista des Südens ab dem 13. Jh. entstanden. Bereits im 16. Jh. erfolgte die Ausbreitung nach in Amerika. Grundsätzlich ist damit zu rechnen, dass es sich bei sprachlichen Veränderungen um Verschiebungen auf der Zeitachse handeln kann, bei denen z.B. eine Varietät voranschreitet und die andere zeitlich versetzt folgt.

Sprachwandel vollzieht sich über längere Zeiträume, wobei innerhalb eines Gebietes oder benachbarter Gebiete möglicherweise divergierende Stadien einer Entwicklung koexistieren. Für die Herausbildung des amerikanischen Spanisch ist von Bedeutung, dass entsprechend der Herkunft der Kolonisten verschiedene regionale Normen des Spanischen nach Amerika getragen wurden.

https://doi.org/10.1515/9783110598445-007

Normen des Spanischen zur Zeit der kolonialen Expansion	
(1)	das Südspanische Andalusiens und der Extremadura, in dessen Zentrum die Varietät von Sevilla steht
(2)	das Toledanische (Toledo, Madrid), das seit dem 13. Jh. Sprache der königlichen Kanzlei, der Prosa und der Wissenschaften war
(3)	das Spanische Altkastiliens

Diese unterschiedlichen peninsularen Entwicklungsstadien (cf. Parodi 1995) flossen in die Herausbildung der Charakteristika Hispanoamerikas ein. Ein allgemeines Problem bei der Beurteilung der amerikanischen Entwicklungen und ihrer Verbindung zum Mutterland liegt darin, dass man die regionalen Sprachstände im 15. und 16. Jh. gerade im Hinblick auf die gesprochene Sprache und den Wortschatz auch für Spanien nicht immer exakt kennt.

7.2 Periodisierungen des amerikanischen Spanisch

Periodisierungen dienen der Übersicht und teilen Sprachgeschichte in Epochen ein, die Entwicklungen und Einflüsse in sinnvolle Zusammenhänge setzt. Dabei unterscheidet man innere und äußere Sprachgeschichte. Innere Sprachgeschichte reflektiert Entwicklungen der Sprache selbst wie z.B. Lautwandel ([ʎ] > [j̞]) oder Veränderungen in der Morphosyntax (*tú* → *vos*). Äußere Sprachgeschichte nimmt Bezug auf außersprachliche Ereignisse, die mehr oder weniger Einfluss auf die Sprachentwicklung nakmen. Das können geschichtliche Rahmenbedingungen sein (Entdeckung Amerikas → Ausbreitung des Spanischen) oder auch Maßnahmen zur Sprachlenkung (Reform der Graphie: <ç> → <z>). Der Idealfall einer Periodisierung läge in einer näherungsweisen zeitlichen Parallelität der inneren und äußeren Faktoren.

In der Periodisierung des amerikanischen Spanisch kommt der äußeren Sprachgeschichte für die Frühzeit ohne Zweifel eine zentrale Bedeutung zu, da sie mit der Eroberung der Großräume (Antillen, Mexiko, Peru) zusammenhängt. Einigkeit in der Einteilung besteht hinsichtlich der antillanischen Phase (1493–1519), die zwischen dem Beginn der Besiedlung Hispaniolas und der Eroberung Mexikos liegt (cf. Vaquero 1992). Die Ansiedlung von Spaniern auf Puerto Rico (ab 1508) war bis zum Ende der antillanischen Phase noch unbedeutend. Dies gilt auch für Kuba (ab 1511), das von Santo Domingo aus kolonisiert wurde (cf. Boyd-Bowman 1956, 1157–1158). Ein sprachlicher Aspekt, der sich mit der antillanischen Phase verbindet, ist die Frage, ob sich das Spanische in diesen 25 Jahren im Sinne einer frühen formativen Phase auf der Insel Hispaniola durch Nivellierung (cf. Kap 7.3, 7.4.2) maßgeblich zur Grundlage des amerikanischen Spanisch entwickelt haben kann. Unabhängig davon lässt sich festhalten, dass Hispaniola und Kuba über die antillanische Phase hinaus Stationen des Personen- und Warenverkehrs nach Hispanoamerika blieben.

7.2.1 Guitarte

Im ersten Ansatz seiner Periodisierung des Spanischen in Amerika geht Guillermo Guitarte (1991a, 169ss.) von einem *lenguaje de las islas* aus (→ Karibik), das sich in den Anfängen durch die Lexik und den *seseo* auszeichnet. Für die zweite Phase stellt er die Frage nach der Interaktion des *lenguaje de las islas* und der Einwanderung auf das Festland mit Hispanisierung, Wirtschaftsleben, weiterer Sprachentwicklung. Darauf folgen Ende des 18. Jhs. eine Übergangsphase und mit dem 19. Jh. und 20. Jh. die Zeit der Unabhängigkeit.

Periodisierung des amerikanischen Spanisch nach Guitarte

(1991a)	(1991c)
(1) *Período de orígenes* (entspräche *período antillano*): spanische Präsenz auf den karibischen Inseln und südlichen Küstenabschnitten des Festlands (1492–1519)	(1) *Período de unidad*: die gesamte Kolonialzeit
(2) *Florecimiento del mundo colonial*: Eroberung Mexikos und Perus, wodurch die Einwanderung sowie die Gründung von Ansiedlungen auf dem Kontinent in Gang gesetzt wurden (1519–ca. 1780)	
(3) Übergangsphase: vom Ende des 18. Jhs. bis zu den Unabhängigkeitsbewegungen (ca. 1780–1820)	
(4) Zeit der Unabhängigkeit: das 19. Jh.	(2) *Período de divergencia*: das 19. Jh.
das 20. Jh.	(3) *Período de convergencia*: das 20. Jh.

Im zweiten Ansatz unterscheidet Guitarte nur noch Kolonialzeit, das 19. Jh. und das 20. Jh. (Guitarte 1991c). Es handelt sich um eine rein außersprachliche Einteilung, die man für das 19. Jh. mit politischen Bestrebungen im Hinblick auf die Bezeichnungen *idioma/lengua nacional* rechtfertigen kann. Dass Guitarte allerdings die gesamte Kolonialzeit unter *período de unidad* zusammenfasst, mag in die Irre führen. Schließlich bildeten sich in jener Epoche die Besonderheiten der verschiedenen Sprachgebiete heraus.

7.2.2 Frago Gracia und de Granda

Juan Antonio Frago Gracia (1990, 77) nimmt keine wirkliche Periodisierung des amerikanischen Spanisch vor, sondern geht grundsätzlich von einer allgemeinen formativen Phase aus, die um 1650 beendet gewesen sei. Dem schließt sich in zeitlicher Perspektive auch de Germán de Granda (1994a, 47) an.

Wenn man auf dieser Basis einen direkten innersprachlichen Bezug herstellen würde, entspräche dies im Kastilischen mit gewissem Abstand dem Abschluss der phonetischen Entwicklungen des 16./17. Jhs. mit der Velarisierung von [ʃ] > [x], der Verschiebung [s̪] > [θ] und dem Ausfall von [h-]. Außersprachlich besteht eine Nähe zum Ende des Siglo de Oro. Gewiss war auch im amerikanischen Spanisch bis zur Mitte des 17. Jhs. über die karibische Zone hinaus eine gewisse Stabilisierung eingetreten. Auf diese folgten ab dem 18. Jh. regionale Entwicklungen wie z.B. die Ausbildung des *žeísmo* in Argentinien und die Velarisierung von /r̄/ in Puerto Rico (cf. Kap. 6.1.2.7).

7.3 Sprachliche Nivellierung

Wenn sich ein Gebiet durch das Aufeinandertreffen verschiedener externer regionaler Normen sprachlich neu konstituiert, kommt es im Allgemeinen zu einem gewissen Ausgleich von Merkmalen, den man als Nivellierung bezeichnet. Dabei werden Varianten, die innerhalb einer Sprechergemeinschaft subjektiv als exponiert eingestuft werden, in der Regel abgeschwächt oder eliminiert. Auf den Prozess der Nivellierung in Zusammenhang mit dem amerikanische Spanisch hatte bereits Amado Alonso 1953 hingewiesen:

> Una nivelación (parcial) fonética supone el que cada uno renuncie a sus particularismos originarios más crudos y el que sean adoptadas por la comunidad aquellas pronunciaciones que menos choquen a los diferentes hábitos regionales allí reunidos; pero, además, la nivelación da lugar también a fenómenos nuevos que podríamos llamar, por comodidad, de compromiso (Alonso 1976 [[1]1953], 93).

Das Ergebnis eines solchen Ausgleichs bezeichnet man als Koine. Nivellierung und Koinebildung zielen in die gleiche Richtung, so dass eine gesonderte theoretische Grundlage für *koinización* (cf. Fontanella de Weinberg 1987a) nicht notwendig erscheint. Die Koinebildung wird in der spanischen Fachliteratur manchmal auch als *criollización* bezeichnet (< *criollo*; cf. Kap. 5.6.2), darf dabei aber nicht mit einer kreolsprachlichen Entwicklung verwechselt werden.

Weiterhin ist zu berücksichtigen, dass der Sprachkontakt über die drei Jahrhunderte der Kolonialzeit zwischen Spanien und Amerika fortbestand, so dass durch kontinuierliche Einwanderung beständig neue potentielle Entwicklungsparameter einflossen. Diese hatten zweifelsohne im 16. Jh. mehr Gewicht als im 18. Jh., als sich die diversen Sprachgebiete bereits konsolidiert hatten.

7.3.1 Der Weg in die Neue Welt

Einen ersten nivellierenden Einfluss, den man als den Beginn sprachlicher Adaptation verstehen kann, übten wohl die Kontakte auf dem Reiseweg nach Amerika aus. Die Siedler sammelten sich in der Regel in Sevilla (oder Cádiz) und verbrachten oft einige Monate in der Stadt, bevor sie die Möglichkeit zur Überfahrt erhielten. Dabei stand Sevilla als Sammelpunkt der Überfahrten in die Neue Welt und europäisches Ziel der kolonialen Goldtransporte im Mittelpunkt des Interesses. Gewisse Einwirkungen des sprachlichen Umfelds lassen sich gewiss nicht leugnen. In diesem Sinne beschreibt der aus Madrid stammende und 1573 für die Audiencia de Santo Domingo ernannte Richter Eugenio de Salazar den Einfluss, den die Sprache südspanischer Seeleute während der Überfahrt auf ihn ausübte:

> Y no es de maravillar que yo sepa algo en esta lengua, porque me he procurado ejercitar mucho en ella [...] Y así para pedir la taza muchas veces digo: *largá la escota* [...] Si llego al fogón digo: *hierven los ollaos* [...] Así que ya no es en mi mano dejar de hablar esta lengua (zit. nach Alonso 1976, 55).

Nach der Atlantiküberquerung schloss sich in der frühen Zeit in der Regel ein Aufenthalt in Santo Domingo bzw. auf Kuba an, bevor die Weiterreise in das Zielgebiet unternommen wurde.

Mit der Formierung eines ersten sprachlichen Nukleus in der Karibik passten sich die Nachkommen der Zuwanderer wie allgemein üblich der lokalen Varietät an. Die Koine, die sich in der antillanischen Phase herausbildete, beeinflusste auch die zirkumkaribischen Küstengebiete. Die sprachliche Ausstrahlung der Antillen ist unter anderem an der weiten Verbreitung des indianischen Lehnguts aus der Karibik abzulesen (cf. Kap. 5.5.3.1). Die Weitläufigkeit der amerikanischen Gebiete legt nahe, dass es auf dem Festland weitere Koineisierungsprozesse gab, zumal die Antillen für viele Siedler nur eine Durchgangsstation darstellten.

7.3.2 Die Stellung der Kanaren

Auf dem Weg nach Amerika fungierten die Kanarischen Inseln als Relaisstation. Dies führte auch sprachlich zu einer Vermittlerrolle, die sowohl für Entwicklungen, die nach Amerika getragen wurden, als auch für Einflüsse, die Amerika an Spanien zurückgab (z.B. Entlehnungen), relevant war. Inwieweit Einwanderer von den Kanaren (*isleños*), die sich auch auf den Antillen niederließen, die Herausbildung des amerikanischen Spanisch spezifisch beeinflussten, kann man heute nur indirekt beurteilen.

Zwar wurden die Kanaren ab 1402 zum Teil besiedelt, daran waren jedoch auch Franzosen (Normannen, Okzitanier), Italiener (Genuesen), Katalanen und Portugiesen beteiligt. Die weitgehende Erschließung begann erst, nachdem Spanien 1479 vertraglich die Hoheit über den Archipel erlangt hatte (cf. Kap. 5.1). Die Eroberung der westlichen Kanaren (Gran Canaria, Teneriffa, La Palma) wurde zudem erst 1478 in Angriff genommen und war 1496 mit der Eroberung Teneriffas abgeschlossen.

Diese Zusammenhänge bieten bei Beginn der amerikanischen Unternehmungen im Prinzip kaum einen zeitlichen Vorlauf für die frühe Herausbildung einer eigenen kanarischen Varietät. Man darf deshalb annehmen, dass die Übereinstimmungen im Spanischen der Kanaren und der Antillen in einer bedingten Parallelität zu finden sind, in der das kanarische Spanisch gewissermaßen als Verlängerung der südspanischen Zone bei der Expansion nach Übersee gesehen werden kann. Diego Catalán nannte das kanarische Spanisch "un anticipo del español americano" (1958, 67). Nach den Ergebnissen Boyd-Bowmans gab es im 16. Jh. keinen signifikanten kanarischen Beitrag zur Besiedlung Amerikas (0,3%; cf. Kap. 7.4.4).

Im späten 18. Jh. ließen sich kanarische Siedler in Texas und Louisiana nieder. Die Tatsache, dass das Kanarische der *isleños* im Gegensatz zur Sprache auf den Kanarischen Inseln auslautendes /n/ überwiegend nicht velarisiert und implosives /s/ gelegentlich erhalten hat (Lipski 1990, 20–26), lässt darauf schließen, dass diese Entwicklungen im Spanischen der Kanaren erst nach der Auswanderung der *isleños* eintraten. Somit konnten sie das amerikanische Spanisch in dieser Hinsicht nicht prägen. Dies gilt auch für die der Neutralisierung von /r/ und /l/, die auf den Kanaren ebenfalls ein Charakteristikum neuerer Zeit darstellt (Catalán 1989, 134).

7.4 Thesen zur Herausbildung des amerikanischen Spanisch

Im Folgenden werden die Thesen zur Herausbildung des amerikanischen Spanisch diskutiert, die den Gang der Forschung bestimmten. Früh stellte man einen Bezug zwischen dem amerikanischen Spanisch und dem Andalusischen her. Bereits 1676 bemerkte Lucas Fernández de Piedrahita in der *Historia general de las conquistas del Nuevo Reino de Granada* zur Aussprache der Bewohner Cartagenas (Kolumbien):

> Los nativos de la tierra, mal disciplinados en la pureza del idioma Español, lo pronuncian generalmente con aquellos resabios que siempre participan de la gente de las costas de Andaluzia (Fernández de Piedrahita 1688, 81).

1789 erklärte Antonio de Alcedo, sein *Vocabulario de las voces provinciales de la América* enthalte unter anderem Wörter aus Spanien "y especialmente de Andalucía" (1789, 1 [463]). Ähnlich äußerte sich der Verfasser des *Nuevo diccionario de la lengua castellana*. Wenn Vicente Salvá Wörter in Hispanoamerika unterschiedlichen Großregionen zuordnen konnte, schrieb er ihnen andalusische Herkunft zu, auch mit dem

Hinweis, Ende des 15. und zu Beginn des 16. Jhs. sei der größte Teil der Siedler von dort gekommen:

> Generalmente hablando, cuando he encontrado una misma palabra ó frase usada en dos puntos tan principales de ambas Américas, como lo son Méjico y el Perú, he puesto la abreviatura de *p. Amér.;* y prueba este hecho que la palabra no ha nacido allá, sino que seria corriente á fines del siglo XV y principios del XVI en Andalucía, de donde pasaron la mayor parta de los primeros pobladores á aquellas regiones (Salvá 1846, XXVIII).

Vor diesem Hintergrund lag es nahe, eine ursächliche Verbindung zwischen der Herkunft der Sprecher und der Entwicklung der Sprache herzustellen, wodurch sich auch die Frage nach dem Ablauf der Besiedlung der hispanoamerikanischen Gebiete ergab.

7.4.1 Die Indigenismo-These

Am Anfang der wissenschaftlichen Betrachtungen zum amerikanischen Spanisch, die eine spezifische Erklärung für die sprachliche Differenzierung suchten, standen die Überlegungen von Rudolf Lenz. Lenz war 1890 nach Chile ausgewandert und hatte auf der Hinreise in der Karibik mit dem kreolischen Papiamentu Bekanntschaft gemacht. Mit den regionalen Varietäten des amerikanischen Spanisch war er nicht weitläufig vertraut und bezog einschlägige Informationen zum Teil über Gewährsleute.

Auch Lenz (1893) war sich der Frage sprachlicher Parallelen zwischen Andalusien und Hispanoamerika bewusst (cf. 7.4). Eine Ursächlichkeit aufgrund möglicherweise bedeutender andalusische Besiedlung des Landes beantwortete Lenz für sich allerdings negativ, denn er schloss zum einen aus den ihm zur Verfügung stehenden Unterlagen, dass die Bevölkerung Chiles vor allem aus Nordspanien stamme. Zum anderen konnte er sich nicht erklären, warum implosives /s/ in Peru nicht aspiriert wird oder ausfällt, wie ihm dies aus Chile und aus Andalusien bekannt war. So erschien ihm der Bezug zu Andalusischen abwegig.

Infolgedessen fand Lenz für die sprachlichen Besonderheiten eine substratgestützte Erklärung. Das Spanische Chiles charakterisierte er als "Spanisch mit araukanischen Lauten" (Lenz 1893, 208), womit er das Mapuche meinte (cf. Kap. 5.5.3.7). Zu den einschlägigen Merkmalen zählte er z.B. die Aspiration des finalen /s/ und die Assibilierung von /r̄/ (cf. Kap. 2.1.2.3, 2.1.2.7). Die Erklärung der Differenzierung auf der Basis amerindischer Einflüsse bezeichnet man als Indigenismo-These. Wissenschaftsgeschichtlich besteht eine Verbindung zu der von Graziadio I. Ascoli begründeten allgemeinen Substratthese (1864), die zusammen mit den 1932 komplementär eingeführten Konzepten von Superstrat und Adstrat gerade in der Romanistik maßgeblich für unterschiedliche Formen des Sprachwandels verantwortlich gemacht wurde (cf. Kap. 7.3).

Da die meisten Charakteristika des Spanischen in Chile nicht auf Chile begrenzt sind, ergibt sich allerdings das Problem, die Parallelität der Strukturen in anderen Regionen amerindisch jeweils neu zu begründen. Im Hinblick auf die Vielzahl und die Verschiedenheit der Indianersprachen ist die Indigenismo-These, die als Erklärung für die Entwicklungen Polygenese voraussetzt, nicht vertretbar. Die Vorstellungen bezüglich struktureller indigener Einflüsse auf das Spanische wurden in späterer Zeit im Hinblick auf spezifische regionale Entwicklungen weiterverfolgt (cf. Kap. 7.5.1).

7.4.2 Die Andalucismo-These

Einer gewissen sprachlichen Affinität zwischen Südspanien und den Küstengebieten Mittel- und Südamerikas war man sich lange vor dem Beginn der wissenschaftlichen Beschäftigung mit dem Thema bewusst (cf. Kap. 7.4). Dies liegt vor allem an Auffälligkeiten der Aussprache, die zwangsläufig zu Überlegungen hinsichtlich einer Wechselwirkung führten. Die Überlegungen zur Differenzierung des amerikanischen Spanisch auf vorwiegend südspanischer Basis bezeichnet man als Andalucismo-These.

Charakteristika, die mit dem Andalusischen in Verbindung gebracht werden, sind die nachfolgenden phonetisch-phonologischen. Dabei steht der *seseo* (1) in direkter Verbindung mit dem prädorsalem /s/ (2), ein Ausfall des implosiven /s/ (4) bedingt die Öffnung von /e/ und /o/ im Auslaut (4a). Meist nicht einbezogen wird die erweiterte Velarisierung des implosiven /n/ [ŋ] (nicht nur vor (/k/, /g/) (8), die typisch für das Südspanische, aber auch andere Varietäten ist (cf. Kap. 6.1.2.9).

	Merkmale des Südspanischen / Andalusischen	Beispiel
(1) +	*seseo* (Fehlen von /θ/) +	*cinco* [s]
(2)	prädorsales /s/ [s̪]	*casa*: [s̪] vs. [s̺]
(3)	*yeísmo*: /ʎ/ → /ʝ/	*ca<u>ll</u>e* [ʝ]
(4)	Aspiration / Ausfall von implosivem /s/ → [^{h}] / [–]	*casas* [-h] [–]
(4a)	Vokalöffnung: /e/, /o/ vor /-s/ → [ɛ-], [ɔ-]	*los lobos* [lɔ'lɔβɔ]
(5)	implosives /r/, /l/ → [l]	*ma<u>r</u>* [mal]
(6)	Abschwächung von /x/ → [h]	*juego* [h-]
(7)	Ausfall von intervokalischem /d/ [ð] → [–]	*amado* [-'ao]
(8)	Velarisierung von implosivem /n/ [ŋ]	*con* [coŋ]

Nach seiner Genese ist das Andalusische ein sekundärer Dialekt des Kastilischen (cf. Kap. 7.1) und nicht die Fortführung des im Süden Spaniens historisch ansässigen Mozarabischen, das aus der Romanisierung der Baetica hervorgegangen war. Im Zuge der militärischen Erfolge gegen die Mauren (ab 1212) drang das Kastilische zu Beginn des 13. Jhs. nach Andalusien vor, in den Regionen westlich und östlich entstanden mit den Übergangsmundarten Extremeño und Murciano zwei weitere Reconquistadialekte.

Ab dem 14. Jh. befand sich das Kastilische in einer Übergangsphase, in die auch das Ende der altspanischen Epoche fiel. Das Ende dieser Ära reicht in der Datierung von 1400 über 1450 (Eberenz 1991) bis 1492, wobei sich 1492 auf außersprachliche Faktoren stützt (cf. Kap. 7.2). Im Hinblick auf die Verbreitung des Spanischen in Amerika ergibt sich zwischen dem Kastilischen und dem daraus hervorgegangenen Andalusischen somit eine räumliche sowie zeitliche Verschiebung von knapp drei Jahrhunderten. Die Beachtung dieser sprachinternen Bezüge bildet einen wichtigen Gesichtspunkt bei der Beurteilung der Gesamtentwicklung.

Die erste wissenschaftliche Untermauerung der Andalucismo-These stammt von Max Leopold Wagner. Wagner sprach im Hinblick auf das Südspanische und unter dem Hinweis auf die Herkunft vieler Konquistadoren von einer "andalusisch-extremeñischen Gruppe" (1920, 292). Unter diesem Aspekt bedeutet die auch heute geläufige Bezeichnung *andalucismo* eine gewisse Verkürzung. In Gegensatz zu Lenz hob Wagner Übereinstimmungen im amerikanischen Spanisch über Chile hinaus hervor. Dabei traf er die grundlegende Unterscheidung zwischen "Inseln und Küstengegenden" einerseits und "binnenländischen Gegenden" andererseits (1920, 300). Vor dem Hintergrund einer zuvor nur allgemein hergestellten sprachlichen Verbindung zu Andalusien bedeutete dies eine klare Inbezugsetzung mit den Inseln und Küstenregionen (cf. Kap. 4.2).

Hinsichtlich der Besiedlung Hispanoamerikas hatten Cuervo (1901, 42) und Lenz die Auffassung vertreten, dass alle Regionen Spaniens beteiligt waren. Dies wird auch von Wagner nicht bestritten. Allerdings geht Wagner für die beiden ersten Jahrhunderte der Kolonialzeit von einer vorwiegend südspanischen Einwanderung aus. Dabei seien die Küstenländer mit südspanischem Einfluss früher und intensiver besiedelt worden. In den Binnenländern von Mexiko, Kolumbien, Venezuela, Ecuador, Peru und Bolivien hingegen habe das Spanische auch wegen der zunächst im Vergleich geringen Zahl an Weißen nur langsam Fuß gefasst.

7.4.3 Der sogenannte Antiandalucismo

Gegen die Andalucismo-These wandte sich der aus Santo Domingo stammende Pedro Henríquez Ureña in mehreren Artikeln. Wagners Unterscheidung in Binnenländer und Inseln bzw. Küstengebieten definiert Henríquez Ureña als Gegensatz von *tierras altas* und *tierras bajas* (cf. Kap. 4.2). Für Henríquez Ureña ist der Andalucismo der *tierras bajas* jedoch nicht das Ergebnis südspanischen Einflusses, sondern die Folge paralleler Entwicklungen. Folgende Faktoren werden angeführt:

Faktoren sprachlicher Herausbildung nach Henríquez Ureña (1921, 358–359)	
(1)	klimatische Verhältnisse
(2)	Bevölkerungszusammensetzung
(3)	Bildungsgrad
(4)	Kontakt mit Indianersprachen
(5)	Isolation von Gebieten

Henríquez Ureñas Sicht der Dinge wurde später als Antiandalucismo-These kategorisiert. Um seine Argumentation zu stützen, führt Henríquez Ureña die heterogene Distribution von /ʝ/ und /ʎ/ in den hispanoamerikanischen Gebieten an. Am Beispiel von Mexiko-Stadt und Veracruz weist er auf die phonetischen Unterschiede zwischen *tierras altas* und *tierras bajas* hin, die er als Konsequenz aus den gegensätzlichen Klimazonen der *tierra fría* und der *tierra caliente* sieht. Die Klimatheorie wurde im 19. Jh. auch mit Blick auf die Differenzierung des brasilianischen Portugiesisch vertreten und diente in Italien bereits im 16. Jh. als Begründung für regionale Sprachvariation.

Wagner (1927) wiederum wies die Klimatheorie als zu pauschal zurück, räumte jedoch ein, es sei möglich, dass sich die Siedler bevorzugt in den Regionen Hispanoamerikas niederließen, die vom Klima mit der ihres jeweiligen Herkunftsgebietes vergleichbar waren. In diesem Zusammenhang ist zu beachten, dass Spanien seine Kolonialverwaltung bevorzugt in den Hochlandgebieten einrichtete. Wer in Guatemala vom Tiefland des Petén nach Antigua, der alten Hauptstadt, ins Hochland aufsteigt, kann diese Wahl angesichts des angenehmen Klimawechsels gut nachvollziehen. Durch die Vergabe der administrativen Schlüsselposten an in Spanien gebürtige Adlige und Kleriker (cf. Kap. 5.3) war Kastilien in den Hochlandgebieten sprachlich nachhaltig vertreten. Dies bildet einen Kontrast zur Besiedlung der über den Seeverkehr südspanisch beeinflussten Küstengebiete der Karibik.

In diesem Zusammenhang ist die Zugänglichkeit der Küstengebiete und der direkte Außenkontakt über die Seeverbindungen zu berücksichtigen (cf. Kap. 7.6), der natürlich insbesondere im karibischen Raum gegeben war. Diesen Gesichtspunkt hob auch Ramón Menéndez Pidal in seinem grundlegenden Artikel "Sevilla frente a Madrid" hervor. Aufgrund der Bedeutung der Außenkontakte hält Menéndez Pidal die von Henríquez Ureña geprägten Bezeichnungen *tierras bajas* und *tierras altas* für unangebracht und unterscheidet deshalb "tierras marítimas o «de la flota»" einerseits und "tierras interiores" andererseits (Menéndez Pidal 1962, 142). Mit dieser Begrifflichkeit stellt er eine Parallele zu Wagners regionaler Differenzierung in Inseln und Küstengegenden gegenüber den binnenländischen Gebieten her.

Man hat Henríquez Ureña vorgeworfen, seine Sicht der sprachlichen Entwicklungen sei ideologisch beeinflusst und als Affirmation amerikanischer Eigenständigkeit gegenüber Spanien zu verstehen (cf. Guitarte 1991b). Diese Interpretation lässt sich bei näherer Betrachtung jedoch nicht aufrechterhalten. Es ist vielmehr Henríquez Ureñas Verdienst, die Diskussion um die Herausbildung des amerikanischen Spanisch von der eindimensionalen Sicht des Andalucismo gelöst und schon früh auf eine multifaktorielle Genese der amerikanischen Varietäten hingewiesen zu haben (Noll 2005b). Dabei stützte sich Henríquez Ureña auch auf die Ergebnisse eigener Forschungen. Auf der Basis von zunächst ca. 3.000 in der Kolonialliteratur erwähnten Namen (cf. Icaza 1923) ermittelte Henríquez Ureña (1931) für die ersten 150 Jahre der Kolonisierung einen Anteil von 42,5% an Einwanderern aus Nordspanien gegenüber 34,2% aus dem Süden (ohne intermediäre und laterale Gebiete, ohne Cáceres und Murcia). Einerseits gründete seine These auf der Überzeugung, eine vorwiegend aus Andalusien stammende Einwanderung habe nicht stattgefunden. Andererseits war man in jener Zeit noch überzeugt, Charakteristika des amerikanischen Spanisch wie *seseo* und *yeísmo* seien in Amerika früher nachweisbar als in Südspanien. Davon ging auch Amado Alonso aus, der die Ansicht Henríquez Ureñas teilte, die sprachlichen Entwicklungen beiderseits des Atlantiks seien unabhängig zu bewerten (1976 [1953], 13).

7.4.4 Pro und Contra: Chronologie und Statistik

Der Komplex des Andalucismo wurde in den Jahrzehnten, die auf Henríquez Ureñas Untersuchungen folgten, von Befürwortern und Gegnern weiter diskutiert und präzisiert. In diesem Zusammenhang ist auch von Bedeutung, dass Wagner als Begründer der Andalucismo-These seine ursprüngliche Sicht in einem später veröffentlichten Beitrag (Wagner 1949, 25–28, 81–81) relativierte. Trotz Parallelen in der Aussprache zwischen dem Andalusischen und den amerikanischen Tieflandgebieten hielt er es für möglich, dass sich das prädorsale /s/ in Amerika unabhängig herausgebildet hatte. In Bezug auf die Schwächung des implosiven /s/ gab er zu bedenken, dass das Phänomen gleichfalls in der Volkssprache Kastiliens auftrete. Auch die Dephonologisierung von /ʎ/ sei über Andalusien hinaus in Nordspanien anzutreffen und grundsätzlich erst ab dem Ende des 17. Jhs. weiter vorangeschritten. Diese Meinung vertreten für die Entwicklung in Andalusien auch Narbona/Cano/Morillo (1998, 74; cf. Kap. 6.1.2.4). Schließlich nahm Wagner Bezug auf Henríquez Ureñas Untersuchungen und unterstrich die Bedeutung der kastilischen Einwanderung in Amerika sowie aus anderen Regionen Spaniens.

Nichtsdestoweniger erhielt die Andalucismo-These maßgebliche Unterstützung von spanischer Seite. Rafael Lapesa (1964, 1986) und Diego Catalán (1956–57, 1958) trugen durch ihre Untersuchungen dazu bei, die Chronologie der frühen Belege für *seseo* und *yeísmo* gegen die Position Amado Alonsos (cf. Kap. 7.4.3) zugunsten Spaniens zu korrigieren. Wegweisend war auch ein Aufsatz Peter Boyd-Bowmans (1975), der drei Briefe von 1568/1569 aus Veracruz (Mexiko) veröffentlichte und zusammen mit weiteren sprachlich auswertete. Sie gehören zu den über 650 von Heinrich Otte im *Archivo General de Indias* (cf. Kap. 7.7) entdeckten Privatbriefen aus Mexiko und Peru, die aus der Zeit von 1540 bis 1616 stammen (cf. Otte 1996).

Mit seinen Beiträgen konnte Boyd-Bowman (1956, 1976) auf der Grundlage seines *Índice geobiográfico de cuarenta mil pobladores españoles de América en el siglo XVI* (1964, 1968) die frühe Geschichte der spanischen Emigration nach Amerika statistisch präzisieren. Mit seiner Datenerhebung, die später auf 55.000 Kolonisten erweitert wurde und ungefähr 20% der Gesamtzahl der Neuweltsiedler bis 1600 repräsentieren soll, ermittelte Boyd-Bowman, dass 60% der Einwanderer zwischen 1493 und 1508 sowie 37% zwischen 1509 und 1519 aus Andalusien stammten. Hinzu kommen respektive 6% bzw. 16% Kolonisten aus der Extremadura. Bei den Frauen, die in weit geringerem Maße auswanderten, lag der Anteil zwischen 1509 und 1519 für Andalusien sogar bei 67%. Über 50% stammten aus Sevilla und 12,5% aus der Extremadura (Boyd-Bowman 1964, XII, XVIII, XIX). Dies sind Spitzenwerte, im Mittel ergeben sich für die Zeit von 1493 bis 1519 auf der Grundlage von 2.172 Einzelfällen 37,9% Andalusier (cf. Boyd-Bowman 1976, 585). Unabhängig davon geht man davon aus, dass in jener Zeit 70% der Seeleute Andalusier waren (Guitarte 1991a, 151). Die Erhebungen Boyd-Bowmans bedeuteten in der Fachdiskussion die geschichtlich-demographische Untermauerung der Andalucismo-These.

Aus den Untersuchungen Boyd-Bowmans geht weiterhin hervor, dass innerhalb Südspaniens vor allem Sevilla sowie die Provinzen Huelva und Badajoz beteiligt waren. Dies spezifiziert Wagners “andalusisch-extremeñische Gruppe” auf den Westen Andalusiens und den Süden der Extremadura. Catalán spricht in Zusammenhang mit den südspanischen Einflüssen sogar von “sevillanismos” (1958, 70). Dabei ist zu berücksichtigen, dass der Südosten Andalusiens erst mit dem Ende der Reconquista 1492 an Spanien zurückfiel. Angesichts des klaren geographischen Schwerpunkts in den südwestlichen Gebieten Spaniens erweist sich die wegen ihrer Kürze präferierte Bezeichnung Andalucismo de facto als sehr verallgemeinernd. Im Prinzip sollte man von der These des *meridionalismo occidental (peninsular)* im amerikanischen Spanisch sprechen (Noll 2005a).

Boyd-Bowmans statistische Ergebnisse wurden von Garrido Domínguez in einer Übersicht eigens auf Tabellen und Karten übertragen (1992, 107–143, 110). Addiert man die Werte Boyd-Bowmans (1976, 585), so kamen bis zum Jahre 1600 im Durchschnitt 53,3% der Neuweltsiedler aus Andalusien und der Extremadura. Im Vergleich erreichen Neukastilien 15,6%, Altkastilien 14% und León 5,9%. In den übrigen Regionen liegen die Zahlen darunter. Den schematisierten Karten, die Garrido Domínguez für die Besiedlung zwischen 1540 und 1579 erstellte (131, 135), ist zu entnehmen, dass das südspanische Kontingent in Küstengebieten und Mexiko vorherrschend war.

In der Gesamtschau lassen die Ergebnisse Boyd-Bowmans mit ermittelten 53,3% kein deutliches Übergewicht Südspaniens bei der Besiedlung Hispanoamerikas erkennen. Henríquez Ureña (1931) hatte unter Erweiterung seiner ersten Materialbasis den Anteil Südspaniens bis zum Beginn des 17. Jhs. unter 13.948 Einwanderern übrigens mit nur geringer Abweichung, nämlich mit maximal 49,1% berechnet. Dies bedeutet eine Divergenz von lediglich 4,2%. Der wesentliche Unterschied zwischen beiden Untersuchungen liegt darin, dass Boyd-Bowman etappenbezogene Resultate vorlegte. Diese dokumentieren wie ausgeführt die Bedeutung Südspaniens für die Frühzeit der Besiedlung.

7.4.5 Widersprüche des Andalucismo

Faktisch gesehen stellen die in der Diskussion um die Herausbildung des amerikanischen Spanisch über Jahrzehnte verfolgten Schwerpunkte – der prozentuale Anteil an Sprechern aus dem Süden Spaniens sowie die Chronologie der ersten Sprachbelege (*seseo*, *yeísmo*) – keine Beweise für eine erfolgte sprachliche Beeinflussung dar. Entscheidend ist der Hinweis Amado Alonsos, dass man zunächst von einem Prozess sprachlicher Nivellierung auszugehen habe (cf. Kap. 7.3). Im Zuge dieses Prozesses schwächten sich Auffälligkeiten peninsularer Dialekte ab, und es bildete sich eine Koine aus. Somit kann selbst das karibische Spanisch nicht als direkte Fortsetzung des Südspanischen definiert werden. Merkmalbezogen erkennt man dies z.B. an der unterschiedlichen Ausprägung der Neutralisierung von /r/ und /l/ in Südspanien und in der Karibik (cf. Kap. 6.1.2.6). Deshalb kann es nur um die Frage gehen, welche Bedeutung das Südspanische bei der Herausbildung der antillanischen Koine und der Ausprägung der Varietäten auf dem Festland hatte.

Induzierter Sprachwandel ist auch nicht primär eine Frage der Anzahl von Sprechern einer bestimmten Varietät, wie die Interpretation der Besiedlungsstatistiken Boyd-Bowmans zu vermitteln scheint. Es geht vielmehr um das Prestige einer Varietät und die Akzeptanz sprachlicher Merkmale durch die Sprechergemeinschaft. Gelegentlich wird auf das vermeintliche Ansehen des Andalusischen oder der Varietät Sevillas in Zusammenhang mit der kolonialen Expansion verwiesen. Im direkten Verhältnis zum Kastilischen lässt sich dieses jedoch relativieren. So klagt der Dichter Fernando de Herrera 1580 vehement über die Geringschätzung, die dem Andalusischen durch den Madrider Hof zuteil werde:

> ¿Parezeos que de los puertos acá no ay ombres que sepan hablar, y que toda la elegancia de nuestra lengua está en solo los castellanos?
> [...] i así me atreuo á pediros que saqueis esta vuestra córte de Madrid i la paseis, no os turbeis dello, no digo á Andalucía, que tan aborrecidamente despreciais como si fuera otra Guinea ó tierra de Florida [...] (Herrera 1870, 91–92, 103).

Auch die punktuelle Häufigkeit regionaler Merkmale führt nicht notwendigerweise zu deren Durchsetzung, wenn wie bei der Besiedlung Hispanoamerikas verschiedene Varietäten einer Sprache aufeinandertreffen. So können im Prinzip wenige Okkurrenzen einer Variante hinreichen, um einen Prozess in Gang zu setzen, der zur Generalisierung führt. Dies lässt sich z.B. am Paradigma der *voseo*-Formen veranschaulichen. Eine lediglich an der Frequenz orientierte Sprachentwicklung hätte grundsätzlich die *a*-Konjugation befördern müssen, der ca. 90% der spanischen Verben angehören: *hablades* > **hablaes* > *habláis*. Die Variante, die sich im La Plata-Raum und in Mittelamerika durchgesetzt hat, ist jedoch *hablás*, der das Modell der Synärese bei den Verben auf *-er* zugrunde liegt (*querdes* > **querees* > *querés*). Chilenische Formen wie *comís*, die sich gar an der 3. Konjugation orientieren, hätten sich unter dem Gesichtspunkt der Frequenz nicht durchsetzen können (cf. Kap. 6.2.1.1).

Im Hinblick auf die Schlüssigkeit des Andalucismo vermitteln die sprachgeographischen Verhältnisse zusammen mit den frühen Belegen einzelner Merkmale (cf. Lapesa 1985), die Bevölkerungsdaten zur Frühphase der Einwanderung und der fortgesetzte Kontakt mit Südspanien für den karibischen Raum ein prinzipiell stimmiges Bild. Selbstverständlich ist dabei Alonsos Konzept der Nivellierung zu berücksichtigen, so dass der Andalucismo wohl als starker, wenn auch modifizierter Faktor in die Herausbildung des Spanischen der Karibik einfloss.

Was die Verhältnisse auf dem Festland betrifft, dürfen die Einwandererzahlen der frühen Zeit nicht überbewertet werden. Bis 1508 wurde lediglich die Insel Hispaniola besiedelt (Puerto Rico ab 1508, Kuba ab 1511). Danach relativiert sich das starke Gewicht des südspanischen Kontingents bereits. Die Einwanderströme, die nach 1519 den Kontinent zum Ziel hatten, passierten Hispaniola bzw. Kuba nur auf der Durchreise. Es wäre abwegig zu glauben, der vergleichsweise kurze Aufenthalt im südspanischen Sevilla und in der Karibik habe die unterschiedlichen Varietäten der aus allen Regionen Spaniens stammenden Kolonisten bereits vor ihrer Ansiedlung auf dem Kontinent konditionieren können. Auch kann man den kleinen Nukleus an Sprechern auf den Antillen im weitgehend ländlichen Umfeld für die Übertragung sprachlicher Merkmale auf den Kontinent und das Gepräge des amerikanischen Spanisch im Ganzen kaum verantwortlich machen. Deshalb ist das Konzept der antillanischen Koine für die sprachliche Konstituierung des amerikanischen Siedlungsraums in seiner Gesamtheit nicht hinreichend.

Ferner ergeben sich aus der Andalucismo-These vor allem im Hinblick auf Südamerika diverse Widersprüche. Während man früher die Verbreitung des *yeísmo* als möglichen Einfluss des Andalusischen sah, ist heute offenbar, dass sich die Entwicklung in Hispanoamerika in den letzten 150 Jahren nachweislich eigenständig ausgeweitet hat (cf. Kap. 6.1.2.4). Auch der Norden Spaniens verzeichnete bereits vor einem Jahrhundert Inseln des *yeísmo*. Darüber hinaus überlagern sich manche diatopischen Charakteristika mit diastratischen. So ist der Ausfall des intervokalischen /d/ nicht nur regional für Andalusien typisch, zumindest bei *-ado* tritt er auch in der kastilischen Volkssprache häufig auf. Dies betrifft ebenso gelegentlich die Aspiration des implosiven /s/. Bei der Verschiebung von Bevölkerungen in ein neues Zielgebiet ergeben sich aus solchen Verhältnissen Faktoren sprachlicher Konvergenz.

Der *seseo* der Hochländer kann kaum durch Andalucismo erklärt werden. Zwar wurde Mexiko von Kuba aus erobert (1519–1521), die Schaffung der Vizekönigreiche Neu-Spanien (1535) und Peru (1542) brachten jedoch die Präsenz eines kastilisch geprägten Hofstaates und Verwaltungsapparates (cf. Kap. 5.3) sowie das damit – auch sprachlich – verbundene Prestige mit sich. In den Großräumen Mexiko und Peru setzte wiederum ein nivellierender Prozess ein, bei dem sich das prädorsale /s̪/ und der *seseo* durchsetzten. Zwar erfolgte dies gewiss nicht völlig unabhängig von der antillanischen Koine, jedoch musste bereits eine gewisse Eigendynamik eingetreten sein, denn die einseitige Relation der frühen Zuwanderung zugunsten des südspanischen Elements war für die Hochländer in der Folge nicht mehr gegeben. Von entscheidender Bedeutung ist, dass im Spanischen Amerikas eine instabile Opposition der Sibilanten /s̪/ : /s̪/ gegeben war, die sich potentiell nur in zwei Richtungen entwickeln konnte: Zusammenfall im prädorsalen /s̪/ oder Verschiebung auf /s̪/ : /θ/ (cf. Kap. 6.1.2.1–2.3). Der Erhalt des implosiven /s/ in den Hochlandgebieten entspricht dabei mehr dem kastilischen Vorbild und der Absenz eines prädominanten südspanischen Elements.

In Argentinien, das bis Mitte des 18. Jhs. fast ausschließlich über den kontinentalen Landweg (Peru) erreicht wurde, gibt es für die Aspiration des implosiven /s/ im Prinzip auch keine südspanische Basis. Dies unterstreichen im argentinischen Spanisch ferner der Erhalt des velaren [x] und die Bedeutungslosigkeit der Neutralisierung von /r/ und /l/, beides Charakteristika, die dem andalusisch beeinflussten Tieflandstatus widersprechen.

Ein Kriterium, das die Hoch- und Tief- bzw. Binnenlandklassifikation ebenfalls durchbricht, ist die aus Südspanien und der Karibik bekannte Velarisierung des implosiven /n/ [ŋ]. Einerseits tritt sie in Ecuador, Peru und Bolivien (also den Hochländern) auf, andererseits liegt sie in den Tiefländern Chiles und der La Plata-Staaten, wo man sie eigentlich erwarten sollte, nicht vor. In Kolumbien beobachtet man – neben der im Hochland registrierten Progression von /ʝ/ (< /ʎ/) – ebenfalls unter vertauschten Vorzeichen die eigentlich tieflandtypische Abschwächung von /x/ > /h/. Sie betrifft z.B. Cali und Popayán, zwei höher gelegene Städte des südwestlichen Binnenlandes im landwirtschaftlich geprägten Valle del Cauca.

Das grundsätzliche Potential für unabhängige Sprachentwicklungen wird deutlich, wenn man das amerikanische Spanisch mit dem Judenspanischen vergleicht, das sich nach dem Exodus von 1492 außerhalb der Iberischen Halbinsel konstituierte und bis heute fortlebt. Ohne dass ein maßgeblicher Einfluss des Andalusischen gewirkt haben konnte, weist auch das Judenspanische heute den *yeísmo* auf, es hat sich das prädorsale /s/ durchgesetzt (als Phonem auch stimmhaft: /z/), und die Ausbildung von /θ/ ist unterblieben (*seseo*).

Was den amerikanischen Wortschatz betrifft, so wurde Alcedo (1789) mit der Behauptung zitiert, sein *Vocabulario de las voces provinciales de la América* enthalte insbesondere auch Wörter aus Andalusien (cf. Kap. 7.4). Ein markanter lexikalischer Einfluss des Andalusischen im amerikanischen Spanisch wurde bis heute jedoch nicht nachgewiesen. Das Unterfangen gestaltet sich in historischer Perspektive mit differenzierendem Ansatz auch schwierig, denn es geht um den Wortschatz des 15.–17. Jhs., unter anderem der eng verwandten Varietäten Kastilisch und Andalusisch. Die Studie von Lerner (1974) zu Archaismen im amerikanischen Spanisch behandelt 528 Wörter, bei denen in 20% der Fälle auf Andalusien verwiesen werden kann (cf. Moreno de Alba 1992, 87). Nur 18 Wörter sind im amerikanischen Spanisch allgemein verbreitet.

An dieser Stelle wird deutlich, dass sich die scheinbare Eingängigkeit des Andalucismo in ihrem Ansatz wohl primär auf die akustische Entsprechung von Merkmalen der Gegenwartssprache in Varietäten beiderseits des Atlantiks stützt und gewiss maßgeblich von ihr befördert wurde.

In Zusammenhang mit dem Andalucismo ist ferner zu berücksichtigen, dass sich auch das Andalusische weiterentwickelt hat und die heutigen sprachlichen Verhältnisse nicht einfach übertragbar sind. So ist z.B. der gesamte Süden Andalusiens mit Ausnahme der Stadt Sevilla gegenwärtig *ceceo*-Gebiet. Ungeachtet früher Belege für den *yeísmo* (cf. Kap. 6.1.2.4) weisen die sprachhistorischen Verhältnisse in Südspanien darauf hin, dass dieses Phänomen dort wohl erst im 18. Jh. weitere Verbreitung fand, wovon im übrigen Amado Alonso ausgegangen war. Auch bei Aspiration und Ausfall des implosiven /s/ kann man im Prinzip nicht unbedingt auf eine frühe Generalisierung in Südspanien schließen (cf. Kap. 6.1.2.3). Somit ist nicht sicher, dass sich beide Charakteristika von Anfang an mehrheitlich vom Südspanischen ausgehend in Hispanoamerika abbilden konnten. Man sollte in diesem Zusammenhang auch in Betracht ziehen, dass die antillanische Koine in Bezug auf den *yeísmo* und die Aspiration des implosiven /s/ unter Umständen progressiver war als das Südspanische jener Zeit.

Wenn Varietäten einer Sprache, die strukturell in einem engen Verwandtschaftsverhältnis stehen, durch Expansion räumlich verschoben werden (Kastilisch → Andalusisch // → Hispanoamerikanisch), kann nicht überraschen, dass sich im Zielgebiet – wenn auch mit anderen Schwerpunkten und unterschiedlicher Dynamik – analoge Entwicklungen einstellen. Dies gilt insbesondere, wenn sich für den Wandel sprachlich überhaupt nur eine Alternative eröffnet. In Bezug auf den *seseo* und den *yeísmo* lag diese entweder in der Aufrechterhaltung der bestehenden phonologischen Opposition oder aber im Zusammenfall der Phoneme. Neben dem zeitlichen Aspekt sind unterstützende Impulse zu berücksichtigen, die wirken, wenn die Verbindung zwischen Ausgangs- und Zielgebiet nicht abreißt.

Es zeigt sich auch, dass es sich bei Andalucismo und Antiandalucismo letztlich um komplementäre Konzepte handelt. Henríquez Ureñas Hinweise auf die Bedeutung der klimatischen Verhältnisse, von Bevölkerungszusammensetzung, Bildungsgrad, der Kontakt mit Indianersprachen und die eventuelle Isolation von Gebieten sind heute als sprachbeeinflussende Faktoren absolut anerkannt. Die Schwierigkeit liegt in der Gewichtung der diversen Faktoren. Über die grundlegende Relevanz der Unterscheidung in *tierras altas* und *tierras bajas* bestand auch zwischen den ursprünglichen Kontrahenten Wagner und Henríquez Ureña Einigkeit. Fasst man die Ergebnisse hinsichtlich sprachlicher Charakteristika, Nivellierung, demographischer Gegebenheiten und widersprüchlicher gegenläufiger Entwicklungen zusammen, so müsste man zu dem Schluss gelangen, dass die Andalucismo-These für den zirkumkarischen Raum eine gewisse Plausibilität besitzt, darüber hinaus aber kaum als schlüssig bewertet werden kann.

Neben übergreifenden Ansätzen zur Erklärung der Herausbildung des amerikanischen Spanisch hat man einzelne Merkmale mit strukturellen indianischen und afrikanischen Einflüssen in Verbindung gebracht. Davon handelt der nächste Abschnitt.

7.5 Die Frage struktureller indigener und afrikanischer Einflüsse

Die Diskussion zu sprachlichen Beeinflussungen durch Strate hat in der Romania eine lange Tradition. So liegt es nahe, dass man auch Entwicklungen im amerikanischen Spanisch zum Teil eher mit Kontaktsituationen in Verbindung gebracht hat als mit einer unbestimmten immanenten Tendenz zum Sprachwandel. Dies bezieht sich auf Aspekte, die die Struktur der Sprache betreffen, denn die Aufnahme von lexikalischem Lehngut ist eine unbestrittene Konsequenz aus Sprachkontakten.

Im Hinblick auf mögliche externe strukturelle Einflüsse bei der Herausbildung des amerikanischen Spanisch stehen Indianersprachen und die afrikanischen Sprachen der ehemaligen Sklavenbevölkerung zur Diskussion. Die Interimsprache (L2-Lernersprache Spanisch) zweisprachiger indianischer Bevölkerungen z.B. in Oaxaca, Yucatán, den Andengebieten oder Paraguay weisen spezielle Formen der Interferenz auf. Dies gilt auch für die *habla bozal*, mit der man die Lernersprache der jeweils ersten Generation aus Afrika eingetroffener Sklaven bezeichnet.

Da Formen der Interimsprache unvollkommenem Spracherwerb entspringen und nicht Bestandteil des spanischen Systems sind, sollen sie hier nicht eingehender behandelt werden. In diesem Zusammenhang sind die theoretischen Überlegungen Paul Cassanos (1982, 141) zur Beeinflussung des Spanischen durch Quechua und Maya interessant, wonach der Zweisprachige der Schlüssel zur Erklärung der Prinzipien ist, die Zweisprachigkeit steuern, der Einsprachige jedoch im Mittelpunkt des Sprachtransfers steht. Insofern werden Fragen möglicher indigener Adstrateinflüsse eigentlich erst relevant, wenn sie bei monolingualen Sprechern des Spanischen auftreten.

Für extern motivierten Sprachwandel ist entscheidend, ob man eine Beeinflussung nachweisen bzw. mit großer Wahrscheinlichkeit erschließen kann oder ob sich die Einschätzungen mehr auf den Bereich des Spekulativen beschränken müssen. Die schmale Ausgangsbasis der Indigenismo-These von Rudolf Lenz (cf. Kap. 7.4.1) hat gezeigt, dass die Einbeziehung möglichst vieler Faktoren Voraussetzung für die Beurteilung von Entwicklungen sein sollte. Dies schließt den Vergleich mit anderen Varietäten des Spanischen und gegebenenfalls des Romanischen in synchronischer und diachronischer Perspektive ein. Es ist zudem von Bedeutung, dass die Parallelität von Strukturen zunächst nur einen Anhaltspunkt für Untersuchungen darstellt, für sich allein jedoch noch keinen Beweis für eine erfolgte Beeinflussung liefert.

Schließlich ist auch das Zusammenwirken (Konvergenz) verschiedener Faktoren in Betracht zu ziehen, wobei sich die Abstufung einzelner Kriterien nach dem Grad ihrer Wirksamkeit oft als undurchführbar erweist. Als Beispiel kann die im Spanischen syntaktisch redundante Doppelung von Possessivbezügen (*su casa de mi padre*) in Mexiko, Mittelamerika, Peru, Bolivien und Paraguay dienen. Sie tritt in diversen Indianersprachen, aber auch bei monolingualen Sprechern des Spanischen dieser Länder auf. Darüber hinaus ist sie bereits im altspanischen *Poema de Mio Cid* belegt. Insoweit könnte es sich (1) um die Stützung eines Archaismus durch indigene Einflüsse oder aber (2) um eine ausschließlich amerindisch generierte Struktur handeln. Berücksichtigt man ferner, dass z.B. auch das Deutsche umgangssprachlich solche Doppelungen bildet, kommt (3) der Faktor der sprachlichen Universalie hinzu.

Hinsichtlich der Indianerprachen hat sich die Tendenz zur stratgestützten Erklärung von Phänomenen im Spanischen außerhalb des zweisprachigen Milieus bereits seit längerem relativiert. Afrikanische Einflüsse hingegen wurden im Zuge der seit den achtziger Jahren des 20. Jhs. intensivierten Kreolstudien vor allem für die Karibik in der Fachliteratur oft positiv bewertet. Für beide Bereiche sollen nachfolgend Beispiele gegeben werden.

7.5.1 Indigene Einflüsse

Mit strukturellen indigenen Einflüssen im amerikanischen Spanisch befassen sich unter anderem Lipski (1994, 69–92, 191–194, 310–313, 323–327), Palacios (2008) und Klee/Lynch (2009, 113–168). Wissenschaftsgeschichtlich gesehen betreffen die Hypothesen zunächst die Phonetik, d.h. vornehmlich die Schwächung und Elision unbetonter Vokale in den Hochlandgebieten (cf. Kap. 2.1.1) sowie den Erhalt von /ʎ/ z.B. in Paraguay (cf. Kap. 2.1.2.4). In der früheren Sprachgeschichtsschreibung wurden weitere Charakteristika wie z.B. die Velarisierung von /r̄/ in Puerto Rico (cf. Kap. 6.1.2.7) mit den Indianersprachen in Verbindung gebracht. Hierbei geht es um vermutete Substrateinflüsse als Folge des historischen Sprachkontaktes. Darüber hinaus beschäftigt sich die Forschung mit sprachlichen Interferenzen der Gegenwart (Adstrateinflüsse). Die amerindischen Hauptsprachen aus historischer Zeit sind außer dem Taíno der Großen Antillen heute noch vorhanden.

Henríquez Ureña (1921) legte seiner zonalen Einteilung des amerikanischen Spanisch (cf. Kap. 4.2) indianische Substratgebiete zugrunde, die sich letztlich nur lexikalisch operationalisieren lassen. Wagner hatte indigene Einflüsse in der Phonetik des amerikanischen Spanisch verneint und auf die allgemeinen Regeln des Spracherwerbs verwiesen, nach denen eine nachgeborene Generation von Muttersprachlern keine Auffälligkeiten in der Aussprache mehr zeige (1920, 301–302).[1] Ein maßgeblicher Vertreter der strukturbezogenen Substratthese ist Bertil Malmberg (1947, 1965, 1974).

Für die Beschreibung mancher Charakteristika des amerikanischen Spanisch kann ein Vergleich mit Eigenheiten einer regionalen Interimsprache interessant sein (cf. Kap. 7.5). In diesem Zusammenhang ist es grundsätzlich wichtig zu differenzieren, ob die Besonderheiten auch in die Rede monolingualer Sprecher des Spanischen einfließen, oder ob es sich nur um Eigenheiten aus dem zweisprachigen Milieu handelt, in dem das Spanische gegebenenfalls nicht souverän beherrscht wird. Gerade in dieser Differenzierung der Sprechergruppen tut sich die Fachliteratur manchmal schwer. Klare Angaben erhält man beispielsweise in der Studie von García Tesoro (2008) zu Guatemala durch die in den Beispielen ausgewiesene Spezifizierung der jeweiligen Sprecherzuordnung.

Typisch für das zweisprachige Milieu (vor allem in Mexiko, Guatemala, Kolumbien, Ecuador, Peru, Bolivien, Paraguay) sind im Spanischen z.B. fehlende Genus- und Numerusdifferenzierung sowie ausbleibende Konkordanz bei Substantiven und Adjektiven, meist zugunsten des Maskulinums, weil solche Differenzierungen in den lokalen Indianersprachen auch nicht auftreten. Gleichermaßen wird das Objektpronomen oft nur in einer Form verwendet oder ausgelassen. Ferner können Artikel und Präpositionen ausfallen. Schließlich kommt es auch zu diversen phonetischen Alternanzen, die von der Natur der jeweiligen Indianersprache sowie den Sprechern abhängen. So tritt z.B. im zweisprachigen Milieu Yucatáns im Spanischen eine durch die Maya-Varietäten bedingte Glottalisierung der Plosive auf.

Im Folgenden sollen einige Punkte erörtert werden, die in der Forschung schon länger zur Diskussion stehen. Die Einteilung in *tierras altas* und *tierras bajas* geht in den Hochländern mit einer Schwächung des Vokalismus einher. Für Mexiko hat bereits Juan Lope Blanch (1967) das Aztekische als möglichen Auslöser dieser Reduktion ausgeschlossen, da das Lautsystem des klassischen Nahuatl einen entsprechenden Einfluss auf das Spanische nicht stützt. So verfügt auch das Nahuatl über die Vokale /e/ und /o/, die im Hochlandspanischen gerade zwischen stimmlosen Plosiven und dem Plural-*s* besonders vom Ausfall betroffen sind (*parques* ['parks], *pocos* ['poks]). Die im Ergebnis auftretende Häufung der Konsonantenverbindungen im Spanischen widerspricht zudem der Phonotaktik des Nahuatl, die letztlich eher den Erhalt der Vokale im Spanischen hätte befördern müssen.

Anders verhält es sich bei zweisprachigen Quechua- bzw. Aimara-Sprechern z.B. in Bolivien, die das spanische Vokalsystem auf die phonologischen Einheiten /i/, /a/,

---

1 Nur Chile nahm Wagner aus, was als Zugeständnis an die Studien von Rudolf Lenz gewertet werden kann.

/u/ reduzieren: → [e] > [i]; [o] > [u] (*eso* → ['isu]). Dies entspricht dem zweistufigen Vokalsystem der Ausgangssprachen. Allerdings ergibt sich in vortoniger Stellung aber auch eine Parallelität zu den historischen Schwankungen spanischer Vokale bis zum 18. Jh. (cf. Kap. 6.1.1).

Der Erhalt von /ʎ/ in Paraguay wurde von Malmberg (1947, 3) und später von Cotton/Sharp (1988, 273–274) auf das im Land mehrheitlich gesprochene Guaraní und dem Bemühen um eine korrekte Differenzierung der spanischen Laute [ʎ] und [j̰] zurückgeführt. Ein Vergleich im größeren Rahmen macht deutlich, dass sich die Verbreitung von /ʎ/ auf Teile des Grenzbereichs zwischen Chile, Bolivien und Paraguay mit Argentinien, ferner auf Bolivien, die anschließenden Andengebiete Perus und vormals auch die Andengebiete Kolumbiens erstreckt. Dies ergibt eine weitgehend zusammenhängende Zone, zu der auch Paraguay gehört. Im Gegensatz zum Quechua kennt das Guaraní selbst allerdings kein /ʎ/. Der unterstellten Einflussnahme widerspricht vor allem die Tatsache, dass das spanische /ʎ/ in Paraguay nicht etwa biphonematisch [lj] artikuliert wird, wie man dies bei einem Adstrateinfluss annehmen würde, sondern genuin iberoromanisch [ʎ] (cf. Kap. 2.1.2.4).

Gerade bei Phänomenen weiterer Verbreitung stellt sich die Frage nach deren Genese. So tritt in den Hochländern zwischen Guatemala und Argentinien eine Tendenz zur Assibilierung von /r̄/ auf (*carro* ['kaʒo]). Da die Indianersprachen den multiplen Vibranten in der Regel nicht kennen, könnte man eine Lautsubstitution vermuten. Man muss allerdings auch berücksichtigen, dass das Phänomen – ungeachtet des fehlenden /r̄/ im Nahuatl – für Mexiko nicht typisch ist, wohl aber im Norden Spaniens auftritt (cf. Kap. 6.1.2.7). Immerhin könnte es sich um eine konvergente Entwicklung handeln. Eine weitere lautliche Parallele ergibt sich in den Quechua-Gebieten des zentralen Hochlands von Ecuador sowie in Santiago del Estero, wo [ʎ] sowohl im Quechua als auch im Spanischen jeweils zu [ʒ] entwickelt wurde.

Nichtsdestoweniger sind in Gebieten mit einem hohen Anteil an indigener Bevölkerung regional Beeinflussungen des Spanischen festzustellen. Durch das zweisprachige Umfeld und fortgesetzten Sprachkontakt kommt es in diesen Zonen zur Übernahme einzelner Phänomene durch monolinguale Hispanophone. Dies ist z.B. in Yucatán der Fall, wo bei Toponymen wie *Xcaret* [ʃka'ret] allgemein die dem spanischen System fremde Lautung [ʃ] realisiert wird (cf. Kap. 2.1.2.9). In andinen Zonen Boliviens (wie auch Perus) beobachtet man bei monolingualen Sprechern des Spanischen im Gebrauch von deiktischen Ortsadverbien (*aquí*, *acá*, *ahí*, *allí*, *allá*) eine Verbindung mit *en*: *Tampoco podemos dejarlo <u>enay</u> afuera* (< *en* + *ahí*). Es handelt sich um eine im Spanischen redundante Richtungsangabe, die sich aus den Verhältnissen im Quechua und Aimara herleitet (cf. Mendoza 2008, 224). Bereits erwähnt wurde die Doppelung von Possessivbezügen (*<u>su</u> casa <u>de</u> mi padre*) in Mexiko, Peru und Bolivien (cf. Kap. 7.5). Man kann zudem feststellen, dass Interferenzen im andinen Spanisch eine gewisse Kontinuität aufweisen. Dies veranschaulicht der Bericht der *Primer nueva corónica y buen gobierno* des aus Peru stammenden zweisprachigen Mestizen Guamán Poma de Ayala von 1615 (cf. Calvo Pérez 1995a, 36–37).

Bei allen Untersuchungen, die sich heute mit Interferenzen beschäftigen, sind im Zusammenhang mit dem Auftreten sprachlicher Besonderheiten jeweils der Grad der Sprachbeherrschung, das Sprachregister (Umgangssprache, gehobene Sprache) sowie das Bildungsniveau der Sprecher zu berücksichtigen. Die *habla culta* erweist sich dabei erfahrungsgemäß als vergleichsweise resistent, während Sprecher bei eingeschränkter Zweisprachigkeit und geringerer Schulbildung am ehesten Interferenzen aufweisen.

7.5.2 Afrikanische Einflüsse

Das Spanische der Antillen und der zirkumkaribischen Küstengebiete wurde bevorzugt mit strukturellen afrikanischen Einflüssen in Verbindung gebracht (cf. Megenney 1985). Der Ansatz ergibt sich aus dem kolonialen Sklavenhandel (cf. Kap. 5.1) und der Bevölkerungszusammensetzung in der Region, die zu unterschiedlichen Anteilen von Mulatten und Schwarzen geprägt ist (cf. Kap. 1.2). Die diskutierten Einflüsse betreffen (1) einen vermuteten kreolischen Ursprung des karibischen Spanisch, (2) so genannte semikreolische Züge der Volkssprache und (3) Merkmale der *habla bozal*.

7.5.2.1 Kreolsprachen

Atlantische Kreolsprachen entstanden im kolonialen Kontext bei der Verschiebung sprachlich heterogener afrikanischer Bevölkerungen in eine isolierte, zumeist insulare Lage. Dort bot sich den Menschen bei einem stark überzähligen Sprecherverhältnis hinsichtlich der vor Ort lebenden Europäer keine Möglichkeit, die Sprache der Kolonialherren in ihrer bestehenden Form zu assimilieren. Aufgrund eigener sprachlicher Heterogenität konnten die Afrikaner ihre Kommunikationsbedürfnisse nur in Verbindung mit der jeweiligen Kolonialsprache umsetzen. Man geht davon aus, dass in Zusammenhang mit dem Sklavenhandel einige Hundert afrikanische Sprachen und Dialekte nach Amerika gelangten. Das Zahlenverhältnis der Bevölkerungsgruppen im Zielgebiet ist für die Herausbildung einer Kreolsprache von entscheidender Bedeutung. Bereits Alexander von Humboldt stellte 1826 in seinem "Essai politique sur l'île de Cuba" fest, dass die Relation von Schwarzen zu Weißen in einem genuinen Kreolgebiet wie Jamaika bei 10:1 lag (1992: 63). Bickerton (1981: 4) geht davon aus, dass der Anteil an Muttersprachlern der dominanten Sprache nicht höher als 20% sein dürfe, damit sich eine Kreolsprache herausbilden kann.

Der Terminus Kreolisch wurde noch im 19. Jh. zum Teil verallgemeinernd zur Umschreibung einer kolonialen und als nachlässig eingestuften Sprachform verwendet. Kreolsprachen im wissenschaftlichen Sinne weisen klare Charakteristika auf. So ersetzen TMA-Marker zur Spezifizierung temporaler, modaler und aspektueller Inhalte z.B. die Bezüge des romanischen Verbalsystems. Ein Kreol verfügt über eine eigene

Grammatikalität und fungiert als Muttersprache. In der neueren Fachdiskussion besteht eine gewisse Tendenz, historische Sprachkontakte mit afrikanischer Bevölkerung grundsätzlich mit Formen von Kreolisierungen in Verbindung zu bringen.

Auf der ersten Stufe angestellter Überlegungen zu strukturellen afrikanischen Einflüssen im amerikanischen Spanisch vertraten Bickerton/Escalante (1970, 262) auf der Grundlage ihrer Untersuchungen zum Palenquero in Kolumbien (cf. Kap. 1.1) die Ansicht, im 16. und 17. Jh. sei in weiten Teilen der Karibik ein spanisch basiertes Kreol gesprochen worden. Entsprechend äußerte sich auch Otheguy (1973). De Granda (1968) glaubte sogar, die Ausdehnung des Kreols betreffe die Gesamtheit der spanischen Überseeterritorien. Diese Einschätzung konnte nie das Stadium der Spekulation überwinden und wird nicht zuletzt aufgrund der Quellenlage mittlerweile kaum mehr ernsthaft verfolgt.

7.5.2.2 Semikreolische Merkmale

Nachdem selbst das Spanische der Karibik kaum auf eine allgemeine kreolsprachliche Basis zurückgeführt werden konnte, verlagerte sich die Diskussion auf die Beschreibung so genannter semikreolischer Merkmale. Ein *semi-creole*, auf das in Untersuchungen gelegentlich Bezug genommen wird, setzt nach den Vorstellungen John Holms als vermuteten Ausgangspunkt der Entwicklung kein genuines Kreol voraus. Nach Holms Ansicht entstand durch die Übernahme von Strukturen ("by borrowing features") ein Nebeneinander von kreolischen und nicht kreolischen Charakteristika (1988–89, I, 9–10). In der weiteren Entwicklung habe unter dem Einfluss der Standardsprache eine Art Überlagerung der kreolischen Merkmale stattgefunden (Dekreolisierung), so dass diese heute nicht mehr direkt nachzuweisen sind.

Bei diesem Ansatz handelt es sich um einen klassischen Zirkelschluss. Die in semikreolischer Perspektive verfolgte Argumentation weist auf sprachvereinfachend eingestufte Strukturen in amerikanischen Varietäten des Spanischen (und im Übrigen auch des brasilianischen Portugiesisch) hin, für die es gewisse Parallelen in Kreolsprachen gebe. In diesem Zusammenhang wird auch auf die *habla bozal*, die Sprache der jeweils ersten Generation aus Afrika eingetroffener Sklaven abgehoben (cf. Kap. 5.6.2).

Charakteristika, denen in diesem Zusammenhang großes Gewicht beigemessen wird, sind der Ausfall des finalen /s/ und die Neutralisierung von /r/, /l/. Der Grund für die afrikanisch interpretierte Filiation liegt in der mit dem Schwund von /s/ einhergehenden Auflösung der Pluralflexion (*la casa*, Sg./Pl.) sowie der Verbalflexion (2./3. Pers. Sg.: *tú *tiene#, él tiene*), die man prinzipiell aus Kreolsprachen kennt und der wegen des Eingriffs in die Morphologie besondere Bedeutung zukommt.

Eine morphologische Genese dieses Wandels kann hier allerdings nicht vorliegen, denn funktional handelt es sich lediglich um die sekundären Auswirkungen einer verbreiteten phonetischen Entwicklung, die gleichermaßen das Südspanische betrifft (cf. Kap. 6.1.2.3). Ferner ist nicht allein das für die Flexion relevante finale /s/, sondern das implosive /s/ allgemein betroffen. Mit der Aspiration [h] liegt zudem eine entwicklungsrelevante Zwischenstufe vor. Schließlich verdeutlicht die sprachliche Konstellation in Südspanien, dass Aspiration und Ausfall von implosivem /s/ auch ohne engeren Kontakt mit afrikanischen Bevölkerungen, wie er in der Karibik bestand, auftreten. Obwohl die Verhältnisse bekannt sind (cf. López Morales 1980), erscheinen immer wieder Beiträge (cf. Lorenzino 1993; Figueroa Arencibia 1999), die semikreolischen Einfluss unterstellen.

7.5.2.3 *Habla bozal*

Bei der Neutralisierung des implosiven /r/ (→ [l]) namentlich in der Karibik ging man von der Überlegung aus, diese Entwicklung sei durch artikulatorische Probleme bedingt, die die aus Afrika stammende Bevölkerung bei der Realisierung von /r/ gehabt habe. Auch hier lässt sich eine Reihe relativierender Faktoren anführen. An erster Stelle steht die Tatsache, dass die Neutralisierung eine typische Erscheinung des Südspanischen ist (cf. Kap. 6.1.2.6). Weiterhin fällt auf, dass die kubanische *habla bozal* (cf. Perl 1982), die das Spanische der jeweils ersten Generation afrikanischer Sklaven repräsentiert, die Neutralisierung im 18. und 19. Jh. nicht aufweist. Typisch für die *habla bozal* sind vielmehr Assimilation/Ausfall von implosivem /r/, /l/ (cf. *fomma* 'forma', *Su messé* 'su merced', *jablá* 'hablar'; Castellanos 1992, 321–323). Die Neutralisierung erscheint hingegen in der spanischen Muttersprache der *negros criollos*, welche sich nach den dokumentierten Aussagen (cf. Kap. 5.6.2) nicht grundsätzlich von der der weißen Bevölkerung unterschied.

Abgesehen von der Neutralisierung hat man auch die sporadische Entwicklung von /d/ in sonorer Umgebung zu [r] afrikanischem Einfluss zugeschrieben. Es ist nicht von der Hand zu weisen, dass Sprecher, die aufgrund einer afrikanischen Muttersprache (L1) den interdentalen spanischen Frikativ [ð] nicht artikulieren, ihn gegebenenfalls substituieren. Dies bedeutet aber nicht, dass beim muttersprachlichen Erwerb des Spanischen ebenfalls eine Substitution eintreten muss.

Diachronisch betrachtet sind die Entwicklungen /l/ > [r] und /-d-/ > [r] z.B. 1539 in Honduras im Brief eines Hauptmanns an den König belegt (*Valle de Sura* für *Valle de Sula*; *armirado* für *admirado*). Wenn afrikanische Einflüsse beteiligt wären, müsste man sie, da sie bei einem erwachsenen Sprecher auftreten, um zwanzig bis dreißig Jahre zurückdatieren und stünde damit überhaupt am Beginn des transatlantischen Sklavenhandels. Jedoch weist schon der Name des Hauptmanns, Alonso de Cáceres, auf seine sprachliche Heimat hin, die in der spanischen Extremadura liegt. In Puerto Rico lässt sich die Entwicklung /r/ > [l] bereits 1519/1525 nachweisen (*alcabucos* für *arcabucos* 'Dickicht', *bernaldino* für *Bernardino*; Álvarez Nazario 1991, 84). Hier ist afrikanische Einflussnahme nicht vorstellbar.

Bei der Interpretation schriftlicher Zeugnisse ist Behutsamkeit geboten, denn literarische Quellen können stilisierende Elemente enthalten. In einem Roman des kubanischen Schriftstellers Cirilio Villaverde von 1882 (*Cecilia Valdés o La Loma del*

Ángel) befindet sich einen Abschnitt, der die *habla bozal* des schwarzen Sklaven Chilala nachahmt:

> *—¡Ah, mi suama sumecé! exclamó dando un suspiro. Tlabaja, tlabaja; poco comía; no conuca; no cuchina; no mujé: cuera, cuera, cuera...* [...]
> *—Si, siñó, mi suama sumecé. Chilala no juye ma: Chilala tlabaja; Chilala fino, fino* (Villaverde 1992, 3. Teil, Kap. 6).

Sprachlich fällt die Form *tlabaja* (*trabaja*) auf, bei der es nicht um die implosive Stellung von /r/ geht, sondern um den Nexus *tr*. Stilisierend wirkt das übertrieben fehlverwendete Femininum: "conuca" (*conuco*), "cuchina" (*cochino*), "cuera" (*cuero*, gemeint ist *azoteo*). Auch kann die Form "juye" (*huye*) phonetisch kaum mit "mujé" gleichgesetzt werden. Im Prinzip wäre *mujer* mit <muhé> wiederzugeben. Der Ausfall des finalen *-r* ist wiederum authentisch wie auch "siñó" für *señor* (gemeint ist *señora*).

Die genannten Beispiele sollen die Möglichkeit konkurrierender Einflüsse historischer Strate keineswegs ausschließen oder grundsätzlich zurückweisen. Im Sinne sprachlicher Konvergenz, d.h. des Zusammentreffens von Faktoren unterschiedlicher Herkunft, die in eine Richtung zielen, können natürlich solche Einflüsse wirksam geworden sein, selbst wenn sie sich kaum quantifizieren lassen. Entscheidend bleibt die relativierende Einordnung sprachlicher Phänomene in einen Gesamtkontext, der sich z.B. nicht allein auf die Parallelität von Merkmalen stützen kann und in der Forschung weiterverfolgt werden muss.

7.6 Anbindung und Verkehr

Auf die Formierung der Sprachräume in Hispanoamerika hatten neben sprachlichen Faktoren grundsätzlich auch Geographie, administrative Einteilung und Verkehrsverbindungen Einfluss.

Canfield (1981, 2–9) hat für die sprachliche Entwicklung Hispanoamerikas die Bedeutung der Zugänglichkeit (*accessibility*) von Gebieten hervorgehoben. Damit verbindet er nicht den Ablauf der Besiedlung an sich, sondern er sieht in der Zugänglichkeit einen Faktor, der in der Zeit zwischen 1500 und 1750 den abgestuften Kontakt amerikanischer Gebiete mit Südspanien reflektieren soll. Es handelt sich somit um einen Gradmesser für unterschiedliche Entwicklungsstände des Andalucismo (cf. Kap. 4.3, 7.4.2). Canfield setzt in den Jahren 1550, 1650 und 1750 chronologische Schnitte, die jeweils Grenzen der Erreichbarkeit darstellen sollen, und ordnet ihnen Gebiete zu. Danach fallen z.B. die Hochländer von Mexiko, Ecuador, Peru und Bolivien, die auslautendes /s/ bewahren, in die Phase bis 1550, Paraguay erreicht die Marke von 1650, und die Küstenländer, die den letzten Entwicklungsstand repräsentieren sollen, werden 1750 zugewiesen.

Canfields Überlegungen sind insofern interessant, als sie die Kontinuität des Bevölkerungszustroms unterstreichen. Man könnte daran vielleicht ablesen, warum sich z.B. die Realisierung von /x/ [h] (cf. Kap. 6.1.2.5) in amerikanischen Küstengebieten kontaktbedingt noch in der zweiten Hälfte des 16. Jh. ausbilden konnte. Parodi (2001, 34, 40) spricht hinsichtlich der Ausprägung regionaler Merkmale des amerikanischen Spanisch im 16. und 17. Jh. sowie der Verstetigung andalusischer Züge in den Küstenländern von *rekoinización*, die durch regionale Zuwanderung aus Spanien einerseits und andalusische Kontakte auf den Antillen andererseits gewirkt habe. Allerdings eignet sich dieser Ansatz wie auch Canfields Modell nicht zur Generalisierung. Canfields chronologische Schnitte sind rein willkürlich gesetzt. Es ist zudem wenig wahrscheinlich, dass sich in den Küstenländern, die der Phase bis 1750 zugewiesen werden, nach über 250 Jahren Kolonisierung über den Schiffsverkehr noch externe sprachliche Einflüsse durchsetzen konnten. Zuwanderer passen sich in der Regel schon in der zweiten Generation dem sprachlichen Umfeld vor Ort an und nicht umgekehrt. In chronologischer Hinsicht fragt man sich, warum z.B. das Hochland von Mexiko, das Canfield mit Guatemala und Costa Rica in die frühe Zeit bis 1550 einordnet, keinen *voseo* aufweist, während der *voseo* in Zentralchile erhalten ist, also in einem Gebiet, das in der letzten und somit angeblich stärker andalusisch beeinflussten Spanne bis 1750 liegt.

Verkehrsverbindungen liefern in Hispanoamerika nach allgemeiner Auffassung die Erklärung für die Herausbildung der unterschiedlichen Pronominalverwendung in der vertrauten Anrede (*tú* vs. *vos*). Regionen, die mit Spanien in engerer Verbindung standen wie der karibische Raum sowie die Vizekönigreiche Mexiko und Peru, sind heute überwiegend *tuteo*-Gebiet, entlegenere Regionen wie Mittelamerika und der La Plata-Raum hingegen behielten *vos* bei (cf. Kap. 6.2.1.1). Auf administrativer Ebene bedingt in Chiapas die ehemalige Zuordnung zum Generalkapitanat Guatemala den Gebrauch des *voseo*, der für Mexiko ansonsten unüblich ist.

Der mittelamerikanische Raum war in der Kolonialzeit relativ isoliert, was auch heute in der schwachen Verkehrsanbindung und dem wenig besiedelten atlantischen Bereich zwischen Honduras und Panama zutage tritt. Sprachlich besteht in Nicaragua eine grenzüberschreitende Parallelität mit dem westlichen Costa Rica im Flachland der Provinz Guanacaste und der Halbinsel Nicoya. Im Valle Central hingegen hebt sich Costa Rica sprachlich gegenüber Nicaragua und Panama ab. Das östliche Panama wiederum bildet durch die ehemaligen maritimen Verbindungen Spaniens mit Südamerika über den *camino real* (cf. Kap. 5.2) sowie die administrative Anbindung an den kolumbianischen Raum eine gewisse Fortsetzung der karibischen Zone. Für die Entwicklungen in Argentinien ist zu beachten, dass das Land über die Verbindungen mit Peru, Bolivien und Chile erschlossen wurde, da der Seeweg zwischen Spanien und Buenos Aires von der zweiten Gründung 1580 bis zur zweiten Hälfte des 18. Jhs. fast keine Bedeutung hatte.

Auch innerhalb determinierter geographischer Räume spielen Verkehrsverbindungen eine wichtige Rolle, weil sie bei gesteigerter Mobilität den kommunikativen Austausch und somit sprachliche Prozesse grundsätzlich beschleunigen. Für Hispanoamerika bedeutet dies, dass die Tieflandgebiete gegenüber den Hochländern einen eigenen progressiven sprachlichen Impetus entwickeln konnten, der nicht von den Verbindungen mit Spanien abhing.

7.7 Wege der Forschung

Die Untersuchungen zur Herausbildung des amerikanischen Spanisch beschäftigten sich lange Zeit intensiv mit Fragen des Andalucismo und der Besiedlung des Kontinents. Seit den neunziger Jahren des 20. Jhs. ist diese Diskussion abgeebbt, und die Literatur vermittelt zu einem guten Teil den Eindruck, die Andalucismo-These sei die schlüssige Erklärung für die Herausbildung des amerikanischen Spanisch. Nichtsdestoweniger bestehen jenseits des karibischen Raums Zweifel an der sprachlichen Kontinuität sowie am Einfluss der in den ersten Jahrzehnten der Kolonisierung entstandenen antillanischen Koine (cf. Kap. 7.4.5; Noll 2005a, 2005b).

Die Diskussion zu möglichen strukturellen afrikanischen Einflüssen im karibischen Raum wird heute verhaltener geführt als in den 1990er Jahren. Ein umfassender Beitrag zu afro-hispanischen Varietäten ist der von Lipski (2005), der den Schwerpunkt auf afrikanisiertem Spanisch und die *habla bozal* legt. Was die sprachhistorische Wirkung der Strate im amerikanischen Spanisch betrifft, so ist der amerindische Einfluss auf die Lexik offenkundig. In anderen Bereichen erweist sich der Nachweis außerhalb des zweisprachigen Milieus eher schwierig. Ein Interesse der neueren Forschung liegt auf den amerindisch-spanischen Sprachkontakten der Gegenwart (cf. Palacios Alcaine 2008, Klee/Lynch 2009, Montrul 2012), aus denen sich vereinzelt Einsichten zu den historischen Verhältnissen ableiten lassen.

Ein weiterer zentraler Bereich, der sprachgeschichtliche Erkenntnisse befördert, ist die Herausgabe und Auswertung schriftlicher Quellen aus der Kolonialzeit wie z.B. die von Andreas Wesch bearbeitete Edition der *Información de los Jerónimos* (1993), ein Bericht über die Verhältnisse auf Santo Domingo von 1517. Vor großer Bedeutung sind in diesem Zusammenhang Archive wie das *Archivo General de Indias*[2] in Sevilla, das 1785 gegründet wurde und über 43.000 Akten (*legajos*) vorhält (cf. Frago Gracia 1987). Auf archivarische Auswertung stützen sich unter anderem diverse historische Arbeiten von Frago Gracia zum Andalusischen und zum amerikanischen Spanisch (cf. 1990, 1994, 1999).

Auch auf dem amerikanischen Kontinent stoßen sprachgeschichtliche Fragestellungen in vielen Arbeiten auf Interesse. In Hispanoamerika war die Arbeit von Olga Cock Hincapié zur Entwicklung der Sibilanten in Neu-Granada wegweisend (1969). Seit 1989 bestand das *Proyecto Coordinado de Estudio Histórico del Español de América, Canarias y Andalucía*, bis 2002 unter der Leitung von Elena Rojas Mayer (Tucumán). Aus diesem Projekt sind Quellentexte (16. Jh. bis 18. Jh.) von den Kanaren und

2 *<www.mecd.gob.es/cultura/areas/archivos/mc/archivos/agi/portada.html>*

aus Hispanoamerika vom in paläographischer Transkription bereitgestellt worden (Fontanella de Weinberg 1993, Rojas Mayer 2000, 2008). Auswertungen sprachhistorischer Quellen mit einer Zusammenstellung von Charakteristika haben für das Spanische in Mexiko García Carillo (1988), für Costa Rica Quesada Pacheco (1990) und für Honduras Nieto Segovia (1995) veröffentlicht. Es liegen auch regionale Sprachgeschichten vor (cf. Kap. 1.4, Geschichte des amerikanischen Spanisch), unter denen das bis jetzt umfassendste Werk von Manuel Álvarez Nazario stammt und Puerto Rico zum Thema hat (cf. 1982, 1990, 1991).

Das Gebiet des amerikanischen Spanisch stellt eine unerschöpfliche Quelle für die Forschung dar, das allen Interessierten auch heute die Möglichkeit zur Abfassung grundlegender Beiträge in synchronischer und diachronischer Perspektive bietet.

Aufgaben

1. Orientieren Sie sich anhand von Holm (1988–89, I) über die Merkmale einer Kreolsprache.
2. Verfolgen Sie die Bedeutungsentwicklung der Wortes *criollo* (pg. *crioulo*) in den etymologischen Wörterbüchern und im *Léxico hispanoamericano del siglo XVI* (Boyd-Bowman 1987).
3. Informieren Sie sich zu *koinización* anhand von Siegel (1985) und Fontanella de Weinberg (1987a).
4. Lesen Sie den grundlegenden Artikel Menéndez Pidals “Sevilla frente a Madrid” (1962).
5. Lesen Sie die Beiträge zum Spanischen der Karibik und zur *habla bozal* im Sammelband von Perl/Schwegler (1998).

Literaturverzeichnis

Adelaar, W. F. H./Muysken, P. C. (2004): The Languages of the Andes. Cambridge, CUP.

Agüero Chaves, A. (2009): El español de Costa Rica. San Juan, UCR.

Albarran, Alan B. (2009): The Handbook of Spanish Language Media. New York – London, Routledge.

Alcedo, A. de (1789): Vocabulario de las voces provinciales de la América, in: Id., Diccionario geográfico histórico de las Indias Occidentales ó América. V. Madrid, González, 1–186 [463–648].

Aleza Izquierdo, M. (1999, ed.): Estudios de historia de la lengua española en América y España. València, Universitat de València.

Aleza Izquierdo, M./Enguita Utrilla, J. M. (2002): El español de América: aproximación sincrónica. Valencia, Tirant lo Blanch.

Alonso, A. (1939): "Examen de la teoría indigenista de Rodolfo Lenz", in: RFE 1, 313–350.

Alonso, A. (1967–69², ¹1955): De la pronunciación medieval a la moderna en español. 2 vol. Madrid, Gredos.

Alonso, A. (1976³, ¹1953): Estudios lingüísticos. Temas hispanoamericanos. Madrid, Gredos.

Alonso, A. (1979⁵): Castellano, español, idioma nacional. Buenos Aires, Losada.

Alvar, M (1998): El dialecto canario de Luisiana. Las Palmas, Universidad de Las Palmas.

Alvar, M. (1987): Léxico del mestizaje en Hispanoamérica. Madrid, Ediciones Cultura Hispánica.

Alvar, M. (1990): Norma lingüística sevillana y español de América. Madrid, Ediciones de Cultura Hispánica.

Alvar, M. (1991): "Proyecto del *Atlas Lingüístico de Hispanoamerica*", in: Id., Estudios de geografía lingüística. Madrid, Paraninfo, 439–456.

Alvar, M. (2000): América. La lengua. Valladolid, Universidad de Valladolid.

Alvar, M. (2000a): El español en el Sur de Estados Unidos. Estudios, encuestas, textos. Alcalá de Henares, Universidad de Alcalá-La Goleta.

Alvar, M. (2000b): El español en la República Dominicana. Estudios, encuestas, textos. Alcalá de Henares, Universidad de Alcalá-La Goleta.

Alvar, M. (2001a): El español en Paraguay. Estudios, encuestas, textos. Alcalá de Henares, Universidad de Alcalá-La Goleta.

Alvar, M. (2001b): El español en Venezuela. Estudios, encuestas, textos. Alcalá de Henares, Universidad de Alcalá-La Goleta.

Alvar, M. (2002): "La lexicografía del español de América: bibliografía reciente", in: B. Pöll/ F. Rainer (ed.), Vocabula et vocabularia. Etudes de lexicologie et de (méta-)lexicographie romanes en l'honneur du 60ᵉ anniversaire de Dieter Messner. Frankfurt/M. et al., Lang.

Alvar, M. (2010): El español en Méxcio. Estudios, mapas, textos. 3 vol. Alcalá de Henares, Universidad de Alcalá de Henares.

Alvar, M./Quilis, A. (1984): Atlas lingüístico de Hispanoamérica. Cuestionario. Madrid, Instituto de Cooperación Iberoamericana.

Álvarez Nazario, M. (1974): El elemento afronegroide en el español de Puerto Rico. San Juan, Instituto de Cultura Puertorriqueña.

Álvarez Nazario, M. (1982): Orígenes y desarrollo del español en Puerto Rico (siglos XVI y XVII). Río Piedras, Editorial de la Universidad de Puerto Rico.

Álvarez Nazario, M. (1990): El habla campesino del país. Orígenes y desarrollo del español en Puerto Rico. Río Piedras, Editorial de la Universidad.

Álvarez Nazario, M. (1991): Historia de la lengua española en Puerto Rico. Su pasado y su presente en el marco de la realidad social. San Juan, Academia Puertorriqueña de la Lengua Española.

https://doi.org/10.1515/9783110598445-008

Amastae, J./Elías-Olivares, L. (1982, ed.): Spanish in the United States. Sociolinguistic aspects. Cambridge, CUP.

Andrade Ciudad, L. (2016): The Spanish of the Northern Peruvian Andes. A sociohistorical and dialectological account. Oxford et. al., Lang.

Arango L. M. A. (1995): Aporte léxico de las lenguas indígenas al español de América. Barcelona, Puvill.

Araya, G./Contreras, C./Wagner, C./Bernales, M. (1973): Atlas lingüístico-etnográfico del Sur de Chile (ALESUCH). I. Valdivia, Universidad Austral de Chile – Editorial Andrés Bello.

Ardila, A. (2005): "Spanglish: An Anglicized Spanish Dialect", in: Hispanic Journal of Behavioral Sciences 27, 60–81.

Arellano Hoffmann, C./Schmidt, P. (1999, ed.): Die Bücher der Maya, Mixteken und Azteken. Die Schrift und ihre Funktion in vorspanischen und kolonialen Codices. Katalog. Frankfurt/M., Vervuert.

Arias Álvarez, B. (1997): El español de México en el siglo XVI (estudio filológico de quince documentos). México, UNAM.

Arias de la Cruz, M. Á. (1987², 1980): Diccionario temático. Americanismos. León, Everest.

Armas y Céspedes, J. I. (1882): "Oríjenes [sic] del lenguaje criollo", in: G. Alonso/Á. L. Fernández (ed.), Antología de lingüística cubana. I. La Habana, Editorial de Ciencias Sociales, 1977, 115–186.

ASALE (2010): Diccionario de americanismos. Madrid, Santillana.

Barriga Villanueva, R./Martín Buitragueño, P. (2010–14, ed.): Historia sociolingüística de México. I: México prehispánico y colonial. II: México contemporáneo. III. Espacio, contacto y discurso político. México, El Colegio de México.

Beardsley, Th. S. (1982): "Spanish in the United States", in: Word 33, 15–28.

Bello, A. (1891¹⁵, ¹1847): Gramática de la lengua castellana destinada al uso de los americanos. Madrid, López.

Bentivoglio, P./Sedano, M. (2011), "Morphosyntactic Variation in Spanish-Speaking Latin America", in: Díaz-Campos 2011, 168–186.

Benvenutto Murrieta, P. M. (1936): El lenguaje peruano. Lima.

Bernecker, W. L. et al. (1992–96, ed.): Handbuch der Geschichte Lateinamerikas. I. Mittel-, Südamerika und die Karibik bis 1760. Stuttgart, Klett-Cotta, 1994. II. Lateinamerika 1760 bis 1900. Stuttgart, Klett-Cotta, 1992. III. Lateinamerika im 20. Jahrhundert. Stuttgart, Klett–Cotta, 1996.

Bernecker, W. L. et al. (2004³, ed.): Mexiko heute. Politik – Wirtschaft – Kultur. Frankfurt/M., Vervuert.

Berschin, H./Fernández-Sevilla, J./Felixberger, J. (2012⁴): Die spanische Sprache. Verbreitung · Geschichte · Struktur. Hildesheim, Olms.

Bethell, L. (1984–95, ed.): The Cambridge History of Latin America. 10 vol. Cambridge, CUP.

Bickerton, D. (1981): Roots of Language. Ann Arbor, Karoma.

Bickerton, D./Escalante, A. (1970): "Palenquero: A Spanished-Based Creole of Northern Colombia", in: Lingua 24, 254–267.

Bono López, M. (1997): "La política lingüística en la Nueva España", in: Anuario Mexicano de Historia del Derecho 9, 11–45.

Boyd-Bowman, P. (1956): "The Regional Origins of the Earliest Spanish Colonists of America", in: PMLA 71, 1152–1172.

Boyd-Bowman, P. (1964): Índice geobiográfico de cuarenta mil pobladores españoles de América en el siglo XVI. I. 1493–1519. Bogotá, ICC.

Boyd-Bowman, P. (1968): Índice geobiográfico de cuarenta mil pobladores españoles de América en el siglo XVI. II. 1520–1539. México, Jus.

Boyd-Bowman, P. (1975): "A Sample of Sixteenth Century 'Caribbean' Spanish Phonology", in: W. G. Milan/J. J. Staczek/J. C. Zamora (ed.), 1974 Colloquium on Spanish and Portuguese Linguistics. Washington, Georgetown Univ. Press, 1–11.
Boyd-Bowman, P. (1976): "Patterns of Spanish Emigration to the Indies until 1600", in: Hispanic American Historical Review 56, 580–604.
Boyd-Bowman, P. (1987, [1]1972): Léxico hispanoamericano del siglo XVI. Madison.
Buesa Oliver, T. (1965): Indoamericanismos léxicos en español. Madrid, CSIC.
Buesa Oliver, T./Enguita Utrilla, J. M. (1992): Léxico del español de América. Su elemento patrimonial e indígena. Madrid, MAPFRE.
Bueso, I. et al. (2007, [1]1999): Diferencias de usos gramaticales entre español peninsular y español de América. Madrid, Edinumen.
Cahuzac, Ph. (1980): "La división del español de América en zonas dialectales. Solución etnolingüística o semantico-dialectal", in: LEA 2, 385–461.
Calcaño, J. (1949, [1]1897): El castellano en Venezuela. Estudio crítico. Madrid, Artegrafía.
Caldcleugh, A. (1825): Travels in South America, During the Years 1819–20–21; Containing an Account of the Present State of Brazil, Buenos Ayres, and Chile. 2 vol. London.
Calvo Pérez, J. (1995): Introducción a la lengua y cultura quechuas. València. Universitat de València.
Calvo Pérez, J. (1995a): "El castellano andino y la crónica de Guamán Poma", in: Echenique/Aleza/Martínez 1995, 31–39.
Calvo Pérez, J. (2008): "Perú", in: Palacios Alcaine 2008, 189–212.
Campbell, L./Grondona, V. (2012, ed.): The Indigenous Languages of South America. A Comprehensive Guide, De Gruyter Mouton.
Cancellier, A. (1996): Lenguas en contacto. Italiano y español en el Río de la Plata. Padova, UP.
Canfield, D. L. (1934): Spanish Literature in Mexican Languages as a Source for the Study of Spanish Pronunciation. New York, Instituto de las Españas.
Canfield, D. L. (1962): La pronunciación del español en América. Ensayo histórico-descriptivo. Bogotá, ICC.
Canfield, D. L. (1982): "The diachronic factor in American Spanish in contact", in: Word 33, 109–118.
Canfield, D. L. (1981): Spanish Pronunciation in the Americas. Chicago – London, The Univ. of Chicago Press. [El español de América. Fonética. Barcelona, Crítica, 1988]
Cano, R. (2004, ed.): Historia de la lengua española. Barcelona, Ariel.
Caravado, R. (1992): "¿Restos de la distinción /s/ /θ/ en el español del Perú?", in: RFE 72, 639–654.
Cárdenas Molina, G./Tristá Pérez, A. M./Werner, R. (2000): Diccionario del español de Cuba. Español de Cuba – Español de España. Madrid, Gredos.
Carricaburo, N. (1997): Las fórmulas de tratamiento en el español actual. Madrid, Arco Libros.
Cassano, P. V. (1982): "Language influence theory exemplified by Quechua and Maya", in: Word 33, 127–141.
Castellanos, J. & I. (1992): Cultura afrocubana. III. Las religiones y las lenguas. Miami, Ediciones Universal.
Catalán, D. (1956–57): "El çeçeo-zezeo al comenzar la expansión atlántica de Castilla", in: Boletim de Filologia 16, 306–334.
Catalán, D. (1958): "Génesis del español atlántico. Ondas varias a través del océano", in: Anais do Primeiro Simpósio de Filologia Românica (20 a 28 de agôsto de 1958). Rio de Janeiro, Ministério da Educação e Cultura, 1970, 67–76.
Catalán, D. (1964): "El español en Canarias", in: PFLE I, 239–280.
Catalán, D. (1989): El español. Orígenes de su diversidad. Madrid, Paraninfo.
Cerrón-Palomino, R. (2003): Castellano andino. Aspectos sociolingüísticos, pedagógicos y gramaticales. Lima, Pontificia Universidad Católica del Perú.

Chang-Rodríguez, E. (1982, ed.): Spanish in the Western Hemisphere in Contact with English, Portuguese, and the Amerindian languages. New York, International Linguistic Association. [Word 33, 1982]

Choy López, L. R. (1999): Periodización y orígenes en la historia del español de Cuba. València, Universitat de València.

Chuchuy, C./Hlavacka de Bouzo, L. (1993): Nuevo diccionario de argentinismos. Bogotá, ICC.

Chuchuy, C. (2000): Diccionario del español de Argentina. Español de Argentina – Español de España. Madrid, Gredos.

Chumaceiro, I./Álvarez Muro, Alexandra (2004): El español, lengua de América. Historia y desarrollo del español en el continente americano. Caracas, El Nacional.

Cieza de Léon, Pedro de (1922 [1553]): La Crónica del Perú. Madrid, Calpe.

Cieza de Léon, Pedro de (1880 [1553]): Segunda parte de la Crónica del Perú que trata del señorío de los incas yupanquis y de sus grandes hechos y gobernación. Madrid, Ginés Hernández.

Cock Hincapié, O. (1969): El seseo en el Nuevo Reino de Granada (1550–1650). Bogotá, ICC.

Cock Hincapié, O. (1998): Historia del nombre de Colombia. Santafé de Bogotá, ICC.

Coe, M. D. (1998, [1]1986, ed.): Bildatlas der Weltkulturen. Amerika vor Kolumbus. Augsburg, Bechtermünz.

Coe, M. D. (2000[6], [1]1966): The Maya. London, Thames & Hudson.

Colón, C. (1992): Textos y documentos completos. Edición de Consuelo Varela. Nuevas cartas: Edición de Juan Gil. Madrid, Alianza.

Company Company, C. (1994): Documentos lingüísticos de la Nueva España. Altiplano central. México, UNAM.

Company Company, C. (2000): "La engañosa apariencia sintáctica del español americano. ¿Conservador o innovador?", in: Foro hispánico 17, 15–26.

Company, C./Melis, Ch. (2002): Léxico histórico del español de México. Régimen, clases funcionales, usos sintácticos, frequencias y variación gráfica. México, UNAM.

Conde, Ó. (2010[2], [1]1998): Diccionario etimológico de lunfardo. Buenos Aires, Taurus.

Conde, Ó. (2011): El lunfardo. Un estudio sobre el habla popular de los argentinos. Buenos Aires, Taurus.

Contreras Seitz, M. E. (2004): El español de Chile en el período colonial. Fonética. Osorno, Universidad de Los Lagos.

Córdoba, Juan de (1886 [1578]): Arte del idioma zapoteco. Morelia, Imprenta del Gobierno.

Coseriu, E. (1974): Synchronie, Diachronie und Geschichte. Das Problem des Sprachwandels. München, Fink.

Cotton, E. G./Sharp, J. M. (1988): Spanish in the Americas. Washington, Georgetown Univ. Press.

Cuervo, R. J. (1901): "El castellano en América", in: BHi 3, 35–62.

Cuervo, R. J. (1907[5], [1]1867): Apuntaciones críticas sobre el lenguaje bogotano con frequente referencia al los países de Hispano-América. Paris, Roger y Chernoviz.

Curtin, Ph. D. (1970): The Atlantic Slave Trade. A Census. Madison.

Danesi, M. (1977): "The Case for *Andalucismo* Re-Examined", in: Hispanic Review 45, 181–193.

Del Valle, J. (1998): "Andalucismo, poligénesis y koineización: dialectología e ideología", in: Hispanic Review 66, 131–149.

Del Valle, J. (2013, ed.): A Political History of Spanish. The Making of the Language. Cambridge, CUP.

Descripción de Panamá (1607): "Descripción de Panamá y su provincia sacada de la relación que por el mandado del Consejo hizo y embió aquella Audiencia (Año 1607)", in: M. Serrano y Sanz (1908, ed.), Relaciones históricas y geográficas de América Central. Madrid, Librería General de Victoriano Suárez, 137–218.

Diario (1492–93): "Diario del Primer Viaje", in: Colón 1992, 95–218.

Díaz-Campos, M. (2011, ed.): The Handbook of Hispanic Sociolinguistics. Chichester, Wiley-Blackwell.
Díaz-Campos, M. (2014): Introducción a la sociolingüística hispánica. Con ejercicios y actividades de Gregory Newall. Chichester, Wiley Blackwell.
Dietrich, W. (1998): "Amerikanische Sprachen und Romanisch", in: G. Holtus/M. Metzeltin/ Ch. Schmitt (ed.), Lexikon der Romanistischen Linguistik (LRL). VII. Kontakt, Migration und Kunstsprachen. Kontrastivität, Klassifikation und Typologie. Tübingen, Niemeyer, 428–499.
Dietrich, W./Noll, V. (2012[6]): Einführung in die spanische Sprachwissenschaft. Ein Lehr- und Arbeitsbuch. Berlin, Schmidt.
Donni de Mirande, N. E. (2004): "El español en el litoral", in: Fontanella de Weinberg (2004), 75–120.
DRAE (2001[22]): Diccionario de la lengua española. Madrid, Real Academia Española.
DRAE (2003): Diccionario de la lengua española. Edición electrónica. Madrid, Espasa Calpe.
DRAE (2014[23]): Diccionario de la lengua española. Madrid, Espasa.
DUE (2009): M. Moliner, Diccionario de uso del español. Edición electrónica. Versión 3.0. Madrid, Gredos.
Dworkin, S. N. (1988–89): "The interaction of phonological and morphological processes: the evolution of the Old Spanish second person plural verb endings", in: Romance Philology 42, 144–155.
Eberenz, R. (1991): "*Castellano antiguo y español moderno*: reflexiones sobre la periodización de la lengua", in: RFE 71, 79–106.
Echenique, M. T./Aleza, M./Martínez, J. M. (1995, ed.): Actas del I Congreso de Historia de la lengua epañola en América y España (Noviembre de 1994 – Febrero de 1995). Valencia, Tirant lo Blanch.
Eckkrammer, E. M. ([2019], ed.). El español en América. Berlin – Boston, de Gruyter.
Egli, J. J. (1893[2]): Nomina geographica. Sprach- und Sacherklärung von 42.000 geographischen Namen aller Erdräume. Leipzig, Brandstetter.
ELH (2016): Gutiérrez-Rexach, J. (ed.), Enciclopedia de Lingüística Hispánica. 2 vol. London – New York, Routledge.
Enciclopedia Universal (1981–92): Enciclopedia Universal Ilustrada Europeo-Americana. 70 vol. (+ apendices + suplementos). Madrid, Espasa-Calpe.
Enguita Utrilla, J. M. (2004): Para la historia de los americanismos léxicos. Frankfurt/M., Lang.
Entwistle, W. J. (1982[4]): Las lenguas de España: Castellano, catalán, vasco y gallego-portugués. Madrid, Istmo.
Ernst, G. et al. (2003, ed.): Romanische Sprachgeschichte. Ein internationales Handbuch zur Geschichte der romanischen Sprachen (HSK, 23.1). I. Berlin, de Gruyter.
Escobar, A. (1978): Variaciones sociolingüísticas del castellano en el Perú. Lima, Instituto de Estudios Peruanos.
Espinosa, A. M. (1930): Estudios sobre el español de Nuevo Méjico. 2 vol. Buenos Aires.
Fernández de Oviedo y Valdés, Gonzalo (1855 [1535/1557]): Historia general y natural de las Indias, islas y tierra-firme del mar océano. 3 vol. Madrid, Real Academia de la Historia.
Fernández de Piedrahita, L. (1688 [1676]): Historia general de las conquistas del Nuevo Reyno de Granada [...]. [Madrid] – Amberes, Verdussen.
Fernández-Sevilla, J. (1980): "Los fonemas implosivos en español", in: Thesaurus 35, 456–505.
Fernández-Sevilla, J. (1987): "La polémica andalucista: estado de la cuestión", in: López Morales/Vaquero 1987, 231–253.
Ferrero, C. (2011[2], [1]2005, ed.): Variedades lingüísticas y lenguas en contacto en el mundo de habla hispana. Bloomington, Author House.

Figueroa Arencibia, V. J. (1999): "Rasgos semicriollos en el español no estándar de la región suroriental cubana", in: Zimmermann 1999, 411–440.

Fischer, Th./Klengel, S./Pastrana Buelvas, E. (2017², ¹1997, ed.): Kolumbien heute. Politik – Wirtschaft – Kultur. Frankfurt/M., Vervuert.

Flórez, L./Montes, J. (1981–83, ed.): Atlas lingüístico-etnográfico de Colombia (ALEC). 6 vol. Bogotá, ICC.

Fontanella de Weinberg, M. B. (1976): La lengua española fuera de España. América, Canarias, Filipinas, judeoespañol. Buenos Aires, Paidos.

Fontanella de Weinberg, M. B. (1980): "Español del Caribe: ¿Rasgos peninsulares, contacto lingüístico, innovación?", in: LEA 2, 189–201.

Fontanella de Weinberg, M. B. (1987): El español bonaerense. Cuatro siglos de evolución lingüística (1580–1980). Buenos Aires, Hachette.

Fontanella de Weinberg, M. B. (1987a): "Hacia una periodización en la evolución del español bonaerense", in: Actas del VIII Congreso Internacional de la ALFAL. Tucumán, Universidad de Tucumán, 198–204.

Fontanella de Weinberg, M. B. (1992): "La evolución fonológica del español americano durante la etapa colonial", in: ALH 8, 85–97.

Fontanella de Weinberg, María Beatriz (1992a): "Variedades conservadoras e innovadoras del español en América durante el período colonial", in: RFE 72, 361–377.

Fontanella de Weinberg, M. B. (1992b): "Nuevas perspectivas en el estudio de la conformación del español americano", in: Hispanic Linguistics 4.2, 275–299.

Fontanella de Weinberg, M. B. (1993, ed.): Documentos para la Historia Lingüística de Hispanoamérica. Siglos XVI a XVIII. I. Madrid, Aguirre.

Fontanella de Weinberg, M. B. (1993², ¹1992): El español de América. Madrid, MAPFRE.

Fontanella de Weinberg, M. B. (2004², ed.): El español de la Argentina y sus variedades regionales. Bahía Blanca, Asociación Bernardino Rivadavia.

Frago Gracia, J. A. (1987): "Una introducción filológica a la documentación del Archivo General de Indias", in: ALH 3, 67–90.

Frago Gracia, J. A. (1989): "El seseo entre Andalucía y América", in: RFE 69, 277–310.

Frago Gracia, J. A. (1990): "El andaluz en la formación del español de América", in: I Simposio de filología iberoamericana (Sevilla, 26 al 30 de marzo de 1990). Zaragoza, Pórtico, 77–96.

Frago Gracia, J. A. (1993): Historia de las hablas andaluzas. Madrid, Arco Libros.

Frago Gracia, J. A. (1994): Andaluz y español de América: historia de un parentesco lingüístico. Sevilla, Junta de Andalucía.

Frago Gracia, J. A. (1999): Historia del español de América. Textos y contextos. Madrid, Gredos.

Frago Gracia, J. A. (2010): El español de América en la Independencia. Santiago de Chile, Aguilar.

Frago Gracia, J. A./Figueroa, M. F. (2003²): El español de América. Cádiz, Universidad de Cádiz.

Friederici, G. (1960², ¹1947): Amerikanistisches Wörterbuch und Hilfswörterbuch für den Amerikanisten. Deutsch – Spanisch – Englisch. Hamburg, Cram – de Gruyter.

García Carrillo, A. (1988): El español en México en el siglo XVI. Estudio lingüístico de un documento judicial del la Audiencia de Nueva Guadalajara (Nueva España) del año 1578. Sevilla, Alfar.

García Tesoro, A. I. (2008): "Guatemala", in: Palacios 2008, 95–117.

Garrido Domínguez, A. (1992): Los orígines del español de América. Madrid, MAPFRE.

Garrido, A. (2008): "El español en los Estados Unidos", in: Palacios Alcaine 2008, 17–32.

Garza Cuarón, B. (1987): El español hablado en la ciudad de Oaxaca, México. México, El Colegio de México.

Geckeler, H. (1994): "Die Erforschung der regionalen Differenzierung des Spanischen in Amerika. Etappen ihrer Geschichte", in: R. Baum et al., Lingua et traditio. Geschichte der

Sprachwissenschaft und der neueren Philologien. Festschrift für Hans Helmut Christmann zum 65. Geburtstag. Tübingen, Narr, 287–299.
Geckeler, H. (1994a): "Juan Ignacio de Armas y los comienzos de la dialectología hispanoamericana global", in: Lüdtke 1994, 211–226.
Granberry, J./Vescelius, G. S.(2004) : Languages of the Pre-Columbian Antilles. Tuscaloosa, The University of Alabama Press.
Granda, G. de (1968): "Notas sobre el estudio de las hablas 'criollas' en el área hispánica", in: Thesaurus 23, 64–74.
Granda, G. de (1978): Estudios lingüísticos hispánicos, afrohispánicos y criollos. Madrid, Gredos.
Granda, G. de (1988): Sociedad, historia y lengua en el Paraguay. Bogotá, ICC.
Granda, G. de (1994): Español de América, español de África y hablas criollas hispánicas. Cambios, contactos y contextos. Madrid, Gredos.
Granda, G. de (1994a): "Sobre la etapa inicial en la formación del español de América", in: de Granda 1994, 13–48.
Granda, G. de (1994b): "Formación y evolución del español de América. Época colonial", in: de Granda 1994, 49–92.
Grinevald, C. (2006): "Les langues amérindiennes. Etat des lieux", in: C. Gros/M. C. Strigler (eds.), Etre indien dans les Amériques. Paris, Editions de l'Institut des Amériques et Editions de l'Institut des Hautes Etudes de l'Amerique latine. 175–195.
Guitarte, G. L. (1984): "La dimensión imperial del español en la obra de Aldrete: sobre la aparición del español en América en la lingüística hispánica", in: Historiographia linguistica 11, 129–187.
Guitarte, G. L. (1991[2], [1]1983): Siete estudios sobre el español de América. México, UNAM.
Guitarte, G. L. (1991a): "Para una periodización de la historia del español de América", in: Guitarte 1991, 167–182.
Guitarte, G. L. (1991b): "Cuervo, Henríquez Ureña y la polémica sobre el andalucismo de América", in: Guitarte 1991, 11–61.
Guitarte, G. L. (1991c): "Del español de España al español de veinte naciones", in: C. Hernández et al. (ed.): El español de América. Actas del III Congreso Internacional de *El español de América*. Valladolid, Junta de Castilla y León, 65–86.
Gútemberg Bohórquez, J. (1984): Concepto de 'americanismo' en la historia del español. Bogotá.
Haensch, G. (1990): "Spanische Lexikographie", in: F. J. Hausmann et al. (ed.), Wörterbücher. Ein internationales Handbuch zur Lexikographie. II. Berlin – New York, de Gruyter, 1738–1767.
Haensch, G. (1991): "Der Wortschatz des amerikanischen Spanisch: Einheit und Verschiedenheit des europäisch-spanischen und hispanoamerikanischen Wortschatzes", in: Jahrbuch der Universität Augsburg 1990. Augsburg, Univ. Augsburg, 255–283.
Haensch, G./Omeñaca, C. (2004[2]): Los diccionarios del español en el siglo XXI. Problemas actuales de la lexicografía – Los distintos tipos de diccionarios; una guía para el usuario – Bibliografía de publicaciones sobre léxicografía. Salamanca, Ediciones Universidad de Salamanca.
Haensch, G./Werner, R. (1993a, dir.): Nuevo diccionario de americanismos. I. Nuevo diccionario de colombianismos. Bogotá, ICC.
Haensch, G./Werner, R. (1993b, dir.): Nuevo diccionario de americanismos. II: Nuevo diccionario de argentinismos, coord. por Chuchuy y L. Hlavacka de Bouzo (coord.). Bogotá, ICC.
Haensch, G./Werner, R. (1993c, dir.): Nuevo diccionario de americanismos. III: Nuevo diccionario de uruguayismos, coord. por U. Kühl de Mones. Bogotá, ICC.
Haring, C. H. (1975, [1]1947): The Spanish Empire in America. San Diego – New York – London, Harcourt Brace Jovanovich. [El imperio español en América. México, Alianza, 1990]
Harris-Northall, R./Nitti, J. J. (2003, ed.): Peter Boyd-Boman's Léxico hispanoamericano 1493–1993. Version 1.0. The Hispanic Society of America. [CD-ROM]

Henríquez Ureña, P. (1921–31): "Observaciones sobre el español en América", in: RFE 8 (1921), 357–390, 17 (1930), 277–284, 18 (1931), 120–148.

Henríquez Ureña, P. (1936, [1]1925): "El supuesto andalucismo de América", in: Cursos y conferencias 10, 815–824.

Henríquez Ureña, P. (1938, ed.): El español en Méjico, los Estados Unidos y la América Central. Buenos Aires, Imprenta de la Universidad de Buenos Aires.

Henríquez Ureña, P. (1940): El español en Santo Domingo. Buenos Aires, La Universidad de Buenos Aires.

Hensey, F. (1982): "Spanish, Portuguese, and *Fronteiriço*: languages in contact in northern Uruguay", in: IJSL 34, 7–23.

Herling, S./Patzelt, C. (2013, ed.): Weltsprache Spanisch. Variation, Soziolinguistik und geographische Verbreitung des Spanischen. Handbuch für das Studium der Hispanistik. Stuttgart, Ibidem.

Hernández, E. (2018): Lexicografía hispano-amerindia 1550–1800. Catálogo descriptivo de los vocabularios del español y las lenguas indígenas americanas. Frankfurt/M., Vervuert – Madrid, Iberoamericana.

Hernández Alonso, C. (1992, ed.): Historia y presente del español de América. Valladolid, Junta de Castilla y León.

Hernández Alonso, C. (1995, ed.): La lengua española y su expansión en la época del Tratado de Tordesillas. Actas de las Jornadas celebradas en Soria (9–11 mayo de 1994). Valladolid, Sociedad V Centenario del Tratado de Tordesillas.

Hernández Alonso, C. (2010, ed.): Estudios lingüísticos del español hablado en América. 3 vol. Madrid, Visor Libros.

Hernández Alonso, C. et al. (1991): El español de América. Actas del III Congreso internacional de *El español de América*. Valladolid, 3 a 9 de julio de 1989. 3 vol. Salamanca, Junta de Castilla y León.

Herranz, A. (1990, ed.): El español hablado en Honduras. Tegucigalpa, Gayamuras.

Herrera, F. de (1870 [1580]): Controversia sobre sus Anotaciones á las obras de Garcilaso de la Vega. Poesías inéditas. Sevilla, Imprenta Geofrin.

Herrero Mayor, A. (1944): Presente y futuro de la lengua española en América. Buenos Aires, El Ateneo.

Heyd, W. (1971): Geschichte des Levantehandels im Mittelalter. 2 vol. Hildesheim – New York, Olms. [Ndr. 1879]

Hidalgo, M. (2001): "Sociolinguistic stratification in New Spain", in: IJSL 149, 55–78.

Hidalgo, M. (2016): Diversification of Mexican Spanish. A Tridimensional Study in New World Sociolinguistics. Boston – Berlin, de Gruyter – Mouton.

Holm, J. A. (1988–89): Pidgins and Creoles. I. Theory and Structure. II. Reference Survey. Cambridge (Mass.), CUP.

Holtus, G./Metzeltin, M./Schmitt, Ch. (1992, ed.): Lexikon der Romanistischen Linguistik (LRL). VI,1. Aragonesisch/Navarresisch, Spanisch, Asturianisch/Leonesisch. Tübingen, Niemeyer.

Holtus, G./Metzeltin, M./Schmitt, Ch. (1998, ed.): Lexikon der Romanistischen Linguistik (LRL). VII. Kontakt, Migration und Kunstsprachen. Kontrastivität, Klassifikation und Typologie. Tübingen, Niemeyer.

Hualde, J. I. (2005): The Sounds of Spanish. Cambridge, CUP.

Hualde, J. I./Prieto, P. (2015): "Intonational variation in Spanish: European and American varieties", in: Frota, S./Prieto, P. (ed.), Intonation in Romance, Oxford, Oxford Univ. Press, 350–391.

Humboldt, A. von (1992): Hanno Beck et al. (org.): Cuba-Werk. Darmstadt, Wiss. Buchgesellschaft.

Hummel, M./Kluge, B./Vázquez Laslop, M. E. (2010, ed.): Formas y fórmulas de tratamiento en el mundo hispánico. México, El Colegio de México.

Hurtado González, S. (2009): "El perfecto simple y el perfecto compuesto en Hispanoamérica: la inclusión o exclusión del ahora de la enunciación", in: Estudios filológicos 44, 93–106.

Icaza, F. A. de (1923): Conquistadores y pobladores de Nueva España. Diccionario autobiográfico sacado de los textos originales. 2 vol. Madrid, El Adelantado de Segovia.

Jiménez Fernández, R. (1999): El andaluz. Madrid, Arco Libros.

Kania, S. (2010): Mexican Spanish of the Colonial Period: Evidence from the Audiencia of New Galicia. New York, Hispanic Seminary of Medieval Studies.

Kania, S. (2016): "Diachronic Perspectives on Varieties of Spanish Pronunciation: *Seseo* and *Yeísmo*", in: E. Nuñez Méndez (ed.), Diachronic Applications in Hispanic Linguistics. Newcastle upon Tyne, Cambridge Scholars Publishing, 200–238.

Kany, Ch. E. (1951², ¹1945): American-Spanish Syntax. Chicago, The Univ. of Chicago Press. [Sintaxis hispanoamericana. Madrid, Gredos, 1994]

Kany, Ch. E. (1960): American-Spanish Semantics. Berkeley, UCP. [Semantica hispanoamericana. Madrid, Aguilar, 1962]

Katz, F. (1993): "Zum Werdegang der Nachkommen von Azteken, Inka und Maya seit der spanischen Eroberung", in: Zeitschrift für Lateinamerika 44–45, 91–101.

Kauffeld, C. (2016): "Andalusian Spanish: A Diachronic Survey of its Origins and Footprint in the Americas", in: E. Nuñez Méndez (ed.), Diachronic Applications in Hispanic Linguistics, Newcastle upon Tyne, Cambridge Scholars Publishing, 167–199.

Keller, R. (2014⁴): Sprachwandel. Von der unsichtbaren Hand in der Sprache. Tübingen – Basel, Francke.

Klee, C. A./Caravedo, R. (2006): "Andean Spanish and the Spanish of Lima: Linguistic Variation and Change in a Contact Situation", in: Mar-Molinero/Stewart 2006, 94–113.

Klee, C. A./Lynch, A. (2009): El español en contacto con otras lenguas. Washington, Georgetown Univ. Press.

Konetzke, R. (1964): "Die Bedeutung der Sprachenfrage in der spanischen Kolonisation Amerikas", in: Jahrbuch für Geschichte von Staat, Wirtschaft und Gesellschaft Lateinamerikas 1, 72–116.

Konetzke, R. (1995, ¹1956): Süd- und Mittelamerika I. Die Indianerkulturen Altamerikas und die spanisch-portugiesische Kolonialherrschaft (Fischer Weltgeschichte, 22). Frankfurt/M., Fischer.

Kramer, J. (2004): Die iberoromanische Kreolsprache Papiamento. Eine romanistische Darstellung. Hamburg, Buske.

Kretschmer, K. (1991): Die historischen Karten zur Entdeckung Amerikas. Atlas nach Konrad Kretschmer. Überarbeitete Reprint-Ausgabe des Originals von 1892 herausgegeben vom Institut für Iberoamerika-Kunde, Hamburg, in Zusammenarbeit mit der Gesellschaft für Erdkunde zu Berlin. Frankfurt/M., Umschau.

Kubarth, H. (1987): Das lateinamerikanische Spanisch. Ein Panorama. München, Hueber.

Kühl de Mones, U. (1993): Nuevo diccionario de uruguayismos. Bogotá, ICC.

Lafuente, S. (2005): Manual del español de América. Firenze, Le Lettere.

Lanczkowski, G. (1970): Aztekische Sprache und Überlieferung. Berlin – Heidelberg – New York, Springer.

Landa, Diego de (2017 [1566]): Relación de las cosas de Yucatán. Edición de Miguel Rivera Dorado. Madrid, Alianza.

Lapesa, R. (1964): "El andaluz y el español de América", in: PFLE II, 173–182.

Lapesa, Rafael (1985): "Orígenes y expansión del español atlántico", in: Rábida 2, 43–54.

Lapesa, R. (1986⁹, ¹1942): Historia de la lengua española. Madrid, Gredos.

Lara, L. F. (1992): "Para la historia lingüística del pachuco", in: Anuario de letras modernas 30, 75–88.

Lara, L. F. (2010): Diccionario del español de México. México, El Colegio de México.

Las Casas, Bartolomé de (2006 [1522]): Brevísima relación de la destrucción de las Indias. Edición y notas José Miguel Martínez Torrejón. Medellín, Universidad de Antioquia.

Las Casas, Bartolomé de (1875 [1552/59]): Historia [general] de las Indias. 5 vol. Madrid, Ginesta.

Lastra, Y. (1997, [1]1992): Sociolingüística para hispanoamericanos. Una introducción. México, El Colegio de México.

Lenz, R. (1893): "Beiträge zur Kenntnis des Amerikanospanischen", in: ZRPh 17, 188–214.

Lerner, I. (1974): Arcaísmos léxicos del español de América. Madrid, Insula.

Lindig, W./Münzel, M. (1985[3]): Die Indianer. Kulturen und Geschichte. II. Mittel- und Südamerika. München, DTV.

Lipski, J. M. (1990): The Language of the *Isleños*. Vestigial Spanish in Lousiana. Baton Rouge – London, Lousiana State Univ. Press.

Lipski, J. M. (1991): "In search of the Spanish personal infinitive", in: D. Wanner/D. Kibbie (ed.), New Analyses in Romance Linguistics. Papers from the XVIII Linguistic Symposium on Romance Languages. Amsterdam, Benjamins, 201–220.

Lipski, J. M. (1993): On the non-creole basis for Afro-Caribbean Spanish. Albuquerque, Latin America Institute (Research paper series, 24).

Lipski, J. M. (1994): Latin American Spanish. London – New York, Longman. [El español de América. Madrid, Cátedra, 1996]

Lipski, J. M. (2005): A History of Afro-Hispanic Language. Five Centuries, Five Continents. Cambridge, CUP.

Lipski, J. M. (2008): Varieties of Spanish in the United States. Gorgetown Univ. Press.

Lokotsch, K. (1926): Etymologisches Wörterbuch der amerikanischen (indianischen) Wörter im Deutschen mit steter Berücksichtigung der englischen, spanischen und französischen Formen. Heidelberg, Winter.

Lope Blanch, J. M. (1963–64): "En torno a las vocales caedizas del español mejicano", in: NRFE 18, 1–19.

Lope Blanch, J. M. (1966): "Sobre el rehilamiento de ll/y en México", in: Anuario de Letras 6, 43–60.

Lope Blanch, J. M. (1967): "La influencia del sustrato en la fonética del español de México", in: RFE 50, 145–161.

Lope Blanch, J. M. (1968): El español de América. Madrid, Alcalá.

Lope Blanch, J. M. (1977, ed.): Estudios sobre el español hablado en las principales ciudades de América. México.

Lope Blanch, J. M. (1979, [1]1969): El léxico indígena en el español de México. México, El Colegio de México.

Lope Blanch, J. M. (1983[2], [1]1972): Estudios sobre el español de México. México, UNAM.

Lope Blanch, J. M. (1985): El habla de Diego de Ordaz. Contribución a la historia del español americano. México, UNAM.

Lope Blanch, J. M. (1986): El estudio del español hablado culto. Historia de un proyecto. México, UNAM.

Lope Blanch, J. M. (1987): Estudios sobre el español de Yucatán. México, UNAM.

Lope Blanch, J. M. (1990–2000, ed.): Atlas lingüístico de México (ALM). T. I, 1–3 Fonética. T. II, 1 Morfosintaxis. T. III, 1–2 Léxico. México, Colegio de México.

Lope Blanch, J. M. (1992): "La falsa imagen del español americano", in: RFE 72, 313–335.

Lope Blanch, J. M. (1999): "La lenta propagación de la lengua española por América", in: Aleza Izquierdo 1999, 89–102.

Lope Blanch, J. M. (2000): Español de América y español de México. México, UNAM.

López Morales, H. (1971): Estudios sobre el español de Cuba. New York, Las Américas.

López Morales, H. (1980): "Sobre la pretendida existencia y pervivencia del "criollo" cubano", in: AdeL 18, 85–116.

López Morales, H. (1989): Sociolingüística. Madrid, Gredos.
López Morales, H. (1992): El español del Caribe. Madrid, MAPFRE.
López Morales, H. (1999): "Anglicismos en el léxico disponible de Puerto Rico", in: Ortiz López 1999, 147–170.
López Morales, H. (2005, ^{1}1998): La aventura del español en América. Madrid, Espasa Calpe.
López Morales, H. (2008, ed.): Enciclopedia del español en los Estados Unidos. Anuario del Instituto Cervantes 2008. Madrid, Instituto Cervantes – Santillana.
López Morales, H. (2009, ed.): Enciclopedia del español en los Estados Unidos. Madrid, Instituto Cervantes.
López Morales, H./Vaquero, M. (1987, ed.): Actas del I Congreso internacional sobre el español de América. San Juan, Academia Puertorriqueña de la Lengua Española.
Lorenzino, G. A. (1993): "Algunos rasgos semicriollos en el español popular dominicano", in: ALH 9, 109–124.
Lüdtke, J. (1990): "Geschichte des Spanischen in Übersee", in: RJb 41, 290–301.
Lüdtke, J. (1994, ed.): El español de América en el siglo XVI. Actas del Simposio del Instituto Ibero-Americano de Berlín, 23 y 24 de abril de 1992. Frankfurt/M., Vervuert – Iberoamericana.
Lugo, Bernardo de (1619): Gramatica en la lengua general del Nuevo Reyno, llamada mosca. Compuesto por el Padre Fray Bernardo de Lugo, Predicador General del Orden de los Predicadores, y Catedratico de la dicha lengua en el Conuento del Rosario de la ciudad de Santa Fe. Madrid, Bernadino de Guzmã.
Macpherson, I. R. (1975): Spanish Phonology: Descriptive and Historical. Manchester, Manchester University Press.
Malaret, A. (1946^{3}, ^{1}1925): Diccionario de americanismos. Buenos Aires.
Malmberg, B. (1947): Notas sobre la fonética del español en el Paraguay. Lund, Gleerup.
Malmberg, B. (1965): Estudios de fonética española. Madrid, CSIC.
Malmberg, B. (1974^{3}, ^{1}1966): La América hispanohablante. Unidad y diferenciación del castellano. Madrid, Istmo.
Mántica, C. (1994): El habla nicaragüense. Managua, Hispamer.
Mar-Molinero, C. (2000): The Politics of Language in the Spanish-Speaking World. From colonisation to globalisation. London – New York, Routledge.
Mar-Molinero, C./Stewart, M. (2006, ed.): Globalization and Language in the Spanish-Speaking World. Macro and Micro Perspectives. Houndmills, Palgrave Macmillan.
Martinell Gifre, E. (1988): Aspectos lingüísticos del descubrimiento y de la conquista. Madrid, CSIC.
Martínez Ruiz, J. (1970): "Cartas inéditas de Bernardo J. de Aldrete (1608–26)", in: BRAE 50, 77–135, 277–314, 471–515.
McAlister, L. N. (1984): Spain and Portugal in the New World, 1492–1700. Oxford, Oxford Univ. Press.
MDH-A: M. Alvar (1996, ed.): Manual de dialectología hispánica. El español de América. Barcelona, Ariel.
MDH-E (1996): M. Alvar (ed.): Manual de dialectología hispánica. El español de España. Barcelona, Ariel.
Medina López, J. (1999): El español de Canarias en su dimensión atlántica. Aspectos históricos y lingüísticos, València, Tirant lo Blanch/Libros – Universitat de València.
Megenney, W. W. (1983): "Common Words of African Origin Used in Latin America", in: Hispania 66, 1–10.
Megenney, W. W. (1985): "La influencia criollo-portuguesa en el español caribeño", in: ALH 1, 157–179.
Mejías, H. (1980): Préstamos de lenguas indígenas en el español americano del siglo XVII. México, UNAM.

Mendieta, E. (1999): El préstamo en el español de los Estados Unidos. New York, Lang.
Mendoza, J. G. (2008): "Bolivia", in: Palacios 2008, 213–236.
Mendoza, R. B. (2005): Der Voseo im Spanischen Uruguays. Eine pluridimensionale Makro- und Mikroanalyse. Kiel, Westensee.
Menéndez Pidal, R. (1962): "Sevilla frente a Madrid", in: Miscelánea homenaje a André Martinet. «Estructura e historia». III. Tenerife, Universidad de la Laguna, 99–165.
Meo Zilio, G./Rossi, E. (1970): El elemento italiano en el habla de Buenos Aires y Montevideo. Florencia, Valmartina.
Mintz, S. W. (1971): "The Socio-Historical Background to Pidginization and Creolization", in: D. Hymes (ed.), Pidginization and Creolization of Languages. Proceedings of a Conference held at the University of the West Indies, Mona, Jamaica, April 1968. Cambridge, 481–496.
Molero, A. (2003): El español de España y el español de América. Vocabulario comparado. Madrid, SM.
Mondéjar, J. (1981): «Castellano» y «español»: Dos nombres para una lengua. Granada, Don Quijote.
Mondéjar, J. (1991): Dialectología andaluza. Estudios. Historia fonética, fonología, lexicología, metodología, onomasiología, comentario filológico. Granada, Don Quijote.
Montes Giraldo, J. J. (1982): "El español de Colombia. Propuesta de clasificación dialectal", in: Thesaurus 37, 23–92.
Montes Giraldo, J. J. (1985): Estudios sobre el español de Colombia. Bogotá, Caro y Cuervo.
Montes Giraldo, J. J. (1995[3], [1]1982: Dialectología general e hispanoamericana. Orientación teórica, metodológica y biliográfica. Santafé de Bogotá, ICC.
Montes Giraldo, J. J. (1995–96): "La bipartición dialectal del español", in: Boletín de filología 35, 317–331.
Montes, J. J. (1996): "El palenquero", in: MDH-A 1996, 146–151.
Montrul, S. (2012): El bilingüismo en el mundo hispanohablante. Chichester, Wiley-Blackwell.
Morales Padrón, F. (1986): América hispana hasta la creación de las nuevas naciones (Historia de España, 14). Madrid, Gredos.
Morales Padrón, F. (1988): Atlas histórico cultural de América. 2 vol. Las Palmas.
Morales, A. (1999): "Anteposición de sujeto en el español del Caribe", in: Ortiz López 1999, 77–98.
Moreno de Alba, J. G. (1988): El español en América. México, Fondo de Cultura Económica.
Moreno de Alba, J. G. (1992): Diferencias léxicas entre España y América. Madrid, MAPFRE.
Moreno de Alba, J. G. (1994): La pronunciación del español en México. México, Colegio de México.
Moreno de Alba, J. G. (2004[3]). El español en América. México, Fondo de Cultura Económica.
Moreno de Alba, J. G. (2007): Introducción al español americano. Madrid, Arco Libros.
Moreno Fernández, F. (1993, ed.): La división dialectal del español de América. Alcalá de Henares, Universidad de Alcalá de Henares.
Moreno Fernández, F. (2009): La lengua española en su geografía. Madrid, Arco Libros.
Moreno Fernández, F./Otero Roth, J. (2007): Atlas de la lengua española en el mundo. Madrid, Ariel.
Moreno Fernández, F./Otero, J. (1998): "Demografía de la lengua española", in: Anuario del Instituto Cervantes. 1998. El español en el mundo. Madrid, Arco Libros – Instituto Cervantes, 59–86.
Morínigo, M. A. (1964): "La penetración de los indigenismos americanos en español", in: PFLE II, 217–226.
Morínigo, M. A. (1998): Nuevo diccionario de americanismos e indigenismos. Buenos Aires, Ed. Claridad.
Moyna, M. I./Rivera-Mills, S. (2016): Forms of Address in the Spanish of the Americas. Amsterdam, Benjamins.
Narbona, A./Cano, R./Morillo, R. (1998): El español hablado en Andalucía. Barcelona, Ariel.

Nascentes, A. (1952): Dicionário etimológico da língua portuguesa. II (Nomes próprios). Rio de Janeiro.
Navarro Tomás, T. (1966[2], [1]1948): El español en Puerto Rico. Contribución a la geografía lingüística hispanoamericana. Río Piedras, Universidad de Puerto Rico.
Neves, A. (1975, [1]1973): Diccionario de americanismos. Buenos Aires, Sopena.
Nieto Segovia, M. E. (1995): El español de Honduras en el período colonial. Tegucigalpa, Editorial Universitaria.
Nohlen, D./Nuscheler, F. (1995[3], ed.): Handbuch der dritten Welt. II. Südamerika. III. Mittelamerika und Karibik. Bonn, Dietz Nachf.
Noll, V. (2001a): "Das Spanische der Karibik im Blickfeld der Kreolistik", in: Romanistik in Geschichte und Gegenwart 7, 1–10.
Noll, V. (2001b): "Der argentinische *žeísmo*", in: A. Wesch/W. Weidenbusch/B. Laca/R. Kailuweit (ed.), Sprachgeschichte als Varietätengeschichte. Beiträge zur Historiographie und diachronischen Soziolinguistik des Spanischen und anderer romanischer Sprachen anlässlich des 60. Geburtstags von Jens Lüdtke. Tübingen, Stauffenburg, 2002, 179–186.
Noll, V. (2004): "El origen de esp. criollo, port. crioulo", in: J. Lüdtke/Ch. Schmitt (ed.), Estudios sobre la historia del léxico español: enfoques y aplicaciones. Frankfurt/M. – Madrid, Vervuert – Iberoamericana, 257–264.
Noll, V. (2005a): "Reflexiones sobre el llamado andalucismo del español de América", in: Noll/Zimmermann/Neumann-Holzschuh 2005, 95–111.
Noll, V. (2005b): "Bemerkungen zum «Antiandalucismo»: Henríquez Ureña, Guitarte und die Gegenwart", in: V. Noll/H. Symeonidis (ed.), Sprache in Iberoamerika. Festschrift für Wolf Dietrich zum 65. Geburtstag. Hamburg, Buske, 65–84.
Noll, V. (2008): O português brasileiro. Formação e contrastes. São Paulo, Globo.
Noll, V./Zimmermann, K./Neumann-Holzschuh, I. (2005, ed.): El español en América: Aspectos teóricos, particularidades, contactos. Frankfurt/M. – Madrid, Vervuert – Iberoamericana.
Núñez Cedeño, R. (1983): "La pérdida de transposición de sujeto en interrogativas pronominales del español del Caribe", in: Thesaurus 38, 1–24.
Olmos, Andrés de (1875 [1547]): Grammaire de la langue nahuatl ou mexicaine, [...]. Paris, Imprimerie Nationale. [sp. Text]
Oroz, R. (1966): La lengua castellana en Chile. Santiago, Universidad de Chile.
Ortiz López, L. A. (1999, ed.): El Caribe hispánico: perspectivas lingüísticas actuales. Homenaje a Manuel Álvarez Nazario. Frankfurt/M., Vervuert – Madrid, Iberoamericana.
Ortiz, F. (1991, [1]1924): Glosario de afronegrismos. La Habana, Editorial de Ciencias Sociales.
Otero, J. (1999): "Demografía de la lengua española", in: Anuario del Instituto Cervantes. 1999. El español en el mundo. Madrid, Arco Libros – Instituto Cervantes, 11–22.
Otheguy, R. (1973): "The Spanish Caribbean: A Creole perspective", in: Ch.-J. N. Bailey/R. W. Shuy (ed.), New Ways of Analyzing Variation in English. Washington, Georgetown Univ. Press, 323–339.
Otte, E. (1988): Cartas privadas de emigrantes a Indias, 1540–1616. Sevilla, Junta de Andalucía.
Páez Urdaneta, I. (1981): Historia y geografía hispanoamericana del voseo. Caracas, La Casa de Bello.
Palacios Alcaine, A. (2008, ed.): El español en América. Contactos lingüísticos en Hispanoamérica. Barcelona, Ariel.
Parodi, C. (1995): Orígines del español americano. I. Reconstrucción de la pronunciación. México, UNAM.
Parodi, C. (2001): "Contacto de dialectos y lenguas en el Nuevo Mundo: La vernacularización del español en América", in: IJSL 149, 33–53.

Parodi, C. (2009): "Reconstrucción y contacto de lenguas: El español en el Nuevo Mundo", in: M. Lacorte/J. Leeman (ed.), Español en Estados Unidos y otros contextos de contacto. Sociolingüística, ideología y pedagogía. Frankfurt/M. – Madrid, Vervuert – Iberoamericana, 21–37.
Pascual, J. A.: (2000): "La idea que Sherlock Holmes se hubiera hecho de los orígenes del español americano", in: J. Mondéjar Cumpián et al., El español y sus variedades. Málaga, Ayuntamiento de Málaga, 75–93.
Paufler, H.-D. (1977): Lateinamerikanisches Spanisch. Phonetisch-phonologische und morphologisch-syntaktische Fragen. Leipzig, VEB.
Penny, R. (2000): Variation and Change in Spanish. Cambridge, CUP. [Variación y cambio en español. Madrid, Gredos, 2004]
Perissinotti, G. (1992): "Spanisch: Areallinguistik V. Vereinigte Staaten von Amerika", in: LRL VI,1, 531a–540b.
Perl, M. (1982): Die Bedeutung des Kreolenportugiesischen für die Herausbildung der Kreolensprachen in der Karibik (unter besonderer Berücksichtigung der kubanischen «habla bozal»). Leipzig, Habil.-Schrift.
Perl, M./Schwegler, A. (1998, ed.): América negra. Panorámica actual de los estudios lingüísticos sobre variedades hispanas, portuguesas y criollas. Frankfurt/M., Vervuert – Madrid, Iberoamericana.
PFLE (1964): Presente y futuro de la lengua española. Actas de la asamblea de filología y del I Congreso de instituciones hispánicas. 2 vol. Madrid.
Pichardo, E. (1953, [1]1836). Pichardo novísimo o diccionario provincial casi razonado de vozes y frases cubanas. La Habana, Selecta.
Poplack, S. (1980): "Sometimes I'll start a sentence in Spanish Y TERMINO EN ESPAÑOL: Toward a typology of code-switching", in: Linguistics 18, 581– 616.
Potthast, B./Hensel, S. (2013, ed.): Das Lateinamerika-Lexikon. Wuppertal, Hammer.
Pottier, B. et al. (1983): América latina en sus lenguas indígenas. Caracas, Monte Ávila.
Pottier-Navarro, H. (1992): "El concepto de *americanismo* léxico", in: RFE 72, 297–312.
Prem, H. J. (1996): Die Azteken. Geschichte – Kultur – Religion. München, Beck.
Prem, H. J. (2007): Geschichte Altamerikas. München, Oldenbourg.
Prem, H. J./Dyckerhoff (1986, ed.): Das alte Mexiko. Geschichte und Kultur der Völker Mesoamerikas. München, Bertelsmann.
Quesada Pacheco, M. Á. (1990): El español colonial de Costa Rica. San José, Universidad de Costa Rica.
Quesada Pacheco, M. Á. (1992): "Pequeño atlas lingüístico de Costa Rica (PALCR)", in: Revista de Filología y Lingüística de la Universidad de Costa Rica 18,2 85–189.
Quesada Pacheco, M. A. (2003[2]): El español de América. Cartago, Ed. Tecnológica de Costa Rica.
Quesada Pacheco, M. Á. (2010–12, ed.): El español hablado em América Central. I. Nivel fonético. II. Nivel morfosintáctico. Madrid – Frankfurt/M., Iberoamericana – Vervuert.
Quilis, A. (1992): La lengua española en cuatro mundos. Madrid, MAPFRE.
Quilis, A. (1999[2]): Tratado de fonología y fonética españolas. Madrid, Gredos.
Quilis, A. (2002): La lengua española en el mundo. Valladolid, Universidad de Valladolid.
Quilis, A./Graell/M. (1992): "La lengua española en Panamá", in: RFE 72, 583–638.
RAE/ASALE (2009–11): Nueva gramática de la lengua española. 3 vol. Madrid, Espasa.
Ramírez, A. G. (1992): El español de los Estados Unidos: el lenguaje de los Hispanos. Madrid, MAPFRE.
Ramírez Luengo, J. L. (2007): Breve historia del español de América. Madrid, Arco Libros.
Resnick, M. C. (1975): Phonological Variants and Dialect Identification in Latin American Spanish. The Hague – Paris – New York, Mouton.

Revert Sanz, V. (2001): Entonación y variación geográfica en el español de América. Valencia, Universitat de València.
Revilla, M. G. (1910): "Provincialismos de fonética en Méjico", in: Memorias de la Academia mexicana de la lengua 6, 368–387.
Reynaud Oudot, N. (2014): "El vocalismo en documentos ecuatorianos de los siglos XVI a XVIII", in: Sánchez Méndez, J. P./Diez del Corral Areta, E./Reynaud Oudot, N., Estudios sobre el español colonial de la Audiencia de Quito. Lausanne, FNSNF – UNINE, 121–128.
Ribera, N. J. de (1756): Descripción de la isla de Cuba, in: Nicolás Joseph de Ribera. Compilación e introducción de Olga Portuondo Zúñiga. La Habana, Editorial de Ciencias Sociales 1986, 130–177.
Ricard, R. (1960): "Le problème de l'enseignement du castillan aux Indiens d'Amérique durant la période coloniale", in: Bulletin de la Faculté des Lettres de Strasbourg 39, 281–296.
Ricard, R. (1986, [1]1947): La conquista espiritual de México. Ensayo sobre el apostolado y los métodos misioneros de las órdenes mendicantes en la Nueva España de 1523–1524 a 1572. México, Fondo de Cultura Económica.
Richards, M. (2003): Atlas lingüístico de Guatemala. Guatemala, SEPAZ/UVG/URL/USAID.
Riese, B. (1995): Die Maya. München, Beck.
Rivarola, J. L. (1990): La formación lingüística de Hispanoamérica. Diez estudios. Lima, Pontificia Universidad Católica del Perú.
Rivarola, J. L. (2001): El español de América en su historia. Valladolid, Univ. de Valladolid.
Roca, A./Lipski, J. (1993, ed.): Spanish in the United States. Linguistic Contact and Diversity. Berlin – New York, Mouton de Gruyter.
Rojas, E. M. (1985): Evolución histórica del español de Tucumán entre los siglos XVI y XIX. Tucumán, Universidad Nacional de Tucumán.
Rojas, E. (1992): "El *voseo* en el español de América", in: Hernández Alonso 1992, 143–165.
Rojas Mayer, E. M. (2000, ed): Documentos para la Historia Lingüística de Hispanoamérica. Siglos XVI a XVIII. Anejo LVIII del Boletín de la Real Academia Española. II. Madrid, Espasa.
Rojas Mayer, E. M. (2008, ed): Documentos para la Historia Lingüística de Hispanoamérica. Siglos XVI a XVIII. Anejo LVIII del Boletín de la Real Academia Española. III–IV. Madrid, ALFAL.
Rona, J. P. (1964): "El problema de la división del español americano en zonas dialectales", in: PFLE I, 215–226.
Rona, J. P. (1967): Geografía y morfología del voseo. Pôrto Alegre, PUC-RS.
Rona, J. P. (1969): "¿Qué es un americanismo?", in: El simposio de México. Enero de 1968. Actas, informes y comunicaciones. México, UNAM, 135–148.
Rona, J. P. (2014): Dialectología general e hispanoamericana. Montevideo, Ministerio de Educación y Cultura.
Rosario, R. de (1970): El español de América. Sharon, Troutman.
Rosenblat, Á. (1954): La población indígena y el mestizaje en América. I. La población indígena. 1492–1950. II. El mestizaje y las castas coloniales. Buenos Aires, Editorial Nova.
Rosenblat, Á. (1962): El castellano de España y el castellano de América. Unidad y diferenciación. Caracas, Instituto de Filología Andrés Bello.
Rosenblat, Á. (1964): "La hispanización de América. El castellano y las lenguas indígenas desde 1492", in: PFLE II, 189–216.
Rosenblat, Á. (1971): Nuestra lengua en ambos mundos. Barcelona, Salvat.
Rosenblat, Á. (1973): "Bases del español en América: Nivel social y cultural de los conquistadores y pobladores", in: Actas de la Primera reunión latinoamericana de lingüística y filología. Viña del Mar (Chile). Enero de 1964. Bogotá, Caro y Cuervo, 293–371.
Rosenblat, Á. (1977): Los conquistadores y su lengua. Caracas, Universidad Central de Venezuela.
Rosenblat, Á (1990): Estudios sobre el español de América. Caracas, Monte Ávila.

Ruiz de Montoya, Antonio (1640): Arte, y bocabvlario de la lengva gvarani. Madrid, Iuan Sanchez.
Ruiz Morales, H. (1987): "Desplazamiento semántico en las formas de tratamiento del español de Colombia", in: López Morales/Vaquero 1987, 765–775.
Sahagún, Bernardino (1938 [1569/79]:Historia general de las cosas de Nueva España. 5 vol. México, Robredo.
Sala, M. et al. (1977): El léxico indígena del español americano. Apreciaciones sobre su vitalidad. México, Academia Mexicana.
Sala, M. et al. (1982): El español de América. I. Léxico. 2 vol. Bogotá, Caro y Cuervo.
Salvá, V. (1846): Nuevo diccionario de la lengua castellana, que comprende la última edición íntegra, muy rectificada y mejorada, del publicado por la Academia Española, y unas veinte y seis mil voces, acepciones, frases y locuciones, entre ellas muchas americanas, añadidas por Don Vicente Salvá. Paris, Salvá.
Sánchez Méndez, J. P. (1997): Aproximación histórica al español de Venezuela y Ecuador durante los siglos XVII y XVIII. València, Tirant lo Blanch Libros – Universitat de València.
Sánchez Méndez, J. P. (2003): Historia de la lengua española en América. Valencia, Tirant lo Blanch.
Santamaría, F. J. (1942): Diccionario general de americanismos. 3 vol. México.
Santamaría, F. J. (1978): Diccionario de mejicanismos. México, Porrúa.
Sapir, E. (1949, [1]1921): Language. An Introduction to the Study of Speech. New York, Harcourt, Brace and Company.
Saralegui, C. (2004[2], [1]1997): El español americano: teoría y textos. Pamplona, Ediciones Universidad de Navarra.
Saralegui, C./Blanco. C. (2001): "El español de América en el marco de los modelos de uso de la lengua española", in: Carabela 50, 21–38.
Schüller, K. (2001): Einführung in das Studium der iberischen und lateinamerikanischen Geschichte. Münster, Aschendorff.
Sebeok, Th. A. (1968, ed.): Current Trends in Linguistics. IV. Ibero-American and Caribbean Linguistics. The Hague – Paris, Mouton.
Séjourné, L. (1988, [1]1971): Altamerikanische Kulturen (Fischer Weltgeschichte, 21). Frankfurt/M., Fischer.
Selva, J. B. (1915): Guía del buen decir. Estudio de las transgresiones gramaticales más comunes. Madrid.
Sichra, I. (2009, ed.): Atlas sociolingüístico de pueblos indígenas en América Latina. 2 vol. Cochabamba, FUNPROEIB – UNICEF.
Siegel, J. (1985): "Koines and Koineization", in: Language in Society 14, 357–378.
Silva-Corvalán, C. (2001): Sociolingüistica y pragmática del español. Washington, D.C., Georgetown University Press.
Simón, P. (1627): Fray Pedro Simón y su vocabulario de americanismos. Edición facsimilar de la "Tabla para la inteligencia de algunos vocablos" de las *Noticias Historiales*. Introducción, presentación y notas por Luis Carlos Mantilla Ruiz. Bogotá, ICC, 1986.
Solano, F. de (1991, ed.): Documentos sobre política lingüística en Hispanoamérica (1492–1800). Madrid, CSIC.
Sommerhoff, G./Weber, Ch. (1999): Mexiko. Darmstadt, Wiss. Buchgesellschaft.
Stavans, I. (2008, ed.): Spanglish. Westport – London, Greenwood Press.
Suárez, J. A. (2007, [1]1983): The Mesoamerican Indian Languages. Cambridge, CUP.
Suárez, V. M. (1979[2]): El español que se habla en Yucatán. Mérida, Universidad de Yucatán.
Terrell, T. D. (1986): "La desaparición de /s/ posnuclear a nivel léxico en el habla dominicana", in: Núñez Cedeño, R. A./Páez Urdaneta, I./Guitart, J. M. (ed.), Estudios sobre la fonología del español del Caribe. Caracas, Bello, 117–134.

Teruggi, M. E. (1978², ¹1974): Panorama del lunfardo. Génesis y esencia de las hablas coloquiales urbanas. Buenos Aires, Editorial Sudamericana.
Thompson, R. W. (1992): "Spanish as a pluricentric language", in: M. Clyne (ed.), Pluricentric Languages. Differing Norms in Different Nations. Berlin – New York, Mouton de Gruyter.
Thun, H. (2000, ed.): Atlas lingüístico diatópico y diastrático del Uruguay (ADDU). I. Consonantismo y vocalismo del español. Kiel, Westensee.
Torrejón, A. (1986): "Acerca del *voseo* culto en Chile", in: Hispania 69, 677–682.
Torrejón, A. (1991): "Fórmulas de tratamiento de segunda persona singular en el español de Chile", in: Hispania 74, 1068–1076.
Torres Torres, A. (2000): El español de América. Barcelona, Edicions Universitat de Barcelona.
Toscano Mateus, H. (1953): El español en el Ecuador. Madrid, CSIC.
Tovar, A./Larrucea de Tovar, C. (1984²): Catálogo de las lenguas de América del Sur, con clasificaciones, indicaciones tipológicas, bibliografía y mapas. Madrid, Gredos.
Ueda, H. (1995): "Zonificación del español del mundo. Palabras y cosas de la vida urbana", in: Lingüística 7, 43–86.
Vaquero, M. (1992): "Orígines y formación del español de América. Período antillano", in: Hernández Alonso 1992, 251–265.
Vaquero de Ramírez, M. (1996): El español de América I. Pronunciación. II. Morfosintaxis y léxico. Madrid, Arco Libros.
Vidal de Battini, B. E. (1966², ¹1954): El español de la Argentina. Buenos Aires, Consejo Nacional de Educación.
Villaverde, Cirilio, (1992, ¹1882): Cecilia Valdés o La Loma del Ángel. Edición de Jean Lamore. Madrid, Cátedra, 1992.
Wagner, M. L. (1919): "Mexikanisches Rotwelsch", in: ZRPh 39, 513–550.
Wagner, M. L. (1920): "Amerikanisch-Spanisch und Vulgärlatein", in: ZRPh 40, 286–312, 385–404.
Wagner, M. L. (1927): "«El supuesto andalucismo de América» y la teoría climatológica", in: RFE 14, 20–32.
Wagner, M. L. (1949): Lingua e dialetti dell'America spagnola. Firenze, Le Lingue Estere.
Wesch, A. (1993): Kommentierte Edition und linguistische Untersuchung der *Información de los Jerónimos* (Santo Domingo 1517). Mit Editionen der *Ordenanzas para el Tratamiento de los Indios* (Leyes de Burgos, Burgos / Valladolid 1512/13) und der *Instrucción dada a los Padres de la Orden de San Jerónimo* (Madrid 1516). Tübingen, Narr.
Wogan, D. (1961): "El primer vocabulario de cubanismos de A. López Matoso", in: Romance Notes 3, 78–83.
Wurm, S. A./Mühlhäusler, P./Tryon, D. T. (1996, ed.): Atlas of Languages of Intercultural Communication in the Pacific, Asia and the Americas. 2 vol. Berlin – New York, Mouton de Gruyter.
Jara Yupanqui, M. (2013): El perfecto en el español de Lima. Variación y cambio en situación de contacto lingüístico. Lima, Fondo Editorial, Pontificia Univ. Católica del Perú.
Zajíková, L. (2009): El bilingüismo paraguayo. Frankfurt/M., Vervuert – Madrid, Iberoamericana.
Zamora Munné, J. C. (1976): Indigenismos en la lengua de los conquistadores. Río Piedras, Univ. de Puerto Rico.
Zamora Munné, J. C. (1979–80): "Las zonas dialectales del español americano", in: Boletín de la Academia Norteamericana de la Lengua Española 4–5, 57–67.
Zamora Munné, J. C. (1982): "Amerindian loanwords in general and local varieties of American Spanish", in: Word 33, 159–171.
Zamora Munné, J. C./Guitart, J. M. (1988², ¹1982): Dialectología hispanoamericana. Teoría – Descripción – Historia. Salamanca, Almar.
Zamora Vicente, A. (1985²): Dialectología española. Madrid, Gredos.

Zimmermann, K. (1997, ed.): La descripción de las lenguas amerindias en la época colonial. Frankfurt/M., Vervuert.

Zimmermann, K. (1997a): "Die Situation des Spanischen in Kolumbien", in: Altmann/Fischer/Zimmermann 1997, 393–416.

Zimmermann, K. (2004): "Die Sprachensituation in Mexiko", in: Bernecker et al. 2004, 421–461.

www.ingramcontent.com/pod-product-compliance
Lightning Source LLC
LaVergne TN
LVHW081324110826
845149LV00007B/1584

* 9 7 8 3 1 1 0 5 9 8 4 2 1 *